LES GLOIRES SACERDOTALES CONTEMPORAINES

MGR DUPANLOUP

SA VIE, SES ÉCRITS, SA DOCTRINE

PAR

L'ABBÉ M. PAGÈS

ANCIEN PROFESSEUR D'HISTOIRE

DELHOMME ET BRIGUET, ÉDITEURS

PARIS	LYON
83, RUE DE RENNES, 83	3, AVENUE DE L'ARCHEVÊCHÉ, 3

MGR DUPANLOUP

SA VIE, SES ÉCRITS, SA DOCTRINE

Mgr DUPANLOUP

MGR DUPANLOUP

SA VIE, SES ÉCRITS, SA DOCTRINE

PAR

L'ABBÉ M. PAGÈS, ANCIEN PROFESSEUR D'HISTOIRE

DELHOMME ET BRIGUET, ÉDITEURS

PARIS
83, RUE DE RENNES, 83

LYON
3, AVENUE DE L'ARCHEVÊCHÉ, 3

AVANT-PROPOS

L'évêque d'Orléans dont nous écrivons la vie a été loué par les trois papes sous le pontificat desquels il a combattu avec intelligence et courage le bon combat du Christ.

Grégoire XVI a célébré « la foi, la piété, le mérite extraordinaire » de Mgr Dupanloup.

Pie IX a loué « son dévouement, sa fidélité au Saint-Siège ; son zèle épiscopal, son dévouement incomparable à la vérité et à la justice, pour toutes les saintes causes qu'il a tant à cœur ; son intrépidité, sa modération égale à son ardeur, sa prudence égale à son courage, sa sagesse justifiée par les événements, sa sagacité, sa science, son habileté ; la solidité, la pureté de la doctrine qu'il enseigne, de cette doctrine très pure puisée aux sources les plus pures ; sa merveilleuse habileté à changer en remède le poison des erreurs modernes, les magnifiques résultats de ses entreprises qui sont pour tout le monde chrétien la source d'un grand bien ; ses efforts qui triomphent pour le soutien de la religion, la gloire de l'Eglise et l'honneur de la France ; ses écrits pleins de mérite et de lumière, par lesquels il a bien mérité de l'Eglise, de la jeunesse, de cette société civile qui chancelle, qui lui ont acquis dans toute l'Eglise une immortelle gloire et méritent du Souverain-Pontife de grandes louanges et mille actions de grâces. »

Léon XIII a écrit à Mgr Dupanloup : « Vos félicitations et vos vœux... Nous ont fait le plus grand plaisir venant d'un évêque aussi recommandable que vous l'êtes par les dons de l'âme et par les éclatants services que vous avez rendus.... Votre activité toujours féconde en résultats, et couronnée déjà de tant de succès, l'éminente distinction de votre esprit et de votre parole rendent beaucoup plus vive encore notre gratitude...

Le zèle que vous venez de montrer est une preuve éclatante de votre amour pour le siège apostolique [1]. »

Les cardinaux, les archevêques, les évêques, les chrétiens illustres et même les indifférents, et parfois aussi les ennemis de l'Eglise ont fait l'éloge de Mgr Dupanloup. Nous ne reproduisons ici que quelques paroles de S. E. le cardinal Richard, archevêque de Paris : « L'Eglise aime le bien partout où il se rencontre, elle aime les âmes. C'était bien là le sentiment qui animait l'illustre et pieux évêque d'Orléans, dans ses luttes ardentes et incessantes contre l'erreur.... Nous lui donnons nos prières et nous nous encouragerons par ses exemples à continuer les combats de la vérité. »

L'Académie française s'est honorée en lui donnant avec applaudissements, entrée dans son sein. « C'est l'évêque que nous avons appelé au sein de l'Académie... et en même temps nous avons voulu honorer en vous le disciple, le maître enthousiaste de ces belles études qui sont le plus noble instrument de l'homme et le plus puissant; également nourri des trois antiquités biblique, grecque, latine; donnant au jeune

---

1. Toutes ces expressions sont extraites textuellement des quarante-quatre brefs pontificaux adressés à Mgr. Dupanloup, publiés en un volume de 356 pages par l'abbé Chapon avec les mandements et les lettres épiscopales en l'honneur de l'évêque d'Orléans sous ce titre : *Mgr. Dupanloup devant le Saint-Siège et l'Episcopat.* 1880, in-16.

clergé de notre époque cet utile exemple ; compté au
nombre des docteurs et des orateurs renommés, instituteur consommé de la jeunesse, écrivain... (De Salvandy : Réponse au discours de réception de Mgr. Dupanloup).

Buisson dans son *Dictionnaire de Pédagogie* affirme
que Mgr Dupanloup a été pendant près d'un demi-
siècle « un corps enseignant à lui seul. »

M. de Falloux qui a été à même de juger des ressources oratoires et polémiques de l'évêque d'Orléans
a écrit, « sa nature était faite pour traiter avec les hommes et prendre de l'empire sur eux. Il avait au même
degré toutes les véhémences de la conviction et toutes
les délicatesses de la charité. » Maintes fois à l'Académie, à la Chambre, au Sénat, etc., Mgr. Dupanloup,
grâce à sa science, à son éloquence, à son habileté et
à son talent extraordinaire de persuasion a triomphé des
préventions de la majorité ; pour ne citer ici qu'un
exemple rapelons quelques paroles du Rapporteur de
la loi sur l'assistance publique : « Sous l'impression
profonde du discours que vous venez d'entendre...
nous revenons avec bonheur à notre première proposition amendée par l'éloquent orateur (Mgr Dupanloup) qui descend de cette tribune, et je vous déclare
au nom de la majorité de la commission, que je viens
de consulter, qu'elle adopte l'amendement. » Les curés
étaient exclus par la majorité des conseils de l'assistance et de la charité publiques ; l'évêque d'Orléans fit
voter leur admission par 441 voix contre 5.

Si nous avons réuni au début de ce volume quelques-uns des innombrables éloges dont Mgr Dupanloup a été l'objet, c'est pour montrer immédiatement
l'intérêt que présente une telle vie.

Pour ne pas trop le diminuer, nous nous sommes
appliqué à nous effacer nous-même, pour laisser parler

le héros et les faits, afin que le lecteur puisse voir à l'œuvre cet évêque, en qui la foi, la raison, l'expérience, le zèle, l'éloquence se sont trouvés réunis et harmonisés à un si haut degré.

Pour rédiger ces pages nous nous sommes servi surtout des *œuvres* de Mgr. Dupanloup, qui, mieux que toute biographie, peignent au vif cet homme d'action.

La grande vie de l'évêque d'Orléans, écrite par Mgr Lagrange ; les *Souvenirs de Saint-Nicolas*, par Adolphe Morillon ; *Les débats de la commission de 1849*, par H. de Lacombe et beaucoup d'autres études, nous ont été d'une grande utilité.

Ceux qui s'attendraient à trouver dans ce volume et les autres de la même collection une polémique irritante se tromperaient.

Fréquemment, SS. Léon XIII, avec la double autorité de son nom et de son caractère, a rappelé à tous les catholiques l'obligation de rester unis par les liens étroits de la charité et de la concorde chrétiennes, ce n'est pas nous qui irons exciter des dissensions inutiles, inopportunes et nuisibles au bien.

Au moment de quitter ses disciples pour retourner à son Père, Jésus-Christ leur fit ses suprêmes recommandations, et il leur donna comme trait distinctif le précepte de la charité fraternelle : « Aimez-vous les uns les autres, leur dit-il, et que le monde vous reconnaisse à ce signe que vous vous aimez les uns les autres. »

Nous nous sommes inspiré et nous nous inspirerons toujours, avec la grâce de Dieu, de cette suprême et salutaire recommandation.

MGR DUPANLOUP

CHAPITRE PREMIER

Enfance. — Première éducation de Félix Dupanloup. — Il assiste aux catéchismes de Saint-Sulpice, sa première communion. — Félix à la Petite Communauté, au Petit Séminaire de Saint-Nicolas (1802-1821).

Antoine Philibert Félix Dupanloup naquit, le 3 janvier 1802, à Saint-Félix, modeste village de cette chrétienne et pittoresque Savoie qui nous a donné saint Bernard de Menthon, saint François de Sales, Joseph de Maistre, et dont la sévère nature aux superbes aspects et aux paysages grandioses semble spécialement appelée à produire et à former les puissants esprits.

A sa naissance, le frêle enfant paraissait devoir survivre à peine quelques instants. Ces menaces prématurées de la mort eurent pour résultat de lui faire conférer le baptême peu d'heures après et de hâter ainsi son admission dans l'Eglise. Dieu le voulait à lui le plus tôt possible.

Sa mère, *Anne Dechosal*, seule chargée de l'élever, se retira dans la ville d'Annecy, et lui prodigua constamment les soins de la plus exquise et de la plus infatigable tendresse. Les attentions incessantes dont elle entoura toujours cet unique objet de son affection maternelle, lui gagnèrent à jamais le cœur de son enfant. Plus tard, lorsqu'il eut grandi dans la vie, il aimait à lui rapporter ce qu'il lui était donné d'accomplir de bien dans l'Eglise du Seigneur.

A peine sa jeune intelligence s'ouvrit-elle aux premières notions du savoir, à peine sa volonté fut-elle à même de diriger ses premiers actes, que l'on put voir le germe des aspirations et des affections futures de sa vie. Dès l'âge de trois ans il se laissait absorber par le *Magasin des enfants*. Il aimait les grands et sublimes aspects de la nature, et par dessus tout il était charmé et invinciblement attiré par les cérémonies religieuses.

L'homme se trouve en germe dans l'enfant, et il n'est rien d'aussi intéressant que de surprendre dans leur première éclosion les facultés et les vertus qui grandiront plus tard et porteront leurs fruits. Le jeune et frêle bouton renferme tout ce qui doit constituer bientôt la fleur dans son complet épanouissement, le fruit dans toute sa maturité ; il a encore je ne sais quoi de plus délicat et de plus gracieux. Ainsi en est-il du jeune enfant relativement à ce qu'il deviendra dans la suite, lorsqu'il aura marqué sa place au sein de la société.

Un oncle de sa mère, vénérable prêtre, curé dans le voisinage d'Annecy au village de Saint-François, l'aida dans la première éducation de son enfant. Privée par la mort des soins maternels à l'âge de dix ans, elle perdit son père l'année même où naquit le jeune Félix ; mais le bon curé n'abandonna pas la malheureuse orpheline. Plus tard, lorsque du fond de sa Savoie il entendait les échos des magnifiques succès remportés par son petit-neveu, il était loin de regretter ses sacrifices et ses sollicitudes.

L'enfant fut d'abord envoyé au collège d'Annecy, et quoique âgé de six ans seulement, il étonna par ses succès qui en faisaient présager de plus grands pour la suite. Mais la Providence lui ménagea bientôt de plus efficaces moyens de se préparer aux grandes missions qu'elle lui destinait. Sa mère vint à Paris en 1809 s'établir chez une sœur qui l'y réclamait avec instance, et lorsque son enfant fut âgé de dix ans, elle l'envoya comme externe au collège Sainte-Barbe près duquel elle habitait.

Les deux sœurs cependant se séparèrent un an après, et la mère de Félix, quoiqu'elle *s'écrasât de travail*, ne put suffire aux frais de son éducation ; elle fut obligée de le retirer du collège. Il n'interrompit pas absolument ses études ; car une bonne famille du voisinage lui vint en aide, en lui prêtant des livres et en lui faisant faire des devoirs. Dieu, qui avait ses desseins sur lui, ne le perdait pas de vue ; il dirigea les événements de telle sorte qu'il fut admis aux catéchismes de Saint-Sulpice. C'est là qu'il trouva définitivement sa voie.

Les catéchismes de Saint-Sulpice étaient admirablement dirigés par M. Teysseire, jeune prêtre de vingt-sept ans, à l'âme vive et tendre, qui, après avoir été élève et répétiteur à l'école polytechnique, s'était consacré à Dieu dans le sacerdoce et avait voué sa vie à l'œuvre si fructueuse du catéchiste. Ce seront les cahiers de ce saint prêtre qui fourniront à l'abbé Dupanloup la première et la plus précieuse ressource pour se former lui-même à ce ministère en apparence si humble, en réalité si grand et si fécond, où il a remporté peut-être ses plus réels et ses plus suaves triomphes.

Dupanloup nous raconte lui-même, dans son *OEuvre par excellence*, la salutaire impression que firent sur lui les catéchismes de Saint-Sulpice.

« La première fois que j'y fus conduit, dit-il, je restai en dehors de l'enceinte, à gauche de l'autel, les bras croisés, appuyé sur une balustrade qui servait de barrière, attentif à ce qui se passait.

» Je me vois encore là à cette place et dans cette attitude. Du premier coup je fus saisi... Tous les bons sentiments de pureté, de docilité, de louange honnête, de convenance, de candeur ingénue, se réveillèrent là tout à coup dans mon âme. Cette impression fut étrange et je ne sais la définir qu'en disant : C'est Dieu que je rencontrai là et il fut d'une bonté infinie !... »

A la fin de la réunion, il se fit inscrire, et, le dimanche suivant, il prit place au milieu des autres enfants. Les exercices du Catéchisme le captivèrent aussitôt :

« Tout m'y plaisait, les instructions, les homélies, le jeu des bons points, les avis du chef, les cantiques, tout cela faisait un ensemble extrêmement intéressant. Cela durait deux heures, deux heures un quart, et je me souviens encore de mon étonnement en voyant que ce long temps passait si vite. Je remportais de chaque séance du catéchisme les impressions les plus heureuses : sans doute je n'étais pas encore corrigé de mes défauts, loin de là ; mais j'étais tourné vers le bien ; la lutte contre le mal était commencée : lorsque je me laissais entraîner, ma conscience m'avertissait de suite, et le remords me suivait partout. Le souvenir du catéchisme ne me quittait guère d'ailleurs ; je commençai même à prier quelquefois le bon Dieu comme il faut, c'est-à-dire à faire de vraies prières, du fond de mon cœur, et je sortais toujours meilleur de cette chapelle. »

Il garda un souvenir profond de sa première confession.

« C'était, dit-il, dans la chapelle de Saint-Jean-Baptiste... Comme elle est restée dans mon souvenir cette chapelle !... Quand je vis M. de Keravenant paraître en surplis, et entrer dans le confessionnal, le cœur me battit bien fort. Je m'agenouillai et lui fis ma première confession. Je l'avais écrite en chiffres, il m'encouragea beaucoup, m'aida par ses questions, me donna d'excellents conseils, et je sortis très heureux.

» Je me souviens encore du bonheur et de l'entrain avec lesquels j'allai ce jour-là faire une partie de barres au Luxembourg. Jamais je ne m'étais senti si léger ; jamais mes camarades ne m'avaient vu si intrépide à la course, sans se douter de ce qui ce jour-là m'avait encore rendu meilleur coureur qu'à l'ordinaire [1]. »

Félix excellait à la course. Un de ses biographes raconte le trait suivant. L'empereur venait d'épouser l'archiduchesse Marie-Louise, et donnait des fêtes magnifiques en son honneur. Un jour qu'il parcourait, au grand trot de cheval, les rues de la capitale, accompagné d'un brillant état-major, Félix l'aperçoit et afin de le mieux voir, il le suit sans désemparer pendant trois quarts d'heure.

Son amour du catéchisme ne tarda pas à l'emporter même sur la passion du jeu, il y assista fidèlement et s'appliqua à en profiter, mérita soixante-quinze gravures en cinq mois et se prépara avec soin à la première communion.

« Une fois les examens passés, et sûr d'être admis à la première communion, je ne songeai plus qu'à me convertir tout à fait et je m'appliquai plus que jamais à préparer ma confession générale.

» Je la fis de mon mieux, et cependant j'y eus moins de joie qu'après cette première confession qui m'avait rendu si léger ; j'étais devenu plus sérieux, je réfléchissais davantage ; après m'être confessé, je sentais non seulement la joie d'avoir tout dit, mais la nécessité de me corriger à fond de tous mes défauts, de prendre

---

1. L'Œuvre par excellence.

et de tenir de fortes résolutions; c'était pour moi toute une nouvelle vie à régler et à mûrir.

» La parole, dit Mgr Dupanloup, les avis du chef du Catéchisme,
très fréquents, très graves, très vifs, contribuaient plus que toute
autre chose à émouvoir nos âmes ; rien ne nous faisait plus d'impression que ces avis. Ils roulaient toujours sur nos fautes, nos défauts, nos mauvaises habitudes, les moyens de nous en corriger,
et aussi sur les bons exemples et les encouragements qui pouvaient nous y aider.

» La retraite, enfin, mit le comble à toutes les grâces, à toutes
les bénédictions de cet admirable Catéchisme de Semaine. Elle
fut très bien prêchée par l'abbé Quélen, qui devint depuis archevêque de Paris. » Le grand jour arrivait :

« Le mercredi matin, après l'Acte de Contrition, je reçus enfin
l'absolution : ce fut un moment de grande et profonde douceur ;
ma joie n'éclata guère au dehors, j'aurais craint de la perdre,
mais elle était bienheureuse et vive au dedans...

» La cérémonie de la première communion... échappe à mes
souvenirs, nos yeux étaient alors fermés à tout ce qui se passait
autour de nous sur terre, nous ne voyions que l'autel, le taber-
nacle, la table sainte, et lorsque le moment d'en approcher fut
arrivé, tous, émus, pénétrés et comme anéantis devant Dieu,
nous n'avions guère plus aucun sentiment des choses qui nous entouraient.

» Après la communion, le premier moment fut un grand saisis-
sement; puis vint la confiance, la reconnaissance, la joie vive,
une félicité céleste et toutes les expressions de notre amour pour
Dieu, ces mystérieux épanchements de l'âme émue d'un enfant
dans le cœur de Jésus-Christ qui lui réserve pour ce solennel et
doux moment, ses plus ineffables tendresses.

» Plusieurs, de retour à leur place, à genoux et en action de
grâce, versaient des larmes avec abondance.

» Tous nos parents étaient là dans des places réservées et nous
considéraient de loin avec attendrissement : nos Catéchistes, je
m'en souviens, pleuraient de joie en nous regardant, ils recueil-
laient enfin avec grande douceur le fruit de leurs peines. Et nous,
ravis de la grâce de Dieu dans nos cœurs et des religieuses magni-
ficences qui nous entouraient, nous chantions nos beaux cantiques
avec transport, nous goûtions un bonheur si pur, si élevé, si divin que nous semblions n'avoir plus rien à envier à la félicité des
cieux.

» Une des plus profondes et des plus délicates émotions de ces

grands jours, c'est qu'au milieu de ces cérémonies si majestueu-
ses, les enfants sentent qu'ils sont un spectacle d'admiration aux
hommes et aux anges; rien ne les élève et ne les purifie davantage. Ils sont traités, aimés, considérés comme les enfants mêmes
de Dieu, comme des âmes pures et sublimes, comme des êtres
privilégiés : l'impression est ineffable, rien n'approche de cela
parmi les impressions humaines.

» La journée s'acheva par la rénovation solennelle des promesses de notre baptême, par un magnifique salut et enfin par la
consécration à la Très Sainte Vierge.

» Avec quels transports nous faisions retentir les voûtes de la
grande église de Saint-Sulpice du cri mille fois répété : *A Jésus-
Christ pour toujours !* Avec quel souvenir du bonheur de notre
première communion, nous reçûmes au salut la dernière bénédiction du Saint-Sacrement, et enfin avec quel mélange de tristesse et de joie, nous nous rendîmes au fond de l'église, à la chapelle de la Très Sainte Vierge ! de joie, car nous allions nous
consacrer à Marie, notre céleste mère; de tristesse, car le dernier
moment de cette belle journée était venu, et aussitôt après nous
devions nous séparer. Effectivement, aussitôt après la consécration
qui fut faite par M. Menjaud, nous redescendîmes les marches du
sanctuaire et sortîmes processionnellement de l'église en jetant un
regard vers l'autel où, le matin, nous avions reçu pour la première fois notre divin Sauveur.

» Ces derniers moments étaient si touchants, cette dernière
procession était si belle, nous y étions encore si heureux, si hono-
rés aux yeux du ciel et de la terre que nous ne pouvions nous décider à rompre nos rangs; nous allâmes ainsi jusqu'au milieu de
la place Saint-Sulpice couverte de peuple, enfin nos mères s'ap-
prochant nous appelèrent et nous nous jetâmes entre leurs bras. »

La grande grâce qui fut accordée au jeune Félix, ce fut d'entendre clairement l'appel de Dieu et d'entrer définitivement
dans sa voie.

L'abbé Teysseire avait fondé la *Petite Communauté*, école
établie *rue du Regard*, n° 20, et destinée à favoriser le développement des vocations ecclésiastiques. Félix Dupanloup y
fut admis avec bourse entière, le 23 octobre 1815, et entra en
sixième. La première composition ne lui fut pas favorable, et
il eut la douleur de s'entendre proclamer le dernier. Mais grâce
aux encouragements bienveillants de son professeur, M. Va-

lette dont il garda toujours le meilleur souvenir, grâce à son application, il ne tarda pas à se placer à la tête de sa classe pour s'y maintenir constamment dans la suite, pendant qu'en récréation il se faisait remarquer en tête des jeux auxquels il se livrait avec la même ardeur qu'à l'étude. Son impétueuse nature néanmoins ne manqua pas de lui amener quelques mécomptes; mais en définitive les années qu'il y passa furent heureuses, et le préparèrent au séjour plus sérieux et plus fécond qu'il fit au petit séminaire de Saint-Nicolas.

Retenu d'abord en quatrième, il fut admis en troisième trois semaines après, se plaça aussitôt au premier rang de sa classe, comme il avait fait à la *Petite Communauté*, et s'y maintint de même.

Il se passionna pour l'étude des belles-lettres, obtint les plus brillants succès et y puisa ce goût sûr, qui ne le quitta plus, pour nos grands auteurs classiques. Sa piété se développa avec ses études, et sa rhétorique fut couronnée par le triomphe le plus agréable au cœur d'un jeune humaniste. Il fut choisi pour prononcer le discours de fin d'année au jour de la sortie, et il mérita les félicitations de l'archevêque de Paris et des autres personnages présents à la cérémonie. Félix fit part de son triomphe à sa tendre mère.

9 août 1821

Ma chère maman,

Encore à toi. Tu ne t'en plaindras pas, et je t'assure que ton fils n'en est pas fâché. Je t'ai écrit si brièvement la dernière fois que j'avais mal au cœur en mettant ma lettre à la poste. Aujourd'hui que je suis en vacances, installé dans un bel appartement tranquille et paisible, je vais te donner des détails sur tout ce qui s'est passé depuis quinze jours.

Je ne te dirai pas que pendant huit jours je me levais à quatre heures du matin et me couchais à dix heures du soir pour travailler mon discours. Tout cela est fini; venons-en à la distribution des prix. J'ai eu quatre premiers prix et un second; je ne suis pas content; je devais en avoir six premiers : c'est là un malheur qui a fait de la peine à mes professeurs mêmes. Enfin, j'ai encore été le mieux partagé sous ce rapport, malgré mes pertes.

J'ai donc prononcé mon discours qui, en latin, ne peut t'être

montré. Je t'ai dit l'effet qu'il a produit. Un instant, on m'a inter-
rompu pour m'applaudir; j'entendis répéter autour de moi : Très
bien! très bien! Il y avait là l'Archevêque [1], deux autres Évêques, M. Duclaux [2], MM. Jalabert, Desjardins et Borderies [3]. Enfin, après ma péroraison, que je dis d'un ton fort animé, et où je
faisais mes adieux à la maison, au Supérieur, à mes professeurs,
aux élèves, pendant que je pleurais, les élèves, les professeurs,
M. le Supérieur, se mirent à pleurer aussi ; Monseigneur et tous
ces messieurs donnaient les signes les plus marqués d'approbation. Au milieu de mon discours, comme je parlais fort haut et
d'un ton très animé, Monseigneur dit à M. le Supérieur, qu'il fallait me faire prendre quelque chose ; et quand je passai près du
trône de Monseigneur pour aller me rafraîchir, il me prit, m'embrassa, ainsi que ces messieurs qui me faisaient toutes sortes d'a-
mitiés. Enfin, je reçus mes prix, et c'étaient toujours de nouveaux applaudissements. Que je t'aurais voulue là ! Un coup d'œil
de ma mère eût été plus pour moi que toutes les couronnes. Déjà
plusieurs personnes m'ont demandé mon discours ; je l'ai refusé
à toutes; Monseigneur, seul, l'a emporté pour le montrer au Cardinal [4]. Le soir, je suis allé à l'Archevêché. M. Borderies me met
en pension chez un curé. Il paie cent francs par mois. Il ne me
l'a pas dit ; mais j'ai vu la lettre qu'il a écrite : elle m'est bien
avantageuse! il m'aime beaucoup. Je vais au château de ce pays,
qui est La Queue ; M. le coadjuteur, M. Borderies, y viennent; je
dois y dîner demain avec eux. J'irai plus tard à la Roche-Guyon.
Si je pouvais t'aller voir !

Adieu, je suis parfaitement ici ; on est aux petits soins pour moi ;
M. Borderies l'a tant recommandé. M. le coadjuteur veut que je
ne fasse rien ; M. Borderies me défend absolument de travailler.
Adieu, ma bonne mère, la main me tombe.

Ton méchant fils.

Le Ciel lui avait déjà facilité les meilleures relations. Sa
mère, entrée dans une famille comme gouvernante, ne pouvait plus le recevoir chez elle. Aux vacances qui suivirent sa

---

1. Mgr. de Quélen, coadjuteur du cardinal de Périgord.
2. Supérieur de Saint-Sulpice.
3. Tous trois vicaires généraux.
4. Ce discours fait l'éloge du B. Berkmans, on peut le lire dans :
M. Frère et Félix Dupanloup, par M. l'abbé Daix.

troisième, M. Chavenet, supérieur de Saint-Nicolas, l'avait adressé à M. le curé de Courcelles, et la famille de Borie, qui habitait le château de Courcelles, le réclama pour les vacances suivantes.

Le prince de Rohan qu'un événement tragique, la mort de sa jeune femme brûlée à côté de lui au moment où ils partaient ensemble pour le bal, avait décidé à renoncer au monde et à se consacrer à Dieu dans l'état ecclésiastique, voulut aussi le recevoir à sa demeure de la Roche-Guyon. Il venait de franchir les premiers degrés de la hiérarchie sacerdotale et il se prit d'affection pour cet adolescent à l'œil pur, au front intelligent, pressentant les grands services qu'il rendrait un jour à l'Église du Seigneur, et voulant, autant qu'il dépendait de lui, seconder les intentions divines à son égard. Plus tard, il sera archevêque et cardinal, il quittera la France en même temps que la famille royale à laquelle il était pleinement dévoué, et reviendra dans sa patrie; mais le prince de Rohan se souviendra toujours de l'abbé Dupanloup, et il s'efforcera partout de le mettre en vue, afin d'en tirer le plus grand bien possible.

Il fut encore remarqué par M. Borderies que la révolution avait trouvé professeur au collège Sainte-Barbe. Ce prêtre vénérable, ayant alors refusé de prêter le serment à la constitution civile du clergé, avait connu les amertumes de l'exil. De retour en France, il fut successivement premier vicaire à Saint-Thomas d'Aquin, vicaire général de Mgr de Quélen, et enfin évêque de Versailles. Il était vicaire général au moment où le jeune Félix Dupanloup terminait ses études à Saint-Nicolas, et à partir de ce temps il devint pour lui le père le plus tendre, le plus dévoué, le plus autorisé et le plus écouté.

M. Frayssinous déjà si célèbre, et qui le sera bientôt davantage, Mgr de Quélen lui-même, avaient discerné ce brillant élève et l'entouraient des plus gracieuses prévenances. Ainsi Dieu lui ménageait de précieuses amitiés, et sur le point d'entrer au grand séminaire, à l'âge de dix-neuf ans, il pouvait envisager la vie, et être assuré de n'y pas manquer de points d'appui.

Félix Dupanloup avait dix-neuf ans, et il venait de terminer brillamment sa rhétorique au petit séminaire de Saint-Nicolas.

L'appel de Dieu s'était de plus en plus clairement fait entendre à son âme, et il était résolu d'y répondre avec toutes les ardeurs et toutes les générosités de la jeunesse.

CHAPITRE II

L'abbé Dupanloup au Séminaire d'Issy et au Séminaire de Saint-Sulpice de Paris (1821-1825).

Au mois d'octobre de l'année 1821 il se présenta donc au séminaire d'Issy, dépendance de Saint-Sulpice. Il allait, par l'étude de la philosophie et par la vie du grand séminaire, se préparer à la sublime vocation du sacerdoce pour laquelle le Seigneur avait daigné le tirer de la foule.

« Le nom de Saint-Sulpice, nous dit-il lui-même dans ses » *Souvenirs*, doit m'être cher jusqu'au dernier soupir. J'y ai » trouvé tous les biens de Dieu. » — Il aimait à répéter le mot de Fénelon : « Je ne connais rien de plus apostolique que » Saint-Sulpice ; » et, à l'exemple de l'illustre archevêque de Cambrai, il professa toujours pour les membres de cette compagnie la plus respectueuse et la plus affectueuse sympathie.

La retraite par laquelle il débuta, lui fut comme une démarcation tranchée entre sa vie passée et la vie nouvelle qui s'ouvrait pour lui. Sa conduite, il est vrai, avait été jusque-là régulière et chrétienne, et en repassant les jours de son adolescence il n'y rencontrait aucun acte gravement répréhensible, indigne d'un jeune homme pieux et même fervent. Mais enfin, il allait maintenant revêtir la livrée des ministres du Seigneur, et le saint habit qu'il porterait désormais réclamait de lui une vertu d'élite. Il se plongea tout entier dans les exercices de cette retraite, il offrit à l'action divine un cœur animé des meilleures intentions, et il en sortit rempli de ferveur et de bonne volonté.

Immédiatement après la retraite, il fit connaître ses dispositions à sa « bonne petite mère ».

Issy, 26 octobre 1821.

A toi bonne petite mère : il y a huit longs jours que nous nous sommes vus ; pendant ce temps nous avons été en retraite, et il n'y avait pas permission d'écrire ; de là mon silence. La retraite est finie, et voici ma lettre. Nous sommes ici (car il est bon de te faire connaître un peu ma nouvelle habitation) dans une grande maison, fort vilaine, surtout quand on sort d'un palais comme celui de la rue Saint-Victor[1]. Quoi qu'il en soit, j'ai une petite chambre où pourraient loger sans être trop à leur aise, deux ou trois poules : il y a cependant de la place pour me coucher ; mais je n'ai pas à craindre de me perdre dans mes vastes appartements. En revanche, un jardin, un parc superbe ; des jeux de balle magnifiques, un air excellent, une vue divine ; et dans l'avenir, j'espère, une bonne santé. Nous sommes fièrement à l'aise dans nos promenades : bosquets, charmilles, tapis de gazon, longues allées de marronniers, de tilleuls : rien n'y manque : tu vois, bonne mère, que les désagréments de mon logement sont compensés par les charmes de nos promenades. Et puis, j'ai bien l'espérance de rendre ma petite chambre agréable. Il m'y faudrait pour cela trois choses : une commode pas plus grande que la tienne, une bibliothèque capable de contenir cent cinquante volumes, et une table comme celle que tu as laissée chez madame Baudry. Fais-moi passer tout cela, je t'en prie, le plus tôt possible.

Mais toi, il me fait de la peine que tu te fatigues tant : cela n'aboutit qu'à affaiblir ta santé qui a besoin de ménagements. Tu as beaucoup de vigueur, plus encore de caractère que de corps, et voilà pourquoi tu en fais trop. Excuse ton fils, s'il prend la liberté de te parler ainsi. Tu sais d'où cela vient : je n'ai pas une bonne mère pour ne pas l'aimer, et quand on aime, on n'est pas toujours tranquille : tu en sais quelque chose.

Je vais me mettre dans la philosophie jusqu'au cou. On dit bien qu'il y a quelques épines, mais je tâcherai de les arracher, et puis nous cueillerons les roses.

Adieu, bonne mère : encore quatre larges années, et puis....

Je t'embrasse comme je t'aime.

Son zèle pour la piété et pour l'étude se développa davantage ; et encore plus qu'à Saint-Nicolas, il se fit remarquer par

---

1. Le petit séminaire de Saint-Nicolas, moins beau que ne l'était le séminaire d'Issy, même alors.

sa constante ardeur au travail et par sa fervente vertu, sans rien perdre non plus de sa gaieté pendant les récréations et de son entrain aux jeux permis.

Il étudia la philosophie, nous dit-il lui-même, « avec un »goût et une ardeur extraordinaires. » C'est que son esprit sut y trouver la vérité et s'y complaire. Il aima cette grande et saine philosophie du bon sens, à la fois indépendante et soumise, qui sait aborder les grandes questions, les étudier avec attention et loyauté, reconnaître les limites et les faiblesses de la raison humaine aussi bien que son étendue et sa puissance. Il l'aima et s'y appliqua avec toute l'activité de son âme; et en revoyant ses cahiers de philosophie, il trouvait que jusqu'à la fin il avait énormément travaillé.

Ainsi cette première année d'Issy lui fut précieuse pour la formation de l'esprit et du cœur. A l'ordination de la *Trinité*, son directeur, M. Gosselin, n'eut pas la moindre hésitation, et lui fit faire le premier pas dans la cléricature par la réception de la tonsure.

La seconde année continua et perfectionna l'œuvre si bien commencée par la première. Les études plus sérieuses et plus importantes de la théologie furent abordées, et lui fournirent l'occasion d'un travail réellement prodigieux. Car le champ est immense, et l'activité la plus extraordinaire peut s'y satisfaire. Son caractère mûrit davantage, sa vertu s'accrut chaque jour, et à la Trinité il reçut les *ordres mineurs* avec plus de ferveur encore qu'il n'avait reçu la *tonsure* l'année précédente.

Ses progrès dans la piété et la vertu avaient aussi fait grandir les inclinations affectueuses de son âme, et les lettres qu'il écrit à sa mère de la solitude d'Issy, respirent les sentiments de la plus exquise tendresse filiale.

Il avait toujours beaucoup aimé sa mère; mais il semble maintenant que son affection ait pris quelque chose de plus profond, de plus délicat, de plus céleste, dirons-nous. Quoi d'étonnant? Elle s'est ranimée au foyer même de la charité divine par la consécration exclusive au Seigneur; et ceux qui savent le mieux aimer sur la terre, sont toujours les cœurs chastes et généreux qui s'échauffent uniquement aux flammes de l'amour céleste.

« Si jamais je suis curé, bonne mère, c'est toi qui seras la
» mère de ceux dont je tâcherai d'être le père ; si nous pouvons
» faire beaucoup d'aumônes, nous les ferons tous deux, et on
» nous aimera, et nous serons heureux, et d'un bonheur bien
» doux. Voilà de beaux rêves, bonne mère. »

Et dans une autre lettre : « Pauvre, bonne et bien-aimée
» maman, si je t'avais, comme nous ririons quelquefois de
» bonne et douce joie ! Comme je te voudrais toujours heu-
» reuse et contente ! »

Ailleurs encore : « Cela me fait plaisir de voir qu'on t'aime
» partout. Je suis fier de t'avoir pour mère, et plus encore j'en
» suis heureux. Bonne mère, je t'aime, je pense à toi dans
» mon travail ; je dis : c'est pour Dieu et pour ma mère. »

Et enfin : « Que j'aimerais bien mieux que ces grands châ-
» teaux une toute petite campagne où tu serais avec moi, où
» je te rendrais heureuse ! »

Qu'on nous réponde si jamais jeune homme aima mieux sa
mère et sut mieux le lui dire ?

Après sa mère, il aimait ses amis d'une affection vive et sincère, et durant son séjour à Issy il se fit de profondes et durables amitiés.

Un jour il vit paraître au milieu des séminaristes un jeune
magistrat plein d'avenir et qui devait jeter tant d'éclat dans
la chaire chrétienne sous le nom de P. de Ravignan. —
Gustave-Xavier de Ravignan ne fit que passer à Issy. Venu
en juin 1822, il entrait au noviciat des Jésuites au mois d'octobre suivant. Quelque rapides cependant qu'aient été alors
ses relations avec Félix Dupanloup, elles suffirent à former
cette inaltérable amitié que la mort fut seule capable de
rompre.

Après les deux années passées à Issy, vinrent les années de
Saint-Sulpice, plus fécondes et plus décisives, parce qu'elles
l'approchaient davantage du but désiré. Lorsqu'il y parut, le
grand séminaire de Saint-Sulpice renfermait plusieurs jeunes
gens pleins d'avenir, qui devaient dans la suite occuper des
rangs distingués dans le clergé et même dans l'épiscopat ; et il
ne tarda pas à se faire remarquer parmi les plus fervents et
les plus studieux.

Dieu le récompensa en l'appelant à se donner à lui par les engagements du sous-diaconat.

On aime à lire les sentiments de son cœur dans la lettre écrite à sa mère pendant la retraite qui précède son ordination.

Saint-Sulpice, jeudi de la Pentecôte 1824.

Bonne mère, je ne crois pas sortir de ma retraite en t'écrivant ce peu de mots. La pensée de ma mère ne me dissipe point, elle me repose, me recueille et me console. Bonne mère, dans deux jours, tout sera fini pour moi, pour la vie entière et pour l'éternité. Je serai attaché à Dieu, à son service, dévoué à sa gloire et au salut des hommes par un serment solennel ; je ferai vers le saint autel un pas irrévocable qui me séparera du monde et de ses tristes joies. Tout sera fini.

Je suis calme, gai même : bien qu'il y ait dans cette démarche quelque chose d'effrayant, je vois venir ce moment avec une joie véritable. J'espère, et c'est Dieu qui me donne cette douce et consolante espérance, que celui qui m'a appelé d'en haut à ce saint état me donnera la force pour en remplir dignement les redoutables devoirs. Puisqu'il me veut pour son prêtre, il me fera lui-même un saint prêtre. Prie pour ton fils, bonne mère, Dieu écoutera certainement tes prières.

J'ai reçu hier du duc de Rohan [1] la lettre la plus aimable, la plus touchante qu'il soit possible d'écrire. Elle a huit grandes pages : je ne puis te donner à ce sujet de plus grands détails ; il m'envoie un crucifix d'argent, bénit par le Pape, en souvenir de mon sous-diaconat.

Adieu, bonne mère, prie bien pour moi. Je t'embrasse du fond du cœur.

L'événement capital pour lui fut l'œuvre des catéchismes. Dès sa première année il fut désigné comme catéchiste, et il choisit le catéchisme des petits enfants. Il trouva des notes de M. Teysseire sur des feuilles volantes qu'un séminariste avait jetées devant sa porte, comme inutiles. Elles lui furent abandonnées sans peine, et ce lui fut toute une révélation. Il se mit à les recueillir, à les étudier assidûment, à s'en péné-

---

1. Alors à Rome.

trer, à les compléter, à les perfectionner, et bientôt il devint un catéchiste vraiment modèle. Mais ce qui contribua par dessus tout à ses succès, c'est qu'il se livra sans réserve à ce nouveau et délicat ministère, avec tout son esprit et tout son cœur.

« Vous verrez comme vous parlerez à ces enfants quand vous les aimerez, » lui avait dit M. Borderies. Or, il aima les enfants d'une affection vraiment extraordinaire, qui prenait pour modèle la tendresse même du divin Sauveur pour le jeune âge. Il les aimait pour leur candeur, pour leur innocence, pour leur âme, parce qu'ils sont l'avenir, et que sur eux repose toute la société future. Son affection intense, ardente, savait trouver dans les profondeurs les plus intimes de son âme des accents qui allaient jusqu'au fond des âmes de ses petits auditeurs, et y faisaient pénétrer, avec la connaissance et l'amour de la vérité, les sentiments généreux et religieux, les désirs et les ardeurs pour l'accomplissement du devoir et la pratique des vertus chrétiennes.

Nous n'avons pas à raconter ici les divers moyens, les industries multiples dont il usait pour agir sur ces enfants du catéchisme qu'il aimait comme une mère aime son unique enfant. Il les a lui-même développés dans les instructions qu'il donna plus tard à ses prêtres du diocèse d'Orléans, sur l'*OEuvre par excellence* ou le *Catéchisme*. Disons seulement qu'après avoir été successivement, pendant ses deux années de Saint-Sulpice, chargé du *catéchisme du dimanche*, du *catéchisme de semaine* pour la préparation plus immédiate à la première communion, du *catéchisme de persévérance* pour les jeunes filles après la première communion, il fut nommé *chef catéchiste*, et acquit dans les diverses fonctions de cet important ministère une expérience qui portera bientôt les plus heureux fruits.

Saint-Sulpice, 25 mai 1825.

Ma bonne mère,

Voici encore deux mots de ton fils toujours trop pressé. Ta lettre m'a fait une douce distraction au milieu de mes examens : Mgr l'Archevêque et tous les grands vicaires ont passé tous ces jours-ci à nous examiner. C'est fini maintenant, et me voilà libre, mais plus accablé que jamais de mes chers catéchismes : les fêtes vont nous donner beaucoup d'occupation et de peine. Il est vrai que les catéchismes sont comme le printemps où l'on ne cueille que des fleurs ; le reste de la vie d'un prêtre, aujourd'hui surtout, n'est qu'un été brûlant, où il faut porter le poids du jour et de la chaleur. Ne crois pas cependant, bonne mère, que je m'inquiète de l'avenir : non, je laisse à Dieu le soin de me le faire heureux ou malheureux. Je recevrai tout de sa main comme un bienfait, et si des peines m'attendent dans la vie, j'ai la douce confiance que sa grâce fortifiera mon cœur et le rendra supérieur à tout. Quand on a le bonheur d'être à Dieu sans retour et sans partage, en un mot quand on est prêtre, et qu'on espère du ciel conserver toujours un cœur sacerdotal et une âme apostolique, il n'y a rien à craindre, pour soi du moins. En attendant que les jours mauvais arrivent, je jouis du présent qui est heureux ; et je me console pour l'avenir en pensant que ma mère, qui n'est pas sans force et sans courage, et qui en aura davantage encore quand son fils sera prêtre, m'aidera à vivre avec sagesse, avec fermeté, avec noblesse, et à supporter les peines et les joies avec une âme également forte et généreuse. Mes catéchismes me sont maintenant aussi un puissant soutien. Je ne puis m'empêcher de sentir mon cœur s'enflammer de quelque ardeur en voyant tous ces jeunes enfants, élevés à l'humble école de Jésus-Christ, ne s'occuper qu'à embellir le printemps de leur vie de piété et d'innocence, faire revivre en elles les plus aimables vertus, et convertir quelquefois leurs parents égarés par le malheur des temps, à force de douceur, de tendresse et d'amabilité. Va, ma chère mère, la religion de Jésus-Christ quand on la voit de près est bien belle... »

Ses catéchismes cependant ne l'absorbèrent pas au point de lui faire négliger l'étude de la théologie et la préparation à la *prêtrise*, vers laquelle il s'acheminait graduellement par le *sous-diaconat* qu'il reçut à l'ordination de la Trinité, le 26 mai 1824, par le *diaconat* qui lui fut conféré à l'ordination de la Noël de la même année. Enfin, à l'ordination de la Noël, le 18 décembre 1825, après sa formation à Saint-Sulpice, il fut fait prêtre par Mgr de Quélen ; et le duc de Rohan, prêtre lui-même depuis peu d'années, l'assista à sa première messe.

Nous n'entreprendrons pas de dire ses sentiments de frayeur, ses saintes appréhensions en même temps que sa confiance en

Dieu au moment de recevoir ce fardeau à la fois si redoutable et si consolant du sacerdoce. Nous préférons le laisser parler lui-même :

Décembre 1825.

Ma bonne mère,

Il faut t'écrire au moins une page de grand cœur. Et je t'en aurais certainement écrit plus d'une et de deux si je n'étais pas accablé plus que jamais, et tellement accablé que je suis obligé de remettre à ma sortie du séminaire une foule de choses que je ne puis faire maintenant et qui sont cependant très pressées. Ne crois pas que je dise *tant de choses aux gens*, comme tu m'écris ; je ne vois personne et n'écris à qui que ce soit, pas même à M. de Rohan, qui m'en a fort grondé à son arrivée : ce qui n'a pas empêché que je ne lui rende pas sa visite, et ce n'est que quinze jours après qu'en allant à mon catéchisme j'ai passé deux minutes chez lui.

Tu m'as trouvé un peu triste, bonne mère, je ne le suis pas ; mais naturellement je suis fort occupé de tout ce qui se prépare pour moi : c'est si grave, si élevé, si fort au-dessus d'un jeune homme de vingt-quatre ans que j'en suis plus effrayé que consolé. M. Borderies m'a pourtant dit, et je le sens, que si les sentiments de crainte, si naturels pour qui connaît sa faiblesse véritable et sa trop réelle indignité, étaient bons, toutefois ils ne devaient pas bannir de mon cœur tout sentiment de confiance en la force du Dieu qui m'appelle à être son ministre, et de reconnaissance pour ses bontés. Je commencerai à me rassurer un peu lorsque je sentirai que c'est vraiment dans toute la sincérité de mon âme que je me dévoue à Dieu, que je me consacre à le servir tous les jours de ma vie avec la plus généreuse fidélité.

Ce sont tous ces sentiments qui font, ma chère mère, que je ne veux avoir pour ma première messe aucun embarras d'aucun genre. Je serai à la lettre trop honteux d'être prêtre pour en pouvoir faire les honneurs ; tu me feras donc un véritable plaisir en te chargeant de toutes les mesures de politesse essentielle qu'il y aura à faire. Tu préviendras qui tu jugeras convenable, je le verrai avec plaisir parce que cela t'en fera. Mais pour moi, vois-tu, il n'y a qu'une seule personne que je désire à ma première messe, et c'est ma mère : qui que ce soit au monde, je l'espère, ne viendra ce jour-là détourner mes pensées de Celui qui aura bien voulu descendre du ciel à ma parole, et se confier à mes mains indignes : seulement ma mère se mêlera à toutes mes pensées.

Tu me comprends donc, ma chère maman, je ne verrai personne, ni le jour de mon ordination, ni le lendemain : je désire même ne pas te voir, ou du moins ne te point parler. Les émotions vives me tuent, je n'y tiens plus alors et cela fait des scènes: je veux éviter cela. Je te dirai bien positivement bientôt où je la dirai[1] : c'est M. le duc de Rohan qui m'assistera[2] : il y a huit ans que cela est convenu. Adieu, prie pour moi.

Son zèle et son application constante à profiter de toutes les grâces du ciel par sa fidélité à s'acquitter exactement de tous ses devoirs de fervent séminariste, le témoignage de ses maîtres, et, en particulier, du directeur de sa conscience lui étaient les motifs les plus consolants d'espérance et de confiance. Le Seigneur n'appelle personne aux sublimes fonctions du sacerdoce sans lui ménager les moyens surabondants de s'y préparer convenablement, et celui qui les a mis suffisamment en œuvre, peut envisager sans trop d'effroi la charge redoutable qui va lui être imposée.

Si cependant nous voulons savoir comment il prenait à cœur l'œuvre de sa formation au futur sacerdoce, nous n'avons qu'à consulter ses propres réflexions et le règlement qu'il se traça dans la retraite du commencement de l'année 1824-25, la seconde de Saint-Sulpice, la quatrième de son séminaire. On y voit l'idée qu'il se fait de la fidélité à ses règles, à ses exercices de piété ; de la vigilance à apporter dans ses conversations, dans la garde de sa vertu, dans l'emploi de son temps. Dieu ensuite l'avait fait passer par l'épreuve des ennuis spirituels. Des troubles, des perplexités de conscience étaient venus plus d'une fois l'assaillir, et, grâce aux sages avis et aux religieux encouragements de ses directeurs, en particulier de M. Borderies, avaient achevé de fortement tremper sa vertu, de la rendre apte à soutenir victorieusement les combats de la vie.

A la fin de l'année 1823, il avait rencontré chez M. Borderies un jeune avocat plein de talent, Henri-Dominique Lacor-

---

1. Ce fut l'église des Carmes.
2. Avec M. Borderies.

daire. Il le trouva à Saint-Sulpice, sous la livrée sacerdotale, en attendant qu'il reparaisse, sous l'habit religieux de Saint-Dominique, dans les chaires catholiques, en particulier dans la chaire de Notre-Dame de Paris, où il fera tressaillir les échos du sanctuaire aux accents d'une éloquence inconnue avant lui. Si leurs idées ne furent pas toujours en harmonie, du moins le dissentiment n'alla jamais jusqu'à leurs âmes, suivant la remarque de Mgr Dupanloup. Ils purent différer d'appréciations en plus d'un point; mais ces divergences n'altérèrent pas leurs sentiments réciproques d'estime et d'affection.

CHAPITRE III

L'abbé Dupanloup vicaire et catéchiste à la Madeleine (1825-1835).

Au sortir du grand-séminaire, immédiatement après son ordination à la prêtrise, le jeune abbé Dupanloup fut appelé avec quelques autres prêtres distingués auprès de Mgr de Qué-len, qui voulait former par eux une société chargée de travailler à relever la prédication et les études ecclésiastiques. L'essai ne réussit pas, et le jeune prêtre fut envoyé vicaire à la Madeleine pour y être chargé de la direction des catéchismes.

Il s'était déjà préparé à cette œuvre, nous l'avons vu, pendant son séjour à Saint-Sulpice, et l'on était en droit de fonder sur lui les plus belles espérances. Cependant il est de toute vérité qu'il dépassa les prévisions les plus optimistes.

Il commença dans une chapelle que M. Feutrier avait fait bâtir près de l'église de l'Assomption, sous le vocable de *Saint-Hyacinthe*, et ne tarda pas à lui valoir une très grande célébrité. Chargé du catéchisme pour les enfants qui n'avaient pas fait la première communion, du catéchisme de persévérance pour les jeunes filles, il y ajouta le catéchisme de persévérance pour les jeunes gens, et vit tous ces enseignements suivis par plus de quatorze cents enfants.

Il eut le bonheur d'être secondé par des collaborateurs zélés, intelligents et tout dévoués à leur mission. Aussi bien les enfants des plus nobles et des plus illustres familles vinrent-ils s'asseoir sur les mêmes bancs que les enfants des ouvriers et des plus modestes artisans, recevoir ensemble les enseignements religieux donnés par l'abbé Dupanloup et par ses collaborateurs.

Du reste, il se dépensait tout entier à son ministère, avec un zèle, une activité de tous les instants, un entrain qui animait tout, une vigilance qui portait sur tous les détails. Ses collaborateurs donnaient les leçons et les enseignements ; ils instruisaient les enfants et les formaient. Mais lui-même, il était l'âme de tout, il organisait tout, imprimait partout la marche à suivre, la méthode à employer. Les membres étaient multiples ; mais la tête était unique, et toutes les inspirations venaient d'elle.

Mais aussi quelle activité, quels labeurs il y consacrait ! Il avait renoncé à toute autre occupation, et ses catéchismes l'absorbaient exclusivement. Ils étaient l'unique objectif vers lequel se rapportaient ses études et ses lectures. Il y songeait pendant les vacances, faisant ses programmes, distribuant les matières pour chaque période de temps, écrivant le règlement qui présiderait aux différents exercices. Avant chaque catéchisme tout était prévu, jusqu'aux plus minutieux détails : les enseignements, les vérités qu'il fallait développer, les avis qu'il fallait donner, les traits qu'il fallait raconter, les cantiques qu'il fallait chanter, l'ordre qu'il fallait établir entre ces exercices multipliés, le moyen de les entremêler, de les varier avec méthode, sans trouble ni confusion, de manière à captiver à la fois l'esprit et le cœur des enfants, à les instruire, à les former à la vertu, à les intéresser.

Pour éviter l'ombre de divergence dans les méthodes et les procédés, il s'entendait constamment avec ses collaborateurs, prenait leurs conseils, profitait de leurs avis, leur communiquait les siens, leur faisait part des résultats de son expérience. Ainsi, par sa puissante activité, par sa sage direction, chacun d'entre eux profitait des lumières de tous ; chaque catéchiste semblait n'être que l'écho de tous ; les jeunes enfants étaient partout saisis par la même direction éclairée, pieuse et affectueuse. Qu'importait le catéchiste entre les mains duquel ils se trouvaient ? C'étaient toujours des mains paternelles qui les soutenaient, leur distribuaient le pain céleste de la parole divine. Sans cesse, d'ailleurs, l'infatigable directeur payait de sa personne et de son cœur, et il venait partout, apportant toujours les accents pénétrants et chauds de sa parole et de pressantes exhortations.

Il aimait plus tard à revenir avec une complaisance bien légitime sur ces premières années de son apostolat, et il avouait que les auditoires nombreux qu'il avait vus dans la suite, se presser autour de sa chaire, ne lui avaient jamais produit la même impression que cet auditoire d'enfants qui recevaient ses paroles avec la plus consolante avidité. Empruntant un mot charmant d'un vieil auteur sur saint François de Sales, nous dirons de lui qu'*il regardait son petit monde et que son petit monde le regardait*, et dans cet échange de regards, il leur communiquait toute son âme avec les ardeurs et les flammes de sa charité.

Mais il ne fut pas seul à garder un long et suave souvenir de ces années précieuses. Parmi ceux auxquels il prodigua ses soins et ses sollicitudes, plusieurs ne l'oublièrent plus. Les vérités chrétiennes et les vertus déposées en leurs âmes y grandirent et fructifièrent admirablement, et avec elles ils conservèrent les meilleurs sentiments d'affectueuse reconnaissance envers le jeune prêtre qu'ils avaient vu si empressé, si dévoué, si bien disposé à tous les sacrifices pour leur bien spirituel. Jusqu'aux dernières années de sa vie il lui arrivait d'en recevoir, parfois de pays étrangers, les témoignages les plus inattendus et les plus consolants.

Ici, comme plus tard, comme toujours, il exerça sur les esprits et sur les cœurs cet empire puissant, profond, irrésistible et durable, qu'il n'est pas toujours possible d'expliquer, mais que l'on ne saurait nier. Note caractéristique des grands esprits, Dieu l'accorde à ceux qu'il destine à jouer un rôle prépondérant au milieu de leurs semblables, et Mgr Dupanloup le posséda incontestablement.

Du reste il aimait tant ses catéchismes qu'il résista aux instances de Mgr de Rohan, qui voulut se l'attacher quand il fut archevêque d'Auch, en 1829, et qui renouvela ses sollicitations après sa translation à l'archevêché de Besançon et sa promotion au cardinalat. M. Borderies lui-même, lorsqu'il fut nommé évêque de Versailles, ne put obtenir qu'il l'y suivît; et cependant Dieu seul connaît l'intensité des sentiments qui l'attachaient au nouvel évêque ; mais ses catéchismes lui tenaient encore plus au cœur.

Il ne faut donc pas s'étonner qu'il ait refusé avec la plus inflexible fermeté le poste de secrétaire général du ministère des affaires ecclésiastiques. Un prêtre qui se serait laissé guider par des vues ambitieuses, n'aurait eu garde de négliger une aussi favorable occasion de s'avancer dans la voie des honneurs. Mais l'abbé Dupanloup ne songeait qu'au bien ; il croyait en faire plus dans sa modeste position de catéchiste que dans le poste de secrétaire général, et il n'hésita pas un seul instant.

Les honneurs du reste commençaient à le rechercher avec obstination.

Mgr Borderies était premier aumônier de Madame la Dauphine, duchesse d'Angoulême et fille de l'infortuné Louis XVI, et il était secondé dans ces fonctions par deux autres aumôniers. Il s'entendit avec l'abbé de Moligny, l'un de ses auxiliaires, pour faire nommer l'abbé Dupanloup au second poste devenu vacant, et celui-ci accepta avec reconnaissance ce nouvel emploi surtout honorifique, qui ne le détournait pas de ses catéchismes. En même temps il fut nommé catéchiste du jeune duc de Bordeaux, que l'exil et ses grandes qualités intellectuelles et morales devaient rendre si célèbre sous le nom de Comte de Chambord ou de Henri V.

La princesse Marie-Amélie, duchesse d'Orléans, le choisit à son tour pour lui confier les mêmes fonctions auprès de ses enfants, les jeunes princes d'Orléans. Mais la révolution de juillet 1830 éclata bientôt, et le duc de Bordeaux partit pour l'exil avec la famille royale.

L'abbé Dupanloup aurait désiré le suivre pour lui continuer ses enseignements religieux. Il alla consulter à ce sujet le cardinal de Rohan, qui s'était retiré en Suisse après le départ du

souverain auquel il avait voué ses affections et son dévouement, et il put ainsi revoir pour la première fois son pays de
Savoie qu'il avait quitté depuis plus de vingt ans. Vivement
approuvé par son illustre ami et protecteur, il envoya sa demande. Mais l'abbé de Moligny avait déjà été agréé pour le
même emploi, et ce fut sans le moindre sentiment d'envie,
sinon de peine, que l'abbé Dupanloup le félicita du bonheur
qui lui permettait de poursuivre son œuvre de dévouement aux
victimes du malheur.

Pour lui, il voulut bien continuer ses soins religieux aux
princes d'Orléans, même après que leur père Louis-Philippe se
fut assis sur le trône, il s'attachait à ses élèves, il appréciait
la piété sincère et profonde de leur mère. Mais les tristes événements qui marquèrent les premiers temps de la monarchie
de juillet, le sac de l'archevêché et la profanation de l'Eglise
de Saint-Germain-l'Auxerrois entre autres, ne furent pas de
nature à calmer les regrets que lui avait causés la chute de la
monarchie légitime. Il était loin de cacher ses préférences.

Si donc il put gagner l'affection des princes, ainsi que la
reconnaissance et l'estime de la reine Amélie, il fut toujours
tenu en défiance par le roi, et bientôt il lui fallut résigner ses
fonctions.

Il en écrivait à l'abbé de Moligny en termes qu'il est intéressant de lire.

1er mai 1831.

Mon cher ami,

Tu m'accuses de négligence, et je t'assure cependant qu'il n'y
en a guère de ma part : ce qu'il y a de sûr c'est que l'indifférence et l'oubli sont à une distance infinie du motif qui m'a empêché de t'écrire plus tôt. Depuis deux mois j'ai cherché inutile-
ment une occasion ; Emmanuel aussi. Enfin, hier, il a été décidé
que je n'en aurais d'ici à trop longtemps, et je t'écris ce matin.

Tu seras content du *Manuel* [1]. Il a excité un véritable enthousiasme. Denais en a vendu plus de mille du premier coup. Ce te
sera un souvenir agréable du bien que tu as fait parmi nous, des

---

1. Le *Manuel des catéchismes*, encore en usage dans les paroisses de
Paris, et dont les éditions ne se comptent plus.

heureux jours que nous avons passés ensemble : c'étaient nos premiers et nos derniers beaux jours. Je voyais Boniver hier à la Solitude[1] et nous le disions : ces quatre ou cinq premières années de ministère, malgré les alarmes et les pressentiments funestes, nous ont laissé voir notre Église heureuse, tranquille, glorieuse même : mais aujourd'hui, si tu voyais ! Oh ! que de tristes choses ! Hier encore à la Solitude, nous avons vu les croix de Lorette et de toutes les chapelles renversées : cela fendait le cœur. Tu as tout su par les journaux sans doute ; mais ce que tu n'as pas su, parce qu'il n'y a pas eu une seule voix assez courageuse pour le dire très haut, c'est l'infamie des plus lâches mensonges, c'est l'absurde crédulité de ce peuple, c'est l'impiété de tous : j'en ai été malade d'indignation. Je n'ai jamais ressenti un étouffement pareil. Le païen Cicéron menaçait de la colère des dieux les menteurs et les impies qui opprimaient Rome : nos mensonges et nos impiétés ont été plus loin qu'à Rome ; le Bas-Empire et sa dégradation la plus honteuse valait mieux que nous. Que nous arrivera-t-il ? Dieu le sait, qui le fera.

Le Catéchisme va très bien, parfaitement bien. Nous commençons à devenir meilleurs. Le malheur est bon à quelque chose. Oh ! que la prospérité avait gâté de gens !

M. de D., que tu as vu en Italie, est revenu en France et au Catéchisme ; j'ai bien parlé de toi avec son excellente mère. Tout le monde me demande de tes nouvelles : Mme de Fésenzac, Mme de Flavigny (Mathilde de Fésenzac), Mme de Halgar, Mme de Brevannes, et tant d'autres. Je voulais lire ta lettre au catéchisme, une partie au moins : on m'en a empêché, et, on a eu raison ; il y avait de quoi faire quatre ou cinq conspirations avec ce seul fait ; or, comme j'ai mon catéchisme à faire, je ne veux pas aller en prison. Puis sur ces entrefaites, j'ai appris que j'avais été dénoncé à une *grande dame*[2], dont j'instruis les enfants, comme centre de conspirations. Tout cela est plus bête que ma pantoufle. Nous sommes bien méchants, n'est-ce pas ? Eh bien, crois-moi sur parole, lorsque j'ai l'honneur de te déclarer que nous sommes encore plus bêtes que méchants.

Conturbatæ sunt gentes, inclinata sunt regna : c'est évident. Je

---

1. Un de leurs condisciples de Saint-Sulpice, mort à la fleur de l'âge, Sulpicien. — La Solitude, près Issy, noviciat des futurs membres de la Compagnie de Saint-Sulpice.

2. La reine Amélie, qui fut toujours pour lui extrêmement bienveillante.

ne vois dans le monde qu'un seul principe de vie et de résur-
rection ; tu le connais ; les peuples égarés le comprendront
peut-être un jour.

A propos, je connais dans Paris une chapelle qui a manqué
d'être pillée et abattue parce qu'elle portait sur son frontispice
Sancto Hyacintho. Une femme du peuple s'est écriée que cela voulait dire *consacrée à ce coquin d'archevêque*. La traduction était
libre. N'importe, la garde nationale, qui n'entend pas le latin,
s'est hâtée de faire disparaître à coups de marteau ces factieu-
ses paroles. Et nos lys donc ! Les quatre de l'autel, notre couronne de la Sainte Vierge, les fleurs de notre parure blanche, il a
fallu enlever tout cela. On voulait que je donnasse des ordres
à cette intention. J'ai répondu que je n'étais pas encore descendu
au dernier degré de la bêtise et que je ne connaissais que Mlle
Lucas [1] qui pût accomplir sans ordre de personne cette dernière
perfection de l'absurdité révolutionnaire. Cela a été fait !

Adieu, mon cher ami ; tu me manques bien ici. Je n'ai guère
personne avec qui je puisse causer de mille choses. Je crois le
cumul de tes fonctions dangereux : à ta place, je ferais tout pour
l'éviter. Je laisserais là le profane, et me bornerais au sacré :
catéchiste et confesseur, rien de plus.

Ton ami.

Mais ces divers événements ne l'avaient pas détourné de son
humble ministère à la Madeleine. Il donna plus d'extension et
d'importance à son catéchisme de persévérance pour les jeunes gens, et en fit l'*Académie de Saint-Hyacinthe*. Par cette
mesure il put grouper des jeunes gens plus âgés, plus instruits,
les retenir plus longtemps et leur donner sur la religion des
enseignements plus complets et plus étendus. M. de Montalembert assista plus d'une fois aux séances de la modeste académie, et il déclarait en avoir chaque fois emporté les meilleurs
souvenirs et retiré de précieux avantages pour le bien spirituel
de son âme.

Ce fut à la même époque, dans le courant de l'année 1831,
qu'il publia son *Manuel du catéchisme* dont le succès réellement extraordinaire prouva les fruits que peuvent en retirer
les catéchistes.

---

1. La personne qui tenait l'orgue.

Entre temps il fit son voyage à Rome. Admirablement reçu par le cardinal de Rohan que le conclave qui venait de placer Grégoire XVI sur le trône pontifical avait appelé dans la capitale du monde catholique, il fut présenté au nouveau Pape et en reçut un accueil des plus favorables.

C'était au temps où les doctrines de La Mennais agitaient déjà passionnément les esprits. Le journal l'*Avenir*, dans lequel ce génie puissant, mais inconsidéré et trop superbe, cherchait à exposer sa doctrine, avait cessé de paraître, et le 30 novembre 1831, M. de La Mennais partait pour Rome, accompagné de ses deux disciples, Lacordaire et de Montalembert. Nous n'avons pas à rapporter les détails de ce triste procès. On sait la chute lamentable de La Mennais, conséquence de son inexorable orgueil, ainsi que la soumission de ses disciples.

Le bon sens de l'abbé Dupanloup, les saines études de logique et de philosophie faites auprès des doctes membres de la compagnie de Saint-Sulpice le prémunirent contre cette fascination que de La Mennais exerçait sur les jeunes esprits de son entourage. Les relations affectueuses établies à la Roche-Guyon avec M. de Montalembert, à Saint-Sulpice avec Lacordaire, n'ébranlèrent pas un seul instant la fermeté de ses convictions, et toujours dans leurs discussions il combattit l'aveugle engouement de ses deux amis. Maintenant que l'affaire venait d'être portée à Rome, il agit de toute son influence pour faire trancher au plus tôt le débat et obtenir une condamnation.

C'est la première fois que nous voyons intervenir activement dans une question publique celui qui devait pendant toute sa vie jouer un rôle si important et si retentissant dans les affaires de son temps. De retour en France, il accueillit avec enthousiasme l'encyclique du 15 août 1832, qui condamnait les doctrines incriminées, sans désigner pourtant ni M. de La Mennais, ni même son journal l'*Avenir*; tant Rome use partout de mansuétude! Tant elle évite avec soin de froisser même des enfants indociles !

Mais des événements douloureux vinrent l'atteindre dans ses affections les plus intimes et les plus profondes, et lui causèrent d'irrémédiables tristesses. Mgr Borderies mourait le

4 avril 1832, après une vie toute passée dans la pratique des plus admirables vertus ; et le 3 février 1833, dix mois après, il lui fallut pleurer sur la mort prématurée du cardinal de Rohan, qui fut emporté à l'âge de quarante-quatre ans, dans son archidiocèse où il venait de rentrer depuis peu et où il laissa des regrets universels.

Mgr Borderies légua à M. Dupanloup ses manuscrits, et il voulait satisfaire sa piété et sa religion en écrivant la vie de ce saint prélat qui fut pour lui le plus tendre des pères. Ses nombreuses occupations ne lui ont jamais permis de terminer complètement ce travail et de le livrer à la publicité ; mais il recueillit ses sermons et les publia en quatre volumes.

Cependant les catéchismes de la Madeleine allaient passer par des épreuves qui devaient leur être fatales. La cure de la Madeleine était devenue vacante, en l'an 1833, par la nomination de M. Mathieu à l'évêché de Langres, et Mgr de Quélen proposa l'abbé Dupanloup pour le remplacer. Le gouvernement, cédant à ses antipathies, refusa de l'agréer, et l'archevêque dut se contenter de le nommer premier vicaire, en même temps que le titre de curé était donné à M. Beuzelin. Le nouveau curé prit ombrage de l'influence prépondérante gagnée à son premier vicaire par l'œuvre des catéchismes, et il fit preuve sans tarder de la mauvaise volonté la plus manifeste. C'est en vain que l'archevêque intervint en faveur des catéchistes. Avec une obstination vraiment inouïe, M. Beuzelin ne consentit nullement à condescendre aux désirs du prélat, et celui-ci dut céder pour éviter de fâcheuses extrémités.

Après dix mois de luttes et de conflits, qui furent des plus pénibles aux fervents catéchistes et des plus douloureux au cœur du pontife, l'abbé Dupanloup fut placé provisoirement comme *préfet des études* au petit séminaire de Saint-Nicolas-du-Chardonnet. Mais le conflit n'était pas terminé. Pour en finir, M. Dupanloup fut nommé, au commencement du carême 1836, premier vicaire de Saint-Roch et suivi par ses six collaborateurs, tandis que sept vicaires de Saint-Roch allaient occuper les places laissées par eux vacantes à la Madeleine. C'était la fin de la lutte ; mais les catéchismes étaient momentanément sacrifiés.

Gardons-nous néanmoins de regarder comme stérile le passage de l'abbé Dupanloup dans ce ministère. Sa méthode fut adoptée dans la plupart des paroisses de la capitale, et les catéchismes ne tardèrent pas à y prendre les plus heureux développements.

CHAPITRE IV

L'abbé Dupanloup premier vicaire à Saint-Roch (1835-1837).

La séparation des enfants qu'il catéchisait avec tant de dévouement et d'intelligence lui porta un coup cruel, qui produisit dans l'âme du prêtre de douloureux ébranlements. Pour se retremper dans la paix du Seigneur et se préparer à son nouveau ministère, il se rendit à Issy et se mit en retraite. Là, seul, en face de Dieu, il repassa soigneusement les incidents qui venaient de se produire, les jugeant au point de vue de la foi et du bien fait à son âme, et il prononça que cette année était meilleure que toutes celles qui l'avaient précédée, parce que c'était celle qui lui avait apporté le plus d'épreuves et d'humiliations.

« En somme, cette année a été bonne pour mon âme. Elle
» l'a brisée : le brisement de l'âme est bon. C'est la croix : la
» croix est féconde.

» En somme, c'est la meilleure de mes années ; celle où j'ai
» été le plus fidèle à mes exercices de piété ; où Dieu m'a
» donné de plus grandes lumières, et de grandes grâces *per*
» *crucem* ; où bon gré, mal gré, j'ai pratiqué quelques vertus ;
» où j'ai le plus prié. »

Il parle de la fidélité aux exercices de piété. C'est, en effet, la pierre de touche du bon prêtre, et dans chacune de ses retraites il y revient. Il n'est pas possible que le prêtre fidèle à s'en acquitter régulièrement ne soit pas un prêtre exemplaire. Heureux donc celui qui, comme l'abbé Dupanloup, peut à chacune de ses retraites se dire qu'il faut songer à les amener à la perfection, mais qu'il n'y a rien à ajouter pour l'exactitude et la régularité extérieures !

Sa vie va changer, et il se trace un règlement qui devra pourvoir aux nouvelles obligations qui vont lui être imposées, mais dans lequel il a soin de déterminer la place que les exercices de piété, ainsi que l'étude, occuperont invariablement. Ce n'est donc plus comme catéchiste que nous allons l'étudier, mais comme prédicateur et comme directeur de consciences.

Que Mgr Dupanloup ait été éloquent, c'est un fait que l'on ne saurait contester. Jusqu'à ce moment ses catéchismes l'avaient absorbé, et il n'avait paru dans les chaires chrétiennes que pour des instructions familières, adressées à ses enfants auxquels s'adjoignaient parfois les parents et les amis. Sans doute il n'était pas difficile dans ces simples exhortations de découvrir les germes et les élans d'un talent supérieur. Mais enfin il ne s'était pas révélé ce qu'il serait un jour.

Mgr de Quélen avait songé un instant à le charger de faire à Notre-Dame des conférences aux jeunes gens du monde. Mais le projet ne put réussir. Il était réservé à Lacordaire d'inaugurer ce genre d'instructions, qui lui allait mieux qu'à l'abbé Dupanloup et où, nous ne craignons pas de le dire, celui-ci aurait obtenu bien moins de succès.

Maintenant il va se consacrer à la prédication et s'y placer au rang des premiers orateurs chrétiens. Il n'a pas l'éloquence irrésistible, passionnée du P. Lacordaire; il ne fait pas entendre les accents brûlants, impétueux de l'ardent dominicain. Nous ne remarquons pas non plus chez lui l'onction austère, pénétrante, profonde du P. de Ravignan. Son genre est tout différent, moins solennel, plus mouvementé, peut-être parlant mieux au cœur, sinon autant à l'esprit. C'est qu'il eut des auditoires tout différents, un but à atteindre tout autre, et il traitait des sujets absolument dissemblables.

Le P. Lacordaire et le P. de Ravignan dans la chaire de Notre-Dame faisaient un véritable cours d'apologétique religieuse. Ils s'adressaient à une jeunesse studieuse, intelligente, avide de vérité ; mais en majorité incrédule, ignorante ou indifférente. Il fallait avant tout l'amener au pied de la chaire chrétienne, et ensuite dissiper ses erreurs et ses préjugés, d'autant plus enracinés qu'ils étaient fondés sur l'ignorance. Or, nul autre ne convenait mieux à cette mission que les deux illustres orateurs de Notre-Dame.

Avant de revêtir l'habit du prêtre et plus tard le costume du dominicain, le P. Lacordaire avait vécu de la vie de la jeunesse de son siècle; il en avait partagé jusqu'à un certain point les malaises et les inquiétudes. Si la noblesse native et l'élévation de son caractère n'avaient pas permis à son cœur de se laisser aller dans la voie de la corruption et du désordre, son esprit avait connu les angoisses du doute, les déceptions et les désenchantements de la fausse science; et sa parole frémissante encore des émotions éprouvées, savait trouver les accents qui devaient aller droit à ces âmes troublées, inquiètes, ardentes et généreuses.

Le P. de Ravignan s'était fait déjà remarquer dans les rangs de la magistrature avant de faire sa profession de religieux. Il avait au suprême degré cette distinction, cette noblesse de manières qui inspirent la confiance et l'estime. La religion y avait ajouté je ne sais quoi de doux, d'achevé, d'irrésistible; et tout ce qu'il y avait d'élite dans la jeune et haute société se sentait attiré par ce religieux aux allures distinguées, à la pose aristocratique, à la parole franche, loyale, vibrante de conviction et d'onction.

M. Dupanloup n'avait jamais vécu que dans un milieu de foi et de religion. Le monde et ses besoins ne lui étaient pas inconnus; ils ne sauraient jamais l'être au prêtre soucieux de ses devoirs, et plus tard il les connaîtra encore mieux. Mais il n'en avait pas fait par lui-même la douloureuse expérience, comme ses deux émules en éloquence sacrée. Il était appelé à parler surtout aux fidèles, aux croyants. Dès lors son genre d'éloquence devait être d'une nature différente.

Les deux premiers cherchaient à poser les fondements mêmes de la foi dans des esprits où ils voulaient reprendre en sous-œuvre et relever l'édifice des croyances religieuses. Le troisième parlait à des âmes convaincues de la vérité des enseignements catholiques; il se contentait de leur développer ces mêmes enseignements, sans se préoccuper de les justifier, de montrer l'indiscutable légitimité des preuves sur lesquelles on les fait reposer. Son langage alors ne devait pas avoir le même ton, et il ne l'avait pas. Mais cela ne saurait l'empêcher de compter au nombre des maîtres de l'éloquence sacrée au dix-neuvième siècle.

Si son éloquence ne parut pas de suite avec toute l'ampleur qu'elle eut plus tard, elle se montra néanmoins avec éclat aux instructions qu'il donna pendant les deux carêmes de 1836 et de 1837, qu'il passa à Saint-Roch, et auxquelles la reine Marie-Amélie venait fidèlement l'entendre.

M. Dupanloup a été l'un des meilleurs directeurs spirituels de notre temps, et cela seul prouverait la sincérité de sa vertu. On agit difficilement sur les âmes, on leur apprend difficilement avec autorité et efficacité la voie de la perfection et de la sainteté, si soi-même on ne la suit pas avec plus ou moins de fidélité et de ferveur.

C'est à Saint-Roch que l'abbé Dupanloup commença surtout à se faire connaître dans ces délicates et si importantes fonctions, où il devait, tout le reste de sa vie, recueillir les fruits parfois les plus inattendus, mais toujours les plus consolants. Dès les premiers temps son confessionnal fut littéralement assiégé, et il y rencontra toutes sortes d'âmes : depuis celles qu'une longue suite de fautes avait plongées dans les plus grands désordres et qu'il fallait ramener d'un abîme de corruption aux pures pratiques de la religion, jusqu'à ces âmes angéliques qui ne demandent qu'à être élevées chaque jour plus haut dans les régions de la perfection et des conseils évangéliques, en passant par les âmes ignorantes, indifférentes, endurcies et tièdes. A toutes il savait parler le langage qui leur convenait, et les plus heureux résultats venaient souvent apporter à son cœur sacerdotal de suaves jubilations.

Son zèle ensuite voulut aller plus loin. Il mit à profit les moments de loisir que lui laissaient ses occupations pourtant nombreuses, et il publia un livre dont les fruits de salut devaient être considérables. C'était le *Christianisme présenté aux hommes du monde, extrait des œuvres de Fénelon.*

Cette compilation faite avec un tact et un goût parfaits est composée d'extraits de Fénelon. Dupanloup explique dans la préface le motif de la publication de ce livre.

« Les siècles chercheurs de la vérité ne sont pas féconds en maîtres sûrs ; le zèle même les égare ; chacun se croit une mission, élève sa chaire, sa tribune, et donne ses leçons. Dans un temps et dans un pays de zèle et d'ardeur comme le nôtre, il faut être un maître bien insipide et n'avoir en vérité rien d'absolument neuf à dire, pour n'avoir pas bientôt ses disciples et son école. Les écoliers même sont si nombreux et si empressés, qu'ils se font des maîtres quand ils en manquent. Les conditions de l'enseignement sont d'ailleurs si faciles à remplir ; quelque chose de grave et de nouveau, ou qui soit assez ancien pour être gothique, quelque chose de hardi, de curieux, de flatteur pour les passions du moment, ou bien enfin quelques *idées religieuses* comme on les appelle aujourd'hui, avec une teinte de poésie et de romantisme ; en voilà plus qu'il n'en faut pour obtenir un succès déplorable. Tout cela même n'est pas nécessaire pour réussir, et sans être ni très curieux, ni très nouveau, tel maître et tels disciples ont dû tout leur succès,.. car c'est quelquefois tout un entre eux, à cette unique convention : *Vous nous flatterez, nous vous applaudirons.*

» Et de là ces écoles philosophiques où se précipite la jeunesse, et qui, malgré la majestueuse obscurité et les retentissants discours dont elles enveloppent leurs sentences, ne font plus de la philosophie qu'une vanité, et la vanité la plus creuse, la vanité la plus vaine qui fut jamais.

» De là toutes ces écoles historiques, qui, malgré leurs savantes recherches, n'aboutissent qu'à cette science inutile ou fausse, qui est pire que l'ignorance, et qui conspirent toutes à ne plus faire de l'histoire qu'un mensonge, mensonge magnifique et sonore, vides et pompeux symboles, analogie capricieuse, fatalisme plus niais encore qu'il n'est impie, vaste et impudente déception.

» De là toutes ces écoles religieuses, qui, malgré leur zèle apparent, ne nous feront bientôt plus de la religion qu'un roman, de la grave et sainte théologie chrétienne qu'une fable, et de l'enseignement le plus autorisé, le plus certain, le plus positif qui fut jamais, un symbolisme absurde. En vérité, à voir cette troupe nouvelle de jeunes théologiens qui doutaient hier encore et ouvrent aujourd'hui leur école, on ne peut s'empêcher de les trouver un peu légers d'âge et de vêtement pour devenir tout à coup et sans transition les successeurs des Pères de l'Eglise.

» Et au milieu de tout cela, ce qui est plus alarmant, c'est que dans le zèle qui les transporte, ils nous enseignent de la meilleure foi du monde, et avec une effrayante conviction, que le feu de leurs regards fait pénétrer dans les âmes leurs doutes de la veille, leurs recherches, leurs inventions, leurs erreurs et leur méthode nouvelle enfin de concevoir le christianisme et de le régénérer pour le rendre plus présentable ; comme si, condamnant sans façon et sans pitié tous les siècles passés à n'être que des sots, ils pouvaient faire de nous autre chose qu'un peuple de fous ; comme si les passions les plus redoutables ne se trouvaient pas au fond de tout cela, à savoir l'orgueil qui fait perdre aux intelligences le pur goût de la vérité et éloigne à jamais du royaume de Dieu, et qu'il nous soit permis de le dire, puisque l'école religieuse romantique a la première trahi son triste secret, la mollesse aussi et l'amour des plaisirs qui, énervant les cœurs, n'ont de force que pour les précipiter sans retour dans les enchantements du mensonge. »

Un passage de cette préface, dans lequel l'abbé Dupanloup combattait la tendance de certains écrivains à présenter les idées religieuses avec une teinte de poésie et de romantisme, avait semblé viser Lacordaire, et celui-ci s'en était montré blessé. Mais de franches explications eurent lieu entre ces deux cœurs si bien faits pour se comprendre ; leurs sentiments réciproques d'estime et d'affection n'en devinrent que plus vifs et plus profonds.

Mais le temps arrive où un autre théâtre va s'ouvrir, sur lequel l'abbé Dupanloup est appelé à faire paraître de nouvelles aptitudes. Nous allons le voir commencer l'œuvre à laquelle il consacra les plus puissantes énergies de son âme, et qui lui vaudra ses triomphes les plus éclatants et les plus indiscutés. Nous avons nommé l'éducation de la jeunesse des écoles.

CHAPITRE V

L'abbé Dupanloup supérieur de Saint-Nicolas (1837-1845).

M. Didon, supérieur du petit séminaire de Saint-Nicolas, avait été contraint de résigner ses fonctions, à cause du mauvais état de sa santé. Par la plus heureuse inspiration, Mgr de Quélen désigna l'abbé Dupanloup pour le remplacer. Nous allons voir comment ses succès extraordinaires dépassèrent les espérances du vénérable prélat.

On était au mois d'octobre 1837. M. Dupanloup avait trente-cinq ans révolus. C'est l'âge qui convient aux grandes entreprises. Le feu de la jeunesse ne s'est pas encore ralenti; et il est toujours capable des nobles et vigoureux élans; mais il est discipliné par la raison de la maturité qui ne lui permet plus les écarts imprudents. Ce n'est pas lorsque les glaces de l'âge sont venues au moins ralentir l'activité de l'âme, qu'il convient de lui demander des efforts qu'elle n'a pas eu à faire alors qu'elle possédait plus d'ardeur et de feu; et c'est généralement dans la période de trente à quarante ans que les hommes d'élite donnent la mesure de ce que l'on est en droit d'attendre des forces vives de leur génie. Les brillants succès du nouveau supérieur de Saint-Nicolas vont être la justification vivante de notre théorie.

Le petit séminaire de Saint-Nicolas-du-Chardonnet, au moment où M. Dupanloup en reçut la direction, était dans une situation critique. Mais il l'eut bientôt relevé, et cette maison devint l'une des plus florissantes de Paris.

Avec son admirable sens pratique il comprit que la première réforme importante à opérer, c'était de relever le niveau des classes. C'est par la force des études qu'une maison d'éducation doit surtout se recommander. En conséquence, dès les débuts de son supériorat, il prit une mesure hardie, à laquelle il pouvait se briser, mais qui remédia au mal jusque dans ses racines.

Dès la première parole qu'il adressa aux élèves, le premier jour, il les enleva. « Je n'oublierai jamais le jour où nous le vîmes et l'entendîmes pour la première fois, dit l'auteur des *Souvenirs de Saint-Nicolas*. Ses paroles furent d'abord pleines d'encouragement, mais de fermeté. Il nous expliqua nettement notre situation. Il nous avait réunis dans la salle des exercices. Nous y étions entrés élèves de l'ancien Saint-Nicolas; il nous parla pendant une heure, nous peignant à nous-mêmes ce qu'il nous espérait, nous voulait, nous voyait dans l'avenir. Quand nous sortîmes, nous sentions déjà vaguement qu'il y aurait un Saint-Nicolas nouveau. » C'était la préface d'une réforme qui embrassa tous les détails de cette éducation. Vingt-quatre heures après, il les réunissait encore : la première composition dite de niveau était faite. Il s'agissait d'en manifester les résultats.

« Il nous avait trouvés inférieurs d'un degré, à très peu d'exceptions près, disent encore les *Souvenirs*, au grade que nous occupions dans la hiérarchie scolaire. Au second jour de la nouvelle année, il nous réunit, ainsi qu'il l'avait fait la veille, dans la salle des exercices. Il s'agissait de nous faire connaître la classe que chacun de nous devait suivre pendant la période scolaire qui s'ouvrait. Le discours que nous avions entendu à cette même place, vingt-quatre heures auparavant, nous avait bien préparés à quelque chose d'extraordinaire. Déjà, une vingtaine d'élèves étaient partis ou n'étaient pas rentrés, éliminés pour cause d'incapacité avérée; nous nous attendions en outre à ce que quelques-uns d'entre nous redoubleraient leur classe de l'année précédente; mais aucun n'avait pu prévoir ce qui arriva.

Nous étions tous assis, les maîtres à leurs places, chacun de nous attentif, inquiet même, les yeux fixés sur l'homme qui prenait dès lors une si grande place dans notre vie d'enfants, étudiant son visage, nous efforçant de traduire son attitude. On sait ce qu'est pour un enfant cette question du passage d'une classe dans une autre; nulle ne l'intéresse et ne le passionne davantage. Les moindres détails de cette séance sont présents à mon souvenir, tant nous étions tous surexcités.

Cette journée devait être décisive pour les études de Saint-Nicolas.

Il prit sa liste, et il commença à lire : « Classe de *seconde*... »
En ce moment un *seconde* de l'année précédente fit un tel
soubresaut sur son banc, que l'attention de tout le monde fut
un moment sur lui. « Eh bien ! mon ami, qu'avez-vous?... »
demanda M. Dupanloup. Confus, l'interrupteur balbutia une
réponse que nous entendîmes à la faveur du profond silence
qui régnait dans la salle.

« Je vous demande pardon, monsieur, dit-il, mais... c'est
» qu'il m'avait semblé que vous oubliiez la rhétorique de
» cette année ?

— » Non, mon ami, je n'oublie rien : il n'y aura pas de
» rhétorique cette année ; vous redoublerez tous, à très peu
» d'exceptions près. »

Et il lut ses listes au milieu d'une stupeur profonde.

Une dizaine à peine passaient à des classes supérieures, et
pas un, en effet, ne passa en rhétorique.

» Nous étions trop abasourdis pour qu'il pût en ce moment
nous parler avec fruit. Il nous envoya en récréation épuiser
nos étonnements. Je vois encore cette scène de désolation : personne ne jouait ; beaucoup pleuraient ; quelques-uns péroraient
dans les groupes avec des attitudes et des gestes fort animés ;
quelques-uns étaient mornes et sombres : les maîtres circu-
laient, allant de ces douleurs à ces colères, consolant les uns,
calmant les autres mais laissant entrevoir à tous que la résolution du maître était irrévocable.

» Le soir vint ; on s'était vu en classe avec ses condisciples
et ses professeurs ; on avait fait des projets ; on avait prévu des
succès à venir. Après tout, on s'aimait, on aimait les maîtres ;
on resterait une année de plus ensemble ; le mal n'était pas si
grand. Nous arrivâmes à la réunion commune de la fin de la
journée, tout apaisés, tout pleins de bonne volonté. Alors il
nous parla.

» Il nous fit bien comprendre d'abord que la mesure adoptée n'était pas une punition, mais une nécessité. Nous étions
au-dessous du niveau ; il voulait le rétablir, et, s'il était possible, par la suite, le dépasser. Notre intérêt le plus cher était en
jeu ; il s'agissait de ne pas perdre les années de notre éducation ; il s'agissait aussi de rendre les études de Saint-Nicolas

assez fortes pour ne pas craindre de rivales. Quand il en fut venu là, il insista sur cette interprétation du coup d'État dont il venait de frapper l'enseignement et les élèves. Il nous prit par l'attrait de la gloire et des succès classiques. Sa parole, qui fut pour beaucoup à toutes les époques dans les succès de cette éducation, fit naître parmi nous, avec la conviction de la nécessité indispensable, celle du fruit rapide et glorieux de cette réforme. Il nous esquissa le plan d'études qu'il nous avait préparé; il nous disposa à la docilité et à la confiance à l'égard de nos maîtres; il nous remplit d'ardeur, d'émulation et d'espérance; et c'est ainsi qu'il nous lança dans la nouvelle carrière qu'il venait d'ouvrir devant nous. »

A partir de ce moment, les classes furent aussi fortes à Saint-Nicolas que dans aucun autre établissement; car après ce coup d'énergie, chaque élève comprit qu'il ne serait admis dans une classe qu'autant qu'il serait à même d'en atteindre le niveau, et tous se mirent résolument au travail.

M. le supérieur et ses collaborateurs ne négligèrent rien pour seconder ces heureuses dispositions. Un programme détaillé avait été sérieusement élaboré pour chaque classe; on peut le voir au Ier volume de la *Haute éducation intellectuelle*, et il était exactement et soigneusement rempli. Or, un établissement où les élèves travaillent assidûment sous la direction incessante et détaillée de maîtres qui suivent une méthode unique, ferme et sûre, doit infailliblement arriver à de fortes études. Une direction, une bonne méthode, voilà le meilleur moyen, le seul moyen d'obtenir de véritables progrès de la part des jeunes gens que l'on est appelé à former pour la carrière des lettres ou des sciences. Et cette direction, et cette méthode, l'abbé Dupanloup les introduisit à Saint-Nicolas; et il les y maintint à un degré peu ordinaire.

Du plan d'études établi par M. Dupanloup à Saint-Nicolas nous signalerons, d'après les *Souvenirs*, les étapes successives par lesquelles l'éducation qu'on recevait dans cette maison passait durant le cours de l'année scolaire.

« L'année scolaire était divisée en trois époques, chacune de trois mois environ, consacrées par une direction et un genre de travail spécial. Le premier trimestre était surtout employé dans chaque classe à l'étude des principes, en même temps qu'à une révision de ce qu'on avait appris dans la classe précédente, afin de donner à l'ensemble des Études l'enchaînement nécessaire. Ce trimestre courait du jour de la rentrée, c'est-à-dire du 1ᵉʳ septembre à la fin de novembre. Le second faisait entrer chaque classe dans son domaine spécial. Il courait pendant l'époque la plus sombre et la plus laborieuse de l'année ; c'était par excellence le trimestre des progrès, et ils étaient quelquefois surprenants.

C'était pendant le cours de ce trimestre que la force et le niveau des classes se constataient définitivement. On savait alors, par exemple, si la *quatrième* de l'année précédente, qui, pendant son premier trimestre de *troisième*, n'avait fait que préluder par une préparation plus prochaine à ses nouvelles études, serait réellement une *troisième*. C'était aussi pendant ce trimestre que les supériorités se dessinaient parmi les élèves et que l'on commençait à présager les gloires de la fin de l'année.

Le troisième trimestre continuait d'abord le second ; puis, sans rien relâcher de l'austérité du travail, il le passionnait par l'approche de la distribution des prix, par les grandes et décisives compositions, par toutes les surexcitations de l'émulation ; il recueillait les fruits de l'année ; et c'était surtout par leur attitude dans leur classe, pendant cette dernière période, que les élèves pouvaient assurer pour l'année suivante leur passage à une classe supérieure.

Chacun de ces trimestres était d'ailleurs terminé par un examen solennel, long, détaillé, subi par chaque élève devant tous les maîtres et tous les élèves assemblés. Cet examen, dont la matière était fixée à l'avance par le plan d'études, embrassait tout le travail du trimestre. C'était une révision complète, et en même temps une branche spéciale d'études, qui avait à la fin de l'année son prix et sa mention à part. Chaque enfant devait répondre au gré de l'interrogateur, qui était bien souvent un examinateur du dehors, sur tout ce qui avait été appris de mémoire pendant le trimestre ; il devait aussi expliquer à livre ouvert la première phrase venue des auteurs étudiés pendant le même laps de temps.

Du reste cette division des trois trimestres ne fut point appliquée dans toute son exactitude pendant l'année qui suivit immédiatement la mesure décisive de la rentrée. L'époque des études de principes, de détail et de préparation, c'est-à-dire le premier trimestre, dura toute l'année. Il s'agissait à la fois de donner à l'enseignement la base qui lui manquait et de nous apprendre à travailler. En *seconde* même, on fit des *thèmes de principes*, et on apprit les grammaires pendant plus de trois mois, quoique les élèves redoublassent tous. Le réformateur et les professeurs, sous sa direction, firent une guerre acharnée aux négligences, aux fautes de langue, aux nonchalances, à ce qu'il appelait l'*à peu près*, en toutes choses. Il nous attacha à la glèbe ; il nous fit labourer le champ aride des notions et des exercices élémentaires. Pendant cette première année surtout, ses interventions dans le détail de l'enseignement furent infatigables. Après avoir donné, comme je l'ai dit, son programme à chaque classe, il s'assura presque continuellement par des enquêtes personnelles que rien ne s'enseignait et ne se faisait en dehors de ses intentions. Une inconcevable activité semblait multiplier sa présence.

Tout à coup au moment où il était le moins attendu, la porte d'une classe s'ouvrait ; c'était le supérieur qui venait interroger lui-même les élèves, lire leurs devoirs, louer le travail, récompenser le succès, harceler la paresse, activer les faibles et donner par ses paroles d'encouragement, aux efforts malheureux de ceux qui ne pouvaient prétendre aux honneurs scolaires, la part de succès que sa justice réparatrice leur jugeait acquise ou nécessaire. »

« Il arrivait quelquefois à M. Dupanloup de faire la classe en rhétorique. Je le vois encore, arrivant à la classe du matin, la physionomie riante, et ses livres sous le bras. C'était une grande joie sur nos bancs, Il faisait lire des *discours* et expliquer des auteurs ; il faisait la classe en détail. Ce qui nous charmait, c'est qu'il était évident pour nous qu'il ne venait pas sans avoir préparé ce qu'il voulait nous dire ; il nous apportait presque toujours quelque belle page, nouvelle pour nous, de quelque grand génie ; nous le voyions fréquemment consulter des notes placées devant lui.

» Il arrivait bien souvent aussi qu'à la réunion du soir, ou en se promenant au milieu de nous pendant les récréations, il nous proposait des sujets à traiter. Il en esquissait rapidement l'ordonnance : il éveillait dans nos intelligences des curiosités littéraires ; il nous entr'ouvrait des points de vue, excitait des émulations. Il avait je ne sais quel secret de nous parler, de nous enthousiasmer, de mettre nos facultés en œuvre, de communiquer aux plus lents quelque étincelle de son étonnante activité, qui faisait qu'au sortir de sa parole nous nous précipitions, le mot n'est que juste, dans le travail et dans les voies qu'il nous avait ouvertes.

» Quand il avait indiqué un sujet, on ne manquait pas de le traiter, puis de lui soumettre plus tard le travail fait d'après son inspiration ; et avec quelle anxiété n'attendait-on pas son jugement ! »

L'œuvre de l'éducation ne se borne pas à orner de connaissances l'esprit des jeunes gens ; elle doit de plus leur former le caractère, et nous estimerions volontiers ce dernier point comme le plus important. L'homme instruit peut rendre de grands services ; mais c'est l'homme de caractère surtout qui est utile à la société. Et, puisque les jeunes gens qui peuplent les établissements secondaires sont appelés à occuper les premiers rangs de la société, à en remplir les fonctions les plus importantes, il convient qu'au sortir de leurs études ils soient des hommes à caractères fortement trempés. C'est ce que comprit admirablement M. Dupanloup, ce qu'il s'efforça d'obtenir par tous les moyens possibles.

Le caractère particulier de la maison qu'il dirigeait lui en faisait une obligation encore plus pressante. Le petit séminaire de Saint-Nicolas était destiné à recevoir les jeunes gens qui devaient aller au Grand-Séminaire et en sortir ministres du sanctuaire. Il importait donc souverainement de les préparer à remplir dignement et fructueusement leur grande mission au milieu des hommes, de leur former un caractère qui ne fût pas trop au-dessous de la sublimité de leurs fonctions.

Toute communauté ne peut subsister et prospérer que par la discipline, et la discipline c'est la soumission au règlement. Il y avait un règlement à Saint-Nicolas, comme il y en a dans tout établissement, et la soumission y était absolument exigée.

Il régnait partout une discipline douce mais ferme, paternelle et condescendante pour les fautes et les manquements échappés à l'étourderie ou à la fràgilité de l'âge, mais inflexible lorsqu'elle avait à lutter contre le mauvais esprit, l'insubordination ou les exemples pernicieux.

Le sage supérieur aimait surtout à réveiller les nobles sentiments dans les âmes de ses élèves. Il ne voulait pas d'une discipline purement passive, d'une obéissance exclusivement servile. C'était moins par la voie de la crainte que par celle de l'honneur et de la conscience qu'il entendait diriger sa maison. Pour lui, le point essentiel n'était pas de faire observer le règlement, mais de parvenir à le faire estimer et même aimer.

Il n'avait pas renoncé au droit de sévir, et plus d'une fois, lorsque la nécessité s'en fit sentir, il sut prendre des mesures de rigueur promptes et décisives.

« J'ai vu, dit l'auteur des *Souvenirs* des exclusions frapper comme la foudre.

» Un jour M. Dupanloup rencontra dans la maison un élève, à l'heure où il aurait dû être dans la cour des jeux avec tous ses condisciples. Il lui demanda s'il avait l'autorisation du professeur qui présidait la récréation. L'enfant répondit affirmativement. Un instant après, M. le Supérieur, descendu dans la cour, parla de cette autorisation au professeur, moins pour vérifier la parole de l'élève que pour recommander de ne pas donner de telles autorisations. Il se trouva que cet élève lui en avait imposé grossièrement et n'avait aucune permission. Cet enfant, écolier médiocre d'ailleurs, fut immédiatement exclu. Lorsque nous en fûmes instruits, cette grande sévérité que quelques personnes seront peut-être tentées de trouver excessive, nous parut toute naturelle, tant le régime auquel nous étions soumis nous conduisait directement à l'horreur du mensonge. Quelques-uns même parmi nous faisaient remarquer que ce menteur n'était pas français, ce qui était vrai.

Une autre fois, c'était au moment même de la distribution des prix, pendant une récréation d'un quart d'heure qui la précédait. Nous étions tous dans la cour, rangés sur deux lignes, le long du mur de la chapelle, attendant le signal des jeux. Les fenêtres de l'appartement de M. le Supérieur qui se trouvait au premier, étaient ouvertes au-dessus de nos rangs. M. l'abbé de Chauliac, professeur de seconde, remarqua qu'un élève sortait de l'alignement. Or, nos maîtres mettaient, si je puis parler ainsi, une sorte de coquetterie à ce que toute chose se fît aussi bien, et même mieux encore, au dernier moment de la dernière journée que dans le moment le plus fervent et le plus sérieux de l'année. Il invita avec la plus parfaite convenance de langage, suivant l'habitude de toute la direction, cet élève peu rectiligne à réformer sa position. Il paraît que celui-ci se trouvait bien où il était; il y resta. M. l'abbé de Chauliac reprit avec la même douceur : « *Je crois*, mon ami, que vous ne m'avez pas entendu, » et il répéta son invitation. Cette fois, l'élève, qui avait à cette époque presque aussi mauvaise tête que bon cœur, refusa net d'obéir. En ce moment même, une voix, qui semblait venir du ciel, retentit au-dessus de nos têtes, appelant le rebelle par son nom, avec un accent dont nous avions eu le temps d'étudier les significations. Elle éclata sur lui comme un coup de foudre. Il monta tout tremblant à cet appartement, dont il n'avait pas vu les fenêtres ouvertes. Quelques instants après, nous le cherchions vainement dans nos rangs pendant la distribution des prix. Je crois même me rappeler qu'il fut appelé pour une couronne. Ordinairement le proclamateur des prix s'arrêtait après chaque nomination pour laisser au vainqueur le temps de monter au Capitole. L'élève révolté fut appelé, mais le maître fit un signe; le héraut des lauréats continua sans halte : notre pauvre condisciple ne devait pas venir recevoir sa couronne. Nous étions terrifiés... Cependant M. Dupanloup pardonna plus tard, et son pardon fut fécond; ce révolté honore aujourd'hui le sacerdoce parisien. »

Cependant M. Dupanloup ne voulut jamais ériger en système le procédé des punitions. A Saint-Nicolas on punissait très peu. C'était par les bonnes notes, par de joyeuses surprises que l'on encourageait et récompensait la régularité, l'application, le bon esprit; tantôt par une récréation inopinément prolongée de quelques minutes, d'autres fois, mais très rarement, par une promenade subitement annoncée.

Lorsque les élèves y songeaient le moins, par une belle matinée où les premiers rayons du soleil promettaient une agréable journée, on voyait M. le Supérieur paraître au milieu de ses enfants, les féliciter des bonnes notes obtenues pendant un certain temps, et leur donner en récompense un congé extraordinaire. Tout d'ailleurs était prévu jusqu'aux plus minutieux détails, pour que le congé se passât de tout point joyeusement, et ne laissât que les plus heureux souvenirs. Une récompense par laquelle les élèves ne sont pas pleinement satisfaits, manque son effet et risque même de produire un effet tout contraire. Un supérieur ne doit pas veiller avec moins de soin à l'exécution qu'à la concession elle-même, et les détails matériels, les questions de repas ne sauraient lui être indifférentes. C'est ici que l'abbé Dupanloup excellait, et l'on citerait difficilement un de ces congés duquel ses élèves ne soient pas revenus réellement enchantés.

Que l'on ne redoute pas du reste par ces récompenses extraordinaires de fournir des occasions de perte de temps. Une journée d'un travail ardent, soutenu, attentif, produit plus de résultat que deux journées où l'application aura laissé à désirer, où la nonchalance aura eu sa part dans les études et l'inattention dans les classes. Or, des récompenses ménagées avec réserve et prudence, accordées seulement lorsqu'elles ont été réellement méritées, sont l'excitant le plus efficace pour obtenir l'ardeur à l'étude, et le jour de congé est plus que largement compensé par le travail des autres.

Dans tout établissement il y a des sorties réglementaires. Elles sont considérées par les élèves comme une dette qu'il serait difficile de leur présenter comme une récompense. Un supérieur sage, circonspect, procédant avec tact et réserve, saura les réduire, les remplacer par des congés de faveur. Il laissera entrevoir des espérances, fera entendre que les privilèges, loin d'être supprimés, seront au contraire accordés en plus grand nombre; mais il faudra les mériter; et ils seront d'autant plus agréables qu'ils auront été gagnés; et les élèves, espérant des récompenses, redoubleront d'ardeur au travail et de bon esprit; et tout y gagnera, la force des études et la bonne tenue de la maison.

Mais nous n'avons pas à justifier une théorie ou à proposer

une application. Aussi bien le résultat actuel est en face de nous. Les études à Saint-Nicolas étaient à la hauteur des études de n'importe quel autre établissement. Les congés accordés par l'abbé Dupanloup ne le furent donc pas au préjudice des classes.

Un homme cependant, quelque richement doué qu'on le suppose, ne peut jamais suffire à tout. Nul d'abord n'est universel, et surtout nul ne possède une puissance d'action qui s'étende à tout. Un supérieur par conséquent ne peut songer à faire tout par lui-même dans sa maison. La première condition de succès c'est de s'entourer de collaborateurs intelligents et zélés, c'est de les intéresser à son œuvre et d'obtenir de leur religion un concours actif, dévoué et prudent. Ce fut précisément le caractère distinctif de M. Dupanloup de savoir toujours réunir auprès de lui des hommes capables d'entrer dans ses vues, de propager ses desseins et de multiplier son action. A Saint-Nicolas il sut donc inspirer aux différents membres du personnel le zèle dont il était lui-même animé ; il sut leur faire partager sa manière de voir, et par eux il put exercer le contrôle le plus incessant, le plus étendu et le plus détaillé.

Il aimait à se concerter avec eux. Il leur faisait part de ses vues personnelles, des résultats de ses observations et de son expérience. Il écoutait volontiers leurs avis et demandait leurs conseils.

Deux fois par semaine en moyenne il réunissait ses professeurs en conseil. Les questions que l'on devait y traiter avaient été prévues à l'avance, et le temps ne se passait pas en hésitations ou considérations stériles. Il excellait à permettre à chacun d'émettre son avis, à lui laisser le soin de l'exposer. Lui-même, il savait à merveille faire valoir sa manière de juger, et y ramener ceux qui auraient d'abord apprécié autrement, n'hésitant pas du reste à se ranger franchement à une opinion qui lui était montrée meilleure. On finissait toujours par s'entendre, par arriver à des conclusions pratiques, sinon les meilleures absolument, au moins faciles à justifier. Mais surtout chacun s'y retrempait, y profitait de l'expérience de tous, et l'uniformité la plus avantageuse s'y établissait dans la direction générale et dans la méthode d'enseignement.

On insistait principalement et avec raison pour que chaque professeur agît avec une constante politesse dans ses relations de tout instant avec les élèves. C'est un principe que tous les maîtres d'éducation devraient avoir incessamment présent. Il n'est pas de meilleur moyen pour réussir auprès des élèves que de se montrer envers eux plein de politesse et d'égards.

Un vieux diplomate, consulté par un jeune secrétaire d'ambassade sur le meilleur moyen de réussir dans sa carrière, lui répondit par ces seuls mots : *Soyez poli.* Volontiers nous donnerions le même conseil au jeune professeur qui nous demanderait le moyen le plus efficace pour agir sur les élèves : *Soyez poli.* On oublie peut-être trop ce mode puissant d'action. La politesse plaît partout et à tous ; mais peut-être, nulle part, ne sied-elle mieux que dans les relations d'un maître avec ses élèves ; nulle part peut-être elle n'exerce un pouvoir plus irrésistible.

Un professeur poli, pourvu que d'ailleurs il possède les autres qualités à un degré suffisant, réussira toujours très bien. Au contraire un professeur aux manières incultes, lors même qu'il serait des plus instruits et des mieux formés à l'enseignement et qu'il agirait en tout avec la meilleure volonté, laisse toujours voir une déplorable lacune dans l'accomplissement de sa tâche. Il ne saurait prétendre sur ses élèves à cet empire souverain de la persuasion, par lequel on obtient de leur bonne volonté les efforts généreux et féconds.

A Saint-Nicolas donc les maîtres étaient polis dans leurs rapports avec les élèves, et ils obtenaient ainsi les meilleurs résultats pour leur apprendre l'art difficile du savoir-vivre. Le supérieur y tenait d'autant plus que plusieurs de ses élèves devaient être prêtres un jour, et que le prêtre, par sa position dans le monde, par les relations qu'il doit y posséder, a besoin d'être poli ; et rien n'y contribue autant, après l'éducation du petit séminaire, après le contact avec les parents, que le contact avec des maîtres qui donnent constamment l'exemple de l'urbanité et des bonnes manières.

Une année, au retour des vacances, M. Dupanloup prit le respect pour sujet de ses entretiens du soir. Une lettre d'un élève de Saint-Nicolas nous donnera une idée de ces entretiens :

« Hier soir, quand nous sommes descendus à la lecture
spirituelle, M. le Supérieur avait un visage grave, presque
sévère. Nous avons compris de suite qu'il allait nous dire des
choses très sérieuses. Le silence était plus profond encore que
d'habitude. C'est la première fois qu'il nous remue aussi profondément et qu'il nous adresse des paroles aussi fortes, aussi
dures même, depuis qu'il est ici !

« Quand j'ai pris la direction de cette maison, nous a-t-il
» dit, j'ai aboli le régime des punitions écolières ; je vous ai
» traités en enfants sérieux, en enfants chrétiens ! m'en ferez-
» vous repentir ? Vous obéissez, vous travaillez, vous suivez
» la loi, fidèlement, je le reconnais, même quand le regard
» du maître n'est pas sur vous. Mais il y a une chose qui vous
» manque, qui fait que vous n'êtes pas encore tout à fait les
» enfants de mon éducation et de mes espérances, cette chose,
» c'est le respect.

» Vous êtes les enfants de votre pays et de votre siècle qui
» ne fondera rien peut-être, parce qu'il ne respecte rien pro-
» fondément. Eh bien ! moi non plus je ne fonderai rien dans
» cette maison ni en vous, si je ne vous fais pas comprendre,
» si je ne vous inspire l'esprit de respect.

» Vos maîtres et moi, nous vous consacrons notre temps,
» nos affections, notre dévouement, nos intelligences, tout ce
» que nous sommes ; et il nous est triste de voir dans certaines
» attitudes, dans certaines dispositions et même dans certai-
» nes paroles, l'absence du respect et de la docilité. Le res-
» pect que je vous souhaite, que je vous demande, ne consiste
» pas dans une obéissance passive, qui ne nous satisfait, ni ne
» vous élève. Il ne me suffit pas que vous nous obéissiez avec
» vos mains, avec vos yeux, avec vos voix, avec votre exté-
» rieur. Il faut que vous nous obéissiez avec vos cœurs... Il y
» en a parmi vous qui ont en eux-mêmes un tribunal où ils
» citent leurs maîtres, leurs condisciples, tout le monde, ex-
» cepté eux-mêmes. Ils perdent beaucoup de temps à rendre
» des jugements qui n'ont ni motifs, ni justice, ni bon sens,
» ni convenance... Ce que je vous demande en vous deman-
» dant le respect est une condition de votre éducation...

» Je renoncerais plutôt à vous élever ! Il faut vous mettre

» dans la disposition d'esprit indiquée par ce mot de Quinti-
» lien, *docibilis*. La docilité, c'est le respect du cœur.

» Vous connaîtrez que vous avez l'esprit de respect, quand
» vous n'obéirez plus seulement à nos ordres, mais à notre
» enseignement. Remarquez bien que ce que je vous demande
» se réduit à ceci : vous mettre à notre égard, dans la situation
» d'esprit qui nous permette de vous être utile...

» Il faut que vos relations avec vos maîtres soient emprein-
» tes d'un profond respect. Hier, en traversant votre cour pen-
» dant une récréation, j'ai appelé à moi l'un d'entre vous ;
» j'avais à lui parler : il y a eu dans la manière dont il s'est
» présenté à moi, dont il m'a écouté, quelque chose qui m'a
» attristé. Cet enfant aura besoin de veiller attentivement sur
» lui-même, et tous vous devrez veiller toujours, afin de ne
» jamais oublier ce que vous devez à vos maîtres...

» Il faut aussi que vos relations entre vous soient pleines
» de convenance. Oui, il faut vous respecter aussi les uns les
» autres... »

A Saint-Nicolas, on faisait surtout appel aux sentiments religieux ; on habituait les élèves à considérer le règlement
comme l'expression de la volonté divine, à voir dans leurs
maîtres les représentants de Dieu, les dépositaires de son autorité. Le meilleur éloge que l'on puisse faire des élèves, par
conséquent des maîtres, c'est de dire que ce langage était
écouté et qu'il produisait d'excellents résultats.

La piété est utile à tout, a dit saint Paul, et l'on vit une
nouvelle réalisation de cette infaillible promesse. L'application
au travail s'en accrut, les progrès devinrent plus sensibles, la
discipline fut mieux observée, le règlement plus estimé et plus
ponctuellement obéi, les rapports entre élèves et maîtres plus
empreints de cordialité et partant plus fructueux.

Les caractères gagnèrent en élévation. On ne voyait pas d'é-
lève insubordonné, de parti pris hostile à l'observance du règlement. On ne l'aurait pas souffert ; son exclusion n'eût pas
tardé à servir de salutaire avertissement à ceux que son exemple aurait pu entraîner dans sa mauvaise voie. Et les élèves
affluèrent ; et M. Dupanloup, qui avait reçu la maison avec
80 élèves ne tarda pas à la voir avec plus de 240. On se dis-

putait comme un honneur l'admission à Saint-Nicolas, même chez les familles des plus hauts rangs de la société ; et ses dernières années l'heureux supérieur se voyait contraint de refuser plusieurs demandes. C'est même pour répondre au plus grand nombre possible de sollicitations, qu'il acquit à Gentilly une maison dont il fit une dépendance du petit séminaire.

Nous n'avons pu qu'indiquer à grands traits la conduite et les succès de M. l'abbé Dupanloup à Saint-Nicolas. Ceux qui voudraient le connaître à fond comme éducateur de la jeunesse, n'auraient rien de mieux à faire qu'à lire les traités qu'il a lui-même composés sur cette matière, et dans lesquels il nous expose les fruits de son expérience. Mieux que partout ailleurs et que par tout ce que nous pourrions leur dire, ils verraient établis les principes dont il fit une si sage et une si heureuse application.

Nous ne voulons rien exagérer. M. Dupanloup n'atteignit pas la perfection absolue ; il y eut dans son administration plus d'un côté défectueux, plus d'un acte répréhensible. Mais son passage a marqué dans la carrière de l'enseignement ; il doit être regardé comme l'un des maîtres dans cet art si difficile d'élever la jeunesse, et l'étude de ses principes ne saurait être que très utile à ceux qui voudraient s'en pénétrer et en faire une intelligente application.

Dans la direction d'un établissement, comme dans toute œuvre humaine, il ne saurait être question de règles absolues. La part de l'ouvrier est toujours plus importante, plus décisive que celle de l'instrument. Avec une excellente méthode théorique un supérieur médiocre n'obtiendra que de médiocres résultats, parce qu'il ne saura pas l'appliquer sagement, l'accommoder aux diverses circonstances au milieu desquelles il se trouve. Si même il en faisait un usage trop mauvais, les conséquences pourraient devenir d'autant plus désastreuses que les principes en eux-mêmes seraient meilleurs.

L'étude des règles suivies par M. Dupanloup dans la direction de son établissement ne suffirait pas seule à former un bon supérieur ; mais elle y contribuerait réellement et pour une large part. Pour s'en convaincre, il suffirait de lire en particulier ce qu'il dit de la *lecture spirituelle* et des *notes hebdomadaires,* et l'on verrait avec quel sens pratique il dirigeait sa conduite.

Par la première, il voyait chaque jour les élèves, il leur donnait les avis, les conseils qu'il jugeait plus utiles, il prévenait les abus qui auraient menacé de se glisser, et ainsi ne permettait pas aux troubles, aux désordres de s'établir ; par les secondes, tout élève savait à la fin de la semaine ce qu'avait été sa conduite. Une double sanction était invariablement attachée à ces notes publiées en présence des maîtres et des élèves réunis : *sanction générale* par laquelle les élèves étaient rendus solidaires les uns des autres, *sanction individuelle* qui donnait à chacun suivant ce qu'il avait mérité. Tous donc avaient un double intérêt à voir les notes bonnes, chacun était encouragé à exercer une heureuse influence sur ses condisciples, et tout dans la maison en marchait mieux.

Voilà pourquoi nous croyons faire un acte très utile en recommandant spécialement la lecture de ses six volumes sur l'*Education.*

Nous concluons ce chapitre par les paroles d'un des plus illustres élèves de l'abbé Dupanloup, le cardinal Lavigerie :

« Jamais maître chrétien n'exerça une action plus extraordinaire. Je m'en suis surtout rendu compte depuis que j'ai pu comparer les hommes en tant de lieux divers. L'année dernière, me trouvant en France, je voulus visiter le séminaire de Saint-Nicolas, dont il était le supérieur. Ce fut pour moi la vraie révélation de son génie. Cette maison vieille et sombre, ces corridors sans lumière, cette cour enfoncée où l'air n'entre que du haut des murs comme dans une prison, ce quartier de Saint-Victor avec ses souillures, tout y donne l'impression de la tristesse et du dégoût. Et cependant j'avais vu dans ces mêmes lieux la jeunesse la plus vivante, la plus brillante, la plus heureuse. Lorsque j'y vins, dans mon enfance, je quittais les montagnes, le ciel de mon pays natal et le petit séminaire de Larressore, qui s'élève au-dessus des vallées de la Nive, sur les premiers contreforts des Pyrénées : tout ce que la nature peut offrir de plus enchanteur et de plus suave. C'était au mois d'octobre. Les brouillards de l'hiver obscurcissaient déjà ce triste séjour. Quel contraste ! J'en faillis mourir. Mais peu à peu, dans ces ombres, je vis se lever un autre soleil qui échauffa mon âme et qui l'éveilla de l'engourdissement où elle s'était ignorée jusqu'alors, qui inonda tout de sa lumière. C'était lui, mon cher, chanoine, lui dans toute l'ardeur de son esprit, dans son cœur ouvert à tous les saints enthousiasmes, qui transfigurait ainsi ce qui nous environnait, qui nous transportait tous, maîtres et élèves, sur les sommets les plus purs des choses divines et humaines. Son port, sa démarche, son regard, sa parole, la foi qui révélaient des accents si pénétrants et si nouveaux, tout nous subjuguait dans un mélange d'admiration, de crainte et de regret, que je n'ai plus retrouvé nulle part au même degré. Il s'en servait pour nous entraîner, à la manière d'un ouragan de lumière et de feu, courbant et absorbant tout, comme c'est la loi des personnalités puissantes, égoïstes en apparence pour ceux qui ne voient que le dehors, mais en réalité, chez lui, tout le contraire; car s'il voulait tout prendre, c'était pour donner à Jésus-Christ, selon le plan divin tracé par saint Paul : « *Omnia vestra sunt, vos autem Christi* [1]. »

CHAPITRE VI

Conversion de M. de Talleyrand (1838).

La plus grande activité de l'abbé Dupanloup se dépensait dans sa maison de Saint-Nicolas-du-Chardonnet. Cependant il ne refusait pas d'étendre son action au dehors, lorsque les circonstances lui en faisaient un devoir; et c'est par son intermédiaire que M. de Talleyrand, avant de mourir, opéra sa réconciliation avec l'Eglise.

On n'attend pas que nous fassions ici l'histoire de M. de Talleyrand, ni que nous portions un jugement sur un personnage énigmatique qui a rempli dans sa vie tant de rôles di-

---

1. Lettre à l'abbé Lagrange sur la *Vie de Mgr Dupanloup.*

vers, qui a servi successivement tant de gouvernements différents. Tout à tour partisan de la révolution, serviteur de l'empire, de la restauration et de la royauté de juillet, il sut toujours se maintenir en faveur et même se rendre nécessaire.

Ces multiples changements de front ne sont pas précisément la preuve d'un caractère loyal et d'un cœur dévoué; aussi ne prétendons-nous pas offrir M. de Talleyrand comme un modèle de franchise et d'attachement. Du moins montraient-ils chez celui qui savait les opérer une grande souplesse et des ressources d'esprit bien variées.

Mais ce qui imprime sur son nom un stigmate en toute vérité ineffaçable, c'est son caractère d'évêque apostat et sacrilège. Lorsque la révolution éclata, elle le trouva sur le siège d'Autun. Il fut un des quatre évêques qui ne surent pas rester fidèles à leur conscience et prêtèrent le serment schismatique exigé par la *Constituante*.

Non content d'avoir juré fidélité à la constitution civile du clergé, il contracta une union criminelle, que lui interdisaient à tout jamais ses engagements et son caractère épiscopal. Le scandale avait été jugé si grand par Pie VII qu'il ne voulut jamais sanctionner ce mariage sacrilège. Il avait bien voulu reconnaître et légitimer les unions contractées par des prêtres apostats. Mais le cas d'un évêque lui parut à ce point énorme qu'il se refusa expressément d'y donner la moindre apparence d'approbation même tacite, toujours, par ses actes et par ses paroles, il fit entendre les protestations les plus expresses. Il consentit à réduire l'indigne évêque à la communion laïque, à le dispenser de toutes les autres obligations attachées à son caractère d'évêque, mais jamais de celle du célibat ecclésiastique.

Malgré les intentions du Pape si formellement exprimées, M. de Talleyrand n'en avait pas moins persisté dans sa position irrégulière. Rien ne paraissait l'avoir ramené à de meilleurs sentiments, ni les ruines qui s'étaient amoncelées autour de lui, ni les chutes mémorables dont il avait été l'impassible spectateur, ni les hommes célèbres avec lesquels il avait été en relation et qu'il avait vus successivement disparaître, ni les approches de la mort que son âge avancé ne lui permettait pas de regarder comme éloignée, ni les exhortations plus ou moins pressantes de l'amitié, ni les remords d'une conscience qui ne pouvait avoir commis tant de prévarications sans avoir eu à lutter et à souffrir.

C'était sur ce cœur endurci par un demi siècle de sacrilèges et que rien n'avait pu émouvoir qu'il fallait agir ; c'était avec cet esprit façonné à toutes les intrigues, habitué à se mouvoir à travers les dédales de la politique humaine, qu'il fallait entrer en pourparlers pour négocier l'affaire la plus importante, la seule importante après tout, l'affaire de son salut.

Cet homme superbe qui avait eu en mains les intérêts les plus graves de la société contemporaine, qui avait constamment réussi dans les négociations les plus délicates, qui avait traité avec toutes les puissances du siècle, marché de pair avec les plus grands et les plus illustres personnages de son temps, il s'agissait de le convaincre qu'il était resté dans la plus inconcevable insouciance de ses intérêts les plus graves, que toute sa vie s'était écoulée dans la plus incroyable erreur ou dans la plus profonde ignominie. Quel tact, quelle prudence pour lui faire admettre la vérité sans froissement fâcheux, sans irritation funeste ! Quelle fermeté aussi pour ne pas se laisser jouer par celui qui en avait joué tant d'autres, suivant lequel la parole n'avait été donnée à l'homme que pour déguiser sa pensée !

Il fallait du zèle, parce qu'il s'agissait d'un homme qui se trouvait dans une position des plus extraordinaires, qui peut-être de tous ses contemporains attirait le plus les regards du peuple. Mais quel zèle éclairé était nécessaire, qui ne permît pas au prêtre de jouer, au moins ostensiblement, un rôle trop inférieur, un rôle de dupe !

M. l'abbé Dupanloup fut choisi par la Providence pour remplir cette délicate mission, et la vérité est qu'il se montra à la hauteur de sa tâche.

Il ne nous appartient pas de prononcer si réellement le prince de Talleyrand fut sincère dans son acte de réconciliation dernière. C'est le secret de Dieu, et nul n'a le droit ni le pouvoir de scruter ce qui se passa au moment suprême entre cette âme et son Juge qu'elle avait si longtemps et si grièvement offensé, mais en qui la bonté l'emporte sur la justice. Tout ce que nous pouvons dire, c'est qu'il se soumit extérieurement et remplit les conditions qui lui furent prescrites. Ce fut un vrai triomphe pour l'Église, et nous osons ajouter, un sujet d'édification pour tous.

Loin de nous, certes! la pensée de transformer de Talleyrand en un modèle édifiant. Nous voulons dire que son retour, après une telle vie, fut la condamnation la plus formelle de son passé, l'aveu le plus frappant de la vérité de nos enseignements religieux; et l'on peut y puiser un argument puissant pour confirmer les fidèles et ramener les égarés. La cause de la religion y a gagné, et l'abbé Dupanloup agit en prêtre zélé pour le salut des âmes.

Nous n'avons pas intention d'examiner minutieusement chaque détail pour savoir s'il ne se produisit aucune démarche à quelque point de vue répréhensible; s'il n'eût pas été préférable, en quelque circonstance accidentelle, d'agir avec plus d'insistance ou de condescendance. Qui donc dans une affaire de cette importance, aussi délicate et aussi épineuse, oserait dire qu'il n'eût jamais commis aucune fausse démarche; qu'il eût obtenu mieux? Nous ne voulons voir que l'affaire dans son ensemble, et nous la jugeons bonne et très bonne, pour la cause religieuse d'abord, et ensuite, quoique secondairement pour la mémoire de l'abbé Dupanloup. Mais il est temps de raconter les faits.

Le terrain sur lequel l'abbé Dupanloup allait travailler avait reçu quelques atteintes ou préparations préliminaires. Des troubles, des inquiétudes, des déceptions, un vide, un ennui inexprimable s'étaient produits dans l'âme de cet homme qui avait vu tous les bouleversements, s'était endurci au choc de toutes les passions.

« Voilà quatre-vingt-trois ans de passés, écrit-il dans ses » notes intimes à la date du 2 février 1837... Que d'agitations » stériles! Que de tentatives infructueuses! Que de complica- » tions fâcheuses, que d'émotions exagérées, que de forces » usées, de dons gaspillés, de malveillances inspirées, d'équi-

» libre perdu, d'illusions détruites, de goûts épuisés ! Quel ré-
» sultat que celui d'une fatigue morale et physique, d'un dé-
» couragement complet pour l'avenir, et d'un profond dégoût
» pour le passé !

  » Une foule de gens ont le don ou l'insuffisance de ne ja-
» mais prendre connaissance d'eux-mêmes ; je n'ai que trop
» le malheur ou la supériorité contraire. Elle augmente avec
» les années. »

Ce n'est encore que le dégoût, le découragement, la fatigue
morale. Mais oserait-on défendre d'y voir une action de la
miséricorde infinie, un acheminement au repentir, à l'espérance, au retour effectif?

Des prières étaient offertes ; des démarches avaient été es-
sayées, des lettres écrites où il était traité explicitement du
retour à Dieu, et l'on ne peut pas dire qu'elles aient été privées de tout effet. L'action divine sur les âmes pécheresses
est loin d'être toujours rapide. Le Seigneur est patient, parce
qu'il est bon et parce qu'il est éternel. La conduite de ses ministres revêt quelque chose de sa mansuétude et de sa longa-
nimité, lorsqu'ils ont à traiter avec les âmes de leurs intérêts
éternels. Ils sont d'autant plus patients, d'autant plus condes-
cendants et miséricordieux, qu'ils savent mieux entrer dans les
intentions de leur divin Maître, qu'il s'agit de pécheurs plus
endurcis, plus difficiles à conquérir.

Le cardinal de Périgord, oncle du prince, mourut en l'année 1823. Mgr de Quélen, qu'il avait choisi pour son coadjuteur et qui lui succéda sur le siège archiépiscopal de Paris,
profita de l'occasion pour écrire à M. de Talleyrand une lettre
empreinte d'un zèle, d'une déférence, d'une prudence et d'une
charité tout apostoliques. Cette première démarche n'eut aucun
résultat immédiat apparent, et il n'y fut pas répondu. Cependant nous allons avoir la preuve qu'elle ne passa pas inaperçue.

Douze ans plus tard, en 1835, la mort vint frapper la personne que le prince s'était unie par un mariage à la fois sacrilège et adultère. Elle vivait, depuis plusieurs années, éloignée de celui avec lequel la cohabitation était un défi à la
morale et à l'honnêteté publique ; et sa mort chrétienne avait
réparé les scandales de sa vie. Elle s'était soumise pleinement aux

réparations que l'on avait exigées, et l'on était en droit de concevoir les plus consolantes espérances sur son sort éternel.

L'archevêque de Paris jugea que cet exemple serait de nature à faire sur le prince une impression favorable. Il lui écrivit une nouvelle lettre où dans chaque ligne, dans chaque mot respirent une délicatesse, une réserve, une discrétion, en même temps qu'une fermeté, une charité, une insistance vraiment dignes du prélat qui l'écrivit. Cette fois le prince répondit, et nous nous faisons un devoir de reproduire les deux lettres qu'il écrivit à l'archevêque.

Le jour même, 12 décembre, il lui fit remettre cette première lettre par sa nièce, madame de Dino :

    « Monseigneur,

» Le respect filial que vous conservez à celui qui vous aimait
» paternellement [1], vient encore de se manifester dans une
» circonstance qui me touche particulièrement. J'aurais désiré
» vous parler moi-même du prix que j'attache à votre bien-
» veillance, mais une indisposition prolongée ne me permet
» pas de sortir ; je demande à madame de Dino de vous por-
» ter cette lettre, et d'entrer avec vous, Monseigneur, dans
» quelques explications qui vous prouveront, je l'espère, le
» sincère attachement, le respect et la haute considération
» dont je vous prie d'agréer l'hommage.

               » Le Prince de TALLEYRAND. »

Le lendemain il écrivit encore :

    « Monseigneur,

» Les souffrances que j'ai éprouvées depuis quelques jours
» se bornent actuellement à un simple rhume ; aussitôt qu'il
» me permettra de sortir, et ce sera probablement dans le cou-
» rant de la semaine, j'aurai l'honneur de passer chez vous,
» Monseigneur, pour vous remercier de l'intérêt que vous me

---

1. Le cardinal de Périgord, auquel l'archevêque avait fait allusion dans sa lettre.

» témoignez de nouveau dans la lettre que vous m'avez fait
» l'honneur de m'écrire hier.

» J'ai l'honneur d'être, Monseigneur, avec un respectueux
» attachement,

» Votre très humble et très obéissant serviteur,

» Le Prince de TALLEYRAND. »

L'archevêque, d'ailleurs, dans son zèle prudent, s'était enquis près la Cour Romaine de la conduite qu'il conviendrait de tenir envers le prince à l'article de la mort. Le cardinal Lambruschini lui avait répondu qu'il fallait avant tout le *repentir*, et puis une *réparation publique*, mais que pour le mode de la réparation on s'en rapportait à sa prudence et à sa religion.

C'est alors qu'il composa lui-même une formule de rétractation, et l'envoya à M. le curé de la Madeleine, dès les premiers jours de 1836. Il la fit accompagner d'une lettre dans laquelle il lui traçait la marche qu'il faudrait suivre, dans le cas où un prêtre serait appelé. Avant tout il fallait lire la formule de rétractation au malade devant témoins. Il ne serait admis à la réception des sacrements qu'après l'avoir lui-même signée ; ou, s'il ne pouvait signer, qu'après avoir clairement exprimé son adhésion, *verbalement* ou par *signes non équivoques*, en présence de témoins qui signeraient au procès-verbal.

Les affaires en étaient là lorsque intervint M. Dupanloup. Par ce qui précède on peut juger de ce qui restait à faire. Il fallait un désaveu formel, et l'on n'avait que des actes de simple politesse qui n'autorisaient encore aucune espérance positive. La Providence allait tout disposer par les moyens les plus naturels, et ce fut l'intervention d'une jeune enfant qui commença l'œuvre laborieuse de cette conversion.

Mademoiselle Pauline de Périgord, fille de madame la duchesse de Dino, et par conséquent petite-nièce de M. de Talleyrand, avait fait sa première communion à Londres, et son angélique ferveur avait paru faire impression sur le prince alors ambassadeur auprès du gouvernement anglais. Après le retour en France, la jeune enfant choisit l'abbé Dupanloup pour confesseur.

Sur le bien qu'il en entendait dire depuis assez longtemps, M. de Talleyrand résolut de faire sa connaissance, et il lui envoya une invitation à dîner pour le 2 février 1838, jour anniversaire de sa naissance. L'abbé Dupanloup, qui s'était fait une loi de ne jamais manger en dehors de son établissement, déclina l'invitation, Le prince en parut surpris, et même jusqu'à un certain point mécontent.

« Ce refus m'étonne, aurait-il dit en l'apprenant ; on m'a-
» vait dit que l'abbé Dupanloup était un homme d'esprit. Il
» aurait dû comprendre de quelle importance était son entrée
» dans cette maison. » — Ou peut-être, d'après le baron de Gagern qui prétendait tenir le propos de madame de Dino : « Cet homme ne connaît pas son métier. » Cette dernière version a été plus généralement admise. Nous n'y contredisons pas, et cela importe très peu au fond du récit. Que ceux qui la trouvent mieux dans le ton du personnage, l'adoptent de préférence.

Quoi qu'il en soit, on crut voir dans ces paroles un indice des dispositions secrètes du prince, et l'on se promit de ne pas les négliger. Une nouvelle invitation ayant été adressée ; sur l'avis formel de Mgr de Quélen, elle fut acceptée.

L'abbé Dupanloup reçut le plus cordial accueil et le prince l'entoura de prévenantes attentions. Après le repas la conversation fut remarquable d'entrain et d'aisance ; on parla de Saint-Sulpice, de l'Eglise de France, de ses gloires et de ses épreuves, de Pie VII. La glace semblait rompue ; la négociation pouvait paraître en bonne voie, quoiqu'il n'eût pas été le moins du monde fait allusion à la grande affaire. Que de réserve, que de tact il fallait pour ne rien brusquer, pour ne pas tout faire manquer par des ardeurs inconsidérées!

Quelques jours après, le 3 mars, le prince prononça l'éloge du comte Reinhard devant l'Académie des sciences morales et politiques. Il célébra l'alliance de la théologie et de la diplomatie et parla de *la religion du cœur.*

« Voilà qui plaira à l'abbé Dupanloup, » avait-il dit à ce dernier mot ; après la séance il envoya un exemplaire de son discours à l'archevêque et un autre au supérieur de Saint-Nicolas. Dans la visite de remerciement que lui fit celui-ci, il fut naturellement question du discours; le prince s'entretint de nouveau du devoir et de la théologie, et il parla pour la première fois du mauvais état de sa santé. La marche en avant était lente, si tant il est vrai que l'on avançât.

Quelques jours après, M. Dupanloup lui envoya un exemplaire de son livre : *Le Christianisme présenté aux hommes du monde, extrait des œuvres de Fénelon,* en y ajoutant une lettre qui renfermait des allusions plus directes à ce qu'il lui importait par dessus tout de faire dans la situation et le grand âge où il se trouvait. L'envoi fut bien accueilli; il occasionna une longue conversation entre madame de Dino et le prince qui fit entendre ces paroles significatives : « Oui, j'ai quelque » chose à faire vis-à-vis de Dieu, je le sais, et il y a même » longtemps que j'y songe. »

Une visite que l'abbé Dupanloup lui fit à l'occasion de la mort de son frère, laissa concevoir encore plus d'espérances, mais ne fit guère avancer la situation. Il parla de la mort; il approuva ceux qui savent s'y préparer; mais ne dit rien de la sienne que son grand âge cependant devait lui faire regarder comme assez prochaine.

Enfin il se mit à rédiger de lui-même une formule de soumission qu'il chargea madame de Dino de remettre à l'archevêque. Celui-ci la trouva insuffisante, parce que dans la question de son mariage il se déclarait libre, ayant été, disait-il, « délié par le vénérable Pie VII ». Le fait était faux; Pie VII l'avait seulement réduit à la communion laïque, mais n'avait jamais consenti à le dispenser du célibat ecclésiastique. Mgr de Quélen transcrivit la déclaration en la corrigeant sur ce point essentiel et la remit au supérieur de Saint-Nicolas qui crut devoir attendre quelque temps avant de la présenter. Mais le 12 mai une crise se déclara, et M. Dupanloup, prévenu le 15, eut hâte de se présenter. Il fut question de l'adresse envoyée à l'archevêque.

« J'ai tout mis dans ces deux pages, dit M. de Talleyrand, » et ceux qui sauront les bien lire y trouveront tout ce qu'il » faut. — Oui, reprit son interlocuteur avec beaucoup d'à-» propos; mais tous ne savent pas lire, et peut-être tous ne » voudront pas lire. » Et il lui présenta la formule modifiée par l'archevêque. Le prince la prit, la lut avec attention, s'en déclara satisfait et promit de la signer ; mais il différa encore l'acte décisif.

Le lendemain, le malade qui avait passé une mauvaise nuit, reçut de M. Cruveilhier l'annonce de sa mort imminente, et dans la soirée il promit définitivement de signer le lendemain matin vers les six heures. Tous ces délais étaient regrettables. Mais que faire ? On était bien obligé de les subir. Enfin l'heure arriva ; à six heures du matin, le 17 mai, madame de Dino lut d'abord la formule de rétractation envoyée par l'archevêque, et elle fut signée aussitôt après ; elle lut ensuite la lettre au Pape et il la signa de même. Seulement le prince avait voulu qu'elles fussent datées l'une et l'autre du jour où il prononça son discours à l'Académie, afin que l'on ne pût pas dire, suivant sa remarque, qu'il avait été intellectuellement affaibli. Il mit donc au bas de chaque pièce :

« Signé le 17 mai 1838. »

« Ecrit le 10 mars 1838 [1]. »

Et il signa de sa grande signature, de celle qu'il n'employait, disait-il, que dans les plus grands traités diplomatiques.

« CHARLES MAURICE, PRINCE DE TALLEYRAND. »

Voici d'ailleurs le texte de ces deux documents dont l'importance ne saurait échapper à personne.

« Touché de plus en plus par de graves considérations, conduit
» à juger de sang-froid les conséquences d'une révolution qui a
» tout entraîné et qui dure depuis cinquante ans, je suis arrivé,
» au terme d'un grand âge et après une longue expérience, à
» blâmer les excès du siècle auquel j'ai appartenu, et à condam-
» ner franchement les graves erreurs qui, dans cette longue suite
» d'années, ont troublé et affligé l'Eglise catholique, apostolique,
» romaine, et auxquelles j'ai eu le malheur de participer.

» S'il plaît au respectable ami de ma famille, Mgr l'archevêque
» de Paris, qui a bien voulu me faire assurer des dispositions
» bienveillantes du Souverain Pontife à mon égard, de faire ar-
» river au Saint Père, comme je le désire, l'hommage de ma res-

---

1. C'est une erreur matérielle, le discours fut prononcé le 3 mars.

» pectueuse reconnaissance et de ma soumission entière à la doc-
» trine et à la discipline de l'Eglise, aux décisions et jugements
» du Saint-Siège sur les affaires ecclésiastiques de France, j'ose
» espérer que Sa Sainteté daignera les accueillir avec bonté.

» Dispensé plus tard par le vénérable Pie VII de l'exercice des
» fonctions ecclésiastiques, j'ai recherché, dans ma longue carrière
» politique, les occasions de rendre à la religion et à beaucoup de
» membres honorables et distingués du clergé catholique tous les
» services qui étaient en mon pouvoir. Jamais je n'ai cessé de
» me regarder comme un enfant de l'Eglise. Je déplore de nou-
» veau les actes de ma vie qui l'ont contristée, et mes derniers
» vœux seront pour elle et pour son chef suprême.

» Signé à Paris, le 17 mai 1838, Charles Maurice et prince de
» Talleyrand ; écrit le 10 mars 1838. »

« Très Saint Père,

» La jeune et pieuse enfant qui entoure ma vieillesse des soins
» les plus touchants et les plus tendres vient de me faire connaître
» les expressions de bienveillance dont Votre Sainteté a daigné se
» servir à mon égard, en m'annonçant avec quelle joie elle at-
» tend les objets bénits qu'Elle a bien voulu lui destiner ; j'en suis
» pénétré comme au jour où Mgr l'Archevêque de Paris me les
» rapporta pour la première fois.

» Avant d'être affaibli par la maladie grave dont je suis at-
» teint, je désire, très Saint Père, vous exprimer toute ma re-
» connaissance et en même temps mes sentiments. J'ose espérer
» que non seulement Votre Sainteté les accueillera favorablement,
» mais qu'elle daignera apprécier dans sa justice toutes les cir-
» constances qui ont dirigé mes actions. Des mémoires achevés
» depuis longtemps, mais qui, selon mes volontés, ne devront pa-
» raître que trente ans après ma mort, expliqueront à la postérité
» ma conduite pendant la tourmente révolutionnaire. Je me
» bornerai aujourd'hui, pour ne pas fatiguer le Saint Père, à
» appeler son attention sur l'égarement général de l'époque à la-
» quelle j'ai appartenu.

» Le respect que je dois à ceux de qui j'ai reçu le jour ne me
» défend pas non plus de dire que toute ma jeunesse a été con-
» duite vers une profession pour laquelle je n'étais pas né.

» Au reste, je ne puis mieux faire que de m'en rapporter, sur
» ce point comme sur tout autre, à l'indulgence et l'équité de
» l'Eglise et de son vénérable chef.

» Je suis avec respect, très Saint Père, de Votre Sainteté le
» très humble et très obéissant serviteur,

» Charles Maurice, prince de Talleyrand.

» Fait le 10 mars 1838, signé à Paris, le 10 mai 1838. »

Il pourrait paraître que c'était peu pour réparer toute une
vie de sacrilèges et de scandales. Mais rappelons-nous que
Mgr de Quélen l'avait jugé suffisant, après s'être inspiré des
conseils et des lumières de graves théologiens, et abstenons-
nous de plus grandes exigences.

M. Dupanloup s'empressa d'apporter les deux pièces signées
à l'archévêque qui s'en réjouit et bénit le Seigneur ; et puis
il revint à l'hôtel achever l'œuvre commencée. Il y trouva tout
en mouvement par suite des préparatifs faits pour recevoir le
roi qui s'était fait annoncer et qui vint en effet, accompagné
de la reine, visiter le malade.

Après le départ de Leurs Majestés, sur de nouvelles instances
de l'abbé Dupanloup, le prince acheva l'œuvre de sa réconciliation ; il se confessa et reçut l'extrême-onction. Enfin, après
la récitation des prières des agonisants auxquelles il avait paru
lui-même prendre part, il rendit le dernier soupir, le 17 mai
1838, à trois heures trente-cinq minutes de l'après-midi. Il
était âgé de 84 ans, 3 mois et 15 jours, étant né le 2 février
1754.

Telle fut la mort de M. de Talleyrand. Fut-il sincère dans
ces actes suprêmes par lesquels il se soumit à l'Eglise et à
Dieu ? Nous n'avons pas à nous prononcer. Cependant nous
ne voyons aucune raison positive qui nous impose le doute.
Il y eut sans doute beaucoup trop de retards, d'hésitations, de
délais. Mais la position du prince, les luttes terribles qu'il dut
soutenir contre lui-même, contre son amour-propre, contre
tout son passé si répréhensible ne les expliquent-elles pas ?
Faut-il conclure qu'un pécheur est perdu parce qu'il a différé
son retour jusqu'à la fin, lorsqu'il a eu le bonheur de remplir
ses devoirs religieux dans la plénitude de ses facultés intellectuelles ?

On a prétendu que le prince de Talleyrand, qui s'était jusqu'à ce moment joué de tout le monde, aurait voulu se jouer

de l'abbé Dupanloup, de l'archevêque de Paris, du Pape et de l'Eglise ? — C'est possible ; mais enfin pour soutenir cette accusation il faudrait des preuves, et l'on n'a que des présomptions plus ou moins fondées. Il a rempli tous les actes extérieurs d'un homme qui veut mourir dans la grâce de Dieu ; et nous devons nous en rapporter aux apparences. Dieu seul peut sonder le fond des cœurs.

L'honneur de l'Eglise au moins fut sauvé, son autorité fut reconnue ainsi que la valeur des obligations qu'elle impose. Dans les circonstances présentes c'était immense. Tel fut l'avis de Mgr de Quélen qui envoya une statuette de la Sainte Vierge en argent comme *ex-voto* pour la faveur obtenue ; tel fut aussi l'avis du Pape Grégoire XVI qui, montrant à madame de Castellane, nièce de M. de Talleyrand, les pièces que son oncle avait signées avant sa mort, disait : « Ces papiers ne quittent » pas ma table ; ils m'ont apporté la plus vive consolation que » j'aie jamais ressentie depuis mon pontificat [1]. » Or, c'est à l'abbé Dupanloup, après Dieu, qu'est dû cet heureux résultat. En cette circonstance il a gagné un titre réel à la reconnaissance des catholiques.

Il ne s'agit pas de savoir si dans le récit qu'il a fait lui-même de cette *conversion* il ne s'est pas un peu trop laissé aller à l'enthousiasme ; s'il ne lui est jamais arrivé de prendre ses désirs pour des réalités. Il faut considérer ce qu'il a obtenu, le zèle qu'il a mis à reconquérir cette âme, et lui savoir gré des fatigues et des sollicitudes qu'il s'est imposées.

CHAPITRE VII

L'abbé Dupanloup fait un voyage à Rome, professe l'éloquence sacrée à la Sorbonne (1840-1842).

L'année qui suivit la mort du prince de Talleyrand, Mgr de Quélen terminait sa belle carrière, le 31 décembre 1839. Il fut

---

1. Lettre de madame de Castellane à M. l'abbé Lagrange.

remplacé par Mgr Affre qui continua de mettre à profit le zèle et les lumières de l'abbé Dupanloup. C'était au temps où sa présence était particulièrement avantageuse à Saint-Nicolas. Il était à la tête de cet établissement depuis trois ans, et les réformes qu'il y avait introduites étaient en pleine vigueur et floraison. Mgr Affre se garda de le retirer d'un poste où il faisait tant de bien.

En même temps qu'il travaillait si efficacement à la prospérité de sa maison, son extraordinaire activité lui permettait de mener de front d'autres affaires. De temps à autre il reparaissait dans les chaires de Paris, et sa parole éloquente faisait à chaque fois une puissante impression. Lorsque l'on savait que le supérieur de Saint-Nicolas devait prêcher, l'assistance accourait toujours nombreuse autour de la chaire de vérité. Il ne voulut pas non plus refuser le bienfait de sa direction aux âmes qui venaient le réclamer, et son confessionnal était assiégé comme au temps où il exerçait le saint ministère à Saint-Roch.

Il publiait encore des ouvrages d'une grande utilité : *La journée du Chrétien*, extrait des œuvres de Bossuet, où il montrait l'injustice commise à l'égard de l'évêque de Meaux, lorsqu'on « ne veut pas qu'il ait connu la piété et la touchante » simplicité de son langage, et que par une double et absurde » injustice, on prétend faire à Bossuet sa part ; en lui accor- » dant seulement un génie vaste et sublime, comme à Fénelon » la sienne, en lui laissant une âme tendre et pieuse ; » — *Un Manuel des séminaires*; — *La vraie et solide piété*, extrait des œuvres de Fénelon ; — *Méthode générale de catéchisme*, recueillie des ouvrages des Saints Pères et Docteurs de l'Eglise, depuis saint Augustin jusqu'à nos jours, en deux volumes in-8 ; — *La Rhétorique sacrée*, extrait des grands maîtres. Il songeait déjà à son grand ouvrage sur l'*Education*; mais de nouveaux travaux vinrent retarder la réalisation de son projet.

Mgr Affre voulait relever les études théologiques dans son diocèse, et il choisit des professeurs distingués pour les placer dans les chaires de la faculté de théologie à la Sorbonne. M. Dupanloup fut nommé professeur d'éloquence sacrée. Ses débuts furent ce que l'on pouvait attendre d'un pareil maître.

Mais ces nouvelles fonctions lui imposèrent un tel surcroît de travail que ses forces ne purent y résister.

Sa première leçon avait eu lieu le 7 avril 1841 ; il fut obligé de s'arrêter après la troisième. Le repos des vacances qui suivirent et qu'il prit dans les solitudes pittoresques de la Suisse, ne suffit pas pour le remettre de ses fatigues ; il alla demander à Rome le rétablissement d'une santé ébranlée, mais heureusement non compromise. Au reste ce voyage comblait ses vœux les plus ardents, et la joie apportée par la perspective d'un séjour prolongé dans la capitale du monde catholique aurait seule suffi pour le reposer.

Rome exerce un attrait particulier sur les âmes élevées et généreuses, éprises des belles choses et des grands souvenirs, et qu'animent les sentiments religieux et catholiques. Quelle puissante attraction donc devait y attirer l'abbé Dupanloup, à l'âme profondément religieuse et sacerdotale. Il faudrait l'entendre raconter les jouissances éprouvées le long de cette « route suspendue et serpentante, perpétuellement variée par » les mouvements et les contours des rochers ; — dominant du » haut et du sein des montagnes cette belle mer, embrasée, » rayonnante, argentée ; » entrecoupée de stations à Gênes, à Voltri, à travers la Toscane et l'Ombrie, et enfin arrivant dans cette vive lumière de Rome dont les *rayons infaillibles* suffisent à éclairer l'univers catholique.

Rome lui découvre ses gloires antiques et profanes qu'il est loin de dédaigner ; mais c'est surtout dans ses splendeurs catholiques, dans ses illustrations et ses souvenirs religieux qu'il veut l'admirer et l'étudier. Il en parcourt les monuments et les examine avec attention, mais toujours au point de vue supérieur de la foi. La Rome païenne lui apparaît, dans le *Colysée*, avec « sa force, sa cruauté féroce ; » la Rome chrétienne, dans l'*Eglise de Saint Pierre*, « comme l'asile de la prière et de la » foi, comme le centre immuable de l'immense catholicité, la » pierre fondamentale de l'Eglise, l'immutabilité, l'infaillibi- » lité, le fondement immobile, la base, la pierre ! *Tu es Pe-* » *trus, Petra autem erat Christus.* »

Mais rien ne saurait égaler l'enthousiasme que lui apporte la présence du Pape, « le plus grand des mortels, un oracle

» vivant et divin, le Père de la grande famille des hommes,
» le pasteur du genre humain, » dont la bénédiction est « quel-
» que chose de si grand, de si sublime, de si tendre, de si
» puissant, de si paternel et de si divin, qu'on est enlevé et
» attendri jusqu'aux larmes. »

Il parcourt les basiliques, visite les catacombes, admire les
tableaux de Raphaël, de Michel-Ange, du Dominiquin, sans
dédaigner pourtant les œuvres de l'art profane; et il résume
ainsi ses impressions : « Cela a été fait à l'aide d'une immense
» opulence. Les Papes aussi ont eu les richesses du monde;
» quel noble usage ils en ont fait ! Cela ne pourrait plus se
» faire aujourd'hui; on peut seulement le conserver digne-
» ment et le montrer. Dieu l'avait préparé, inspiré, réservé;
» afin que dans la suite des temps, quand viendrait un siècle
» épris d'art et d'industrie, on pût leur dire : Vous en voulez?
» En voilà. Ferez-vous jamais mieux? »

Il profita de son séjour à Rome pour se fortifier dans la vie
spirituelle par plusieurs neuvaines. Il était au centre même de
la circulation de la sève chrétienne; il voulait y puiser abondamment pour les occasions futures. Ce fut dans ce voyage
qu'il reçut le grade de docteur en théologie, et il soutint sa
thèse à la faculté de la *Sapience*.

Le sujet qu'il choisit est digne de remarque; ce fut la question même de l'*Infaillibilité* du Pontife Romain. Plus tard il
s'en autorisera pour dire que cette doctrine a été constamment
la sienne, qu'il a seulement voulu combattre l'opportunité
d'une définition, et son assertion reposera sur un fondement
vrai. A chaque fois qu'il a occasion de parler de l'enseignement du Pape, il exprime la même croyance. On a pu le constater dans les quelques paroles que nous avons déjà citées; on
le voit encore mieux dans les suivantes : « Le sentiment de
» l'Eglise est toujours impliqué dans une définition *ex cathe-
» dra*; elle lui est toujours conforme. Le Pape le reconnaît, le
» constate, le définit; il est *caput Ecclesiæ*, la tête; le regard,
» la force, la lumière, la parole est dans la tête.

» Il y a dans l'Eglise une perpétuelle circulation de doctrine
» et de vérité, comme il y a dans le corps humain une perpé-
» tuelle circulation de sang; seulement, si la vie est au cœur,

» la force, le regard, l'ouïe et la parole sont dans la tête ; le
» regard qui voit tout, l'oreille qui entend tout, la force qui
» peut tout, et la bouche qui parle quand il faut. »

C'est alors qu'il établit avec la maison de Borghèse ces relations intimes et édifiantes, qui furent si profitables au bien
spirituel de la princesse, par la sage direction qu'il sut lui imprimer. Il y fit connaissance avec le célèbre juif Alphonse Ra-
tisbonne, à la conversion duquel il eut le bonheur d'assister.
Il fut chargé de prêcher au jour de l'abjuration, le 31 janvier 1842.

Mais les distractions, les promenades, les agréments de
toutes sortes qu'il rencontrait à Rome, ne lui faisaient pas
oublier son cher petit séminaire de Saint-Nicolas. Chaque semaine il recevait les notes de tous les élèves, ainsi qu'un n° de
l'*Echo de Saint-Nicolas*, journal rédigé par les élèves de rhétorique, sous la direction de leur professeur M. l'abbé Duchêne ;
et il leur envoyait de longues lettres pour les féliciter, les encourager, leur continuer ses avis et ses conseils, leur faire
part de ses impressions, des marques d'intérêt qu'il recevait à
leur sujet. La communication de ces lettres du vénéré supérieur était une véritable fête pour les élèves ; chacun se faisait
un devoir de redoubler de vigilance, afin qu'on ne pût lui
donner que de bons renseignements ; et ainsi de Rome son influence se faisait toujours sentir heureuse et puissante pour le
bien de la maison.

Enfin, le 7 avril 1842 il était de retour à Paris, après un
séjour de quatre mois à Rome. Il reprenait aussitôt ses occupations avec une ardeur nouvelle, et en particulier ses cours à
la Sorbonne.

« Aujourd'hui, 15 avril, à trois heures, dit l'*Ami de la Re-
» ligion*, (t. CXIII, p. 102) M. l'abbé Dupanloup a ouvert son
» cours dans la grande salle de la Sorbonne, devenue, dès la
» première leçon, trop étroite pour l'affluence immense de ses
» auditeurs... M. l'abbé Dupanloup renouvelle le souvenir des
» plus beaux triomphes religieux et littéraires. »

Que l'on juge d'ailleurs de l'effet que devait produire un
portrait comme celui qu'il fit du génie, dans cette première
leçon :

« Il est dans le monde, il est dans les régions de l'intelli-
» gence et de la vérité de vastes mers non encore explorées,
» des terres inconnues. C'est le génie qui les parcourt, qui les
» découvre; mais il ne les crée pas, elles existaient avant lui.
» Les voyageurs audacieux qui découvrirent le nouveau monde
» ne le firent pas, ils le découvrirent. Seulement l'heureuse
» audace qui les poussait était inspirée d'en haut. Quelquefois
» aussi de ces terres inconnues, comme de ces vérités subli-
» mes que l'intelligence humaine cherche à découvrir dans des
» régions inaccessibles, s'échappent des parfums, des brises
» mystérieuses qui remuent, avertissent, appellent le génie des
» découvertes. Christophe Colomb devinait, sentait l'Améri-
» que; et il la réclama contre les orages des mers, contre les
» orages plus redoutables des passions humaines qui s'agitaient
» autour de lui. L'Amérique fut sa conquête; l'Europe entière
» retentit d'acclamations; l'ancien monde donna la main au
» nouveau. Le génie, Messieurs, c'est la puissance des décou-
» vertes; c'est le Christophe Colomb de l'intelligence. »

Mais que le génie cependant ne s'enorgueillisse pas, car il
est exposé à de terribles chutes. Toujours borné, quelque
grand qu'il soit, souvent il ne sait pas reconnaître les limites
où il lui faut s'arrêter, et il se brise contre les barrières qu'il a
voulu témérairement renverser. C'est souvent sa force même
qui fait sa faiblesse et amène sa chute; c'est ce que prouve la
troisième leçon en établissant les propositions suivantes :

1° « Le génie dans sa force écrase souvent le caractère et
rompt l'équilibre moral;

2° » Le génie dans sa force est terriblement égarable par sa
force elle-même;

3° » Dieu a jugé que le génie dans sa force non seulement ne
» suffisait pas, mais ne convenait pas, convenait mal au salut
» du monde; qu'il y avait une haute et divine convenance à
» ne le point employer;

4° » Le génie dans sa force est trop souvent aveugle et pré-
cipité par l'orgueil. »

Nous ne nous arrêterons pas à faire remarquer ce qu'un
pareil plan offre d'ingénieux et de fécond. Un esprit ordinaire
saurait le rendre intéressant. Que d'aperçus neufs, profonds,

et satisfaisants dut en tirer celui qui avait su le trouver.

Mais dans la huitième leçon, qui eut lieu le 3 juin, il lui arriva de stigmatiser Voltaire, cher aux hommes de ce temps ; son cours fut fermé, par suite d'une lâche complaisance du pouvoir. Ce n'est pas la dernière fois que le patriarche de Ferney aura affaire avec lui, et à chaque fois il ressentira ses coups.

CHAPITRE VIII

Commencements des luttes pour la liberté d'enseignement (1844).

Mais voilà que de nouvelles luttes se préparent qui vont mettre plus en évidence le nom de M. l'abbé Dupanloup. Nous voulons parler des luttes pour la liberté de l'enseignement. Elles commencèrent dans les années 1842, 1843 et suivantes, et se poursuivirent jusqu'au vote de la loi de 1850, qui, tout incomplète qu'elle fût, donnait aux catholiques un commencement de satisfaction, et devait amener sans tarder de consolants résultats.

La liberté d'enseignement avait été promise par la charte de 1830 ; mais le gouvernement de juillet reculait toujours devant la réalisation de ses engagements.

M. de Montalembert et l'abbé Lacordaire avaient en vain cherché à soulever l'attention publique, en ouvrant une école libre, conformément aux promesses de la charte mais contrairement aux lois. Le retentissement du procès qui leur fut intenté, excita un moment d'émotion ; mais tout fut bientôt oublié en face des préoccupations plus graves que suscitaient les luttes du pouvoir contre l'anarchie.

Plusieurs projets de loi néanmoins furent successivement déposés en 1836, 1841, 1844, et 1847. Mais à chaque fois on laissait voir les défiances les plus injurieuses à l'égard de l'Eglise qui était toujours outrageusement mise à l'écart. Les catholiques ne pouvaient les accepter.

Dès 1841 M. de Montalembert lève le drapeau de la résistance, et sa main vaillante ne le déposera qu'après le triomphe. C'est lui qui commence la campagne, qui dans les premiers temps tient seul tête aux adversaires de l'Eglise, qu'ils viennent des régions gouvernementales ou d'ailleurs, mais avec quelle indomptable énergie, quelle vaillance toute chrétienne !

C'est vraiment « le successeur des martyrs, qui ne tremble » pas devant les successeurs de Julien l'Apostat ; le fils des » croisés qui ne reculera pas devant les fils de Voltaire. » — Ses ancêtres ont combattu l'épée à la main pour la cause de Dieu et de la patrie. Sa main ne tient qu'une plume, et sa lèvre ne prononce que des discours ; mais sa plume sera une épée, sa parole deviendra un glaive irrésistible, et il en usera pour remporter de glorieuses victoires. Et dans ces luttes mémorables il conquit les droits les plus inaliénables à la reconnaissance de tous les catholiques.

Sa conduite fut d'autant plus admirable, d'autant plus digne d'éloges, qu'au commencement il était isolé à la tribune. Ce n'est qu'à force d'éloquence et d'ardentes convictions qu'il parvint à forcer l'attention et à se faire écouter.

Au dehors il avait les sympathies de tous les catholiques convaincus, mais hélas ! trop peu nombreux dans les hautes régions sociales et intellectuelles. Car enfin, ce n'était pas la masse du peuple qu'il s'agissait de gagner pour amener le triomphe de la cause de la liberté. Il fallait ranger dans son parti cette bourgeoisie indifférente ou frivole, imprégnée de l'esprit voltairien, saturée d'hostilité ou tout au moins de préjugés contre l'Eglise catholique, et qui détenait tous les pouvoirs. Quel courage, quel héroïsme ne lui fut pas nécessaire pour oser ainsi braver l'impopularité qui allait accueillir ses revendications ! Et quel immense talent pour en triompher !

Le clergé exerçait une influence assez restreinte, et il était condamné à une attitude réservée. L'archevêque de Paris, par sa position exceptionnelle en face du gouvernement, était tenu à une très grande circonspection, et d'ailleurs Mgr Affre par tempérament y était porté. Il préférait procéder par voie de lettres secrètes, d'avis discrets. La plupart des autres évêques se tenaient encore dans l'attente. Chefs des armées du Seigneur, ils ne croyaient pas que ce fût leur rôle de s'en aller en avant harceler l'ennemi.

Cependant Mgr Devie, évêque de Belley, Mgr Clausel de Montils, évêque de Chartres, Mgr de Prilly, évêque de Châlons, Mgr Parisis, évêque de Langres, S. Em. le cardinal de Bonald, archevêque de Lyon, entrèrent les premiers dans la lutte; et leur exemple ne tarda pas à entraîner les autres membres de l'épiscopat. De ce jour, le combat prenait une physionomie différente, et les catholiques n'avaient plus à douter du triomphe de leur cause. La victoire pouvait tarder, elle était assurée.

En attendant, d'autres auxiliaires, sortis des rangs du clergé secondaire ou du monde laïque, tenus par conséquent à moins de réserve, allaient se presser autour du jeune et vaillant athlète et le soutenir intrépidement dans ses plus rudes combats.

Signalons parmi eux le vaillant fils de saint Dominique, le P. Lacordaire, qui s'était, avant tous les autres, joint à lui dans son premier essai, et qui était venu s'asseoir à ses côtés sur le banc des accusés, dans le fameux procès au sujet de la liberté d'enseignement; — le P. de Ravignan et l'abbé Dupanloup, qu'unissaient les liens d'une réciproque et affectueuse estime, et qui ne cessèrent d'assister leur ami commun, de l'encourager, de le soutenir, de lui apporter le concours le plus actif de leur influence et de leur talent, — Louis Veuillot, qui ouvrit la campagne des brochures par sa *Lettre à M. Villemain*, et l'abbé Combalot qui partagea avec le rédacteur de l'*Univers* l'honneur de souffrir persécution pour la justice et la liberté et fut condamné avec lui à la prison.

Le gouvernement avait voulu détourner l'attention par une attaque contre les jésuites, sur lesquels on aime tant à diriger le cours des haines et des calomnies publiques. Les jésuites furent donc mis en cause. On les dénonça comme vivant dans un état continuel d'insubordination aux lois.

« Les journalistes rivalisèrent avec les professeurs dans les » cours publics; et la hardiesse des calomnies n'eut d'égale » que la crédulité publique. Ils avaient des dépôts d'armes

» dans les souterrains de Saint-Sulpice, et réunis clandestine-
» ment dans des retraites ténébreuses, ils y tramaient des com-
» plots ténébreux; et le gouvernement feignait de croire à ces
» absurdes accusations, et il soulevait de plus en plus l'opi-
» nion contre eux [1]. »

Le P. de Ravignan prit la plume, encouragé et sollicité par
son ami l'abbé Dupanloup, et le 25 janvier 1844, il fit paraître
sa fameuse brochure : *De l'existence et de l'institut des jésuites*,
qui produisit une si profonde et si efficace impression. « Je
suis jésuite, » disait fièrement le noble religieux, et par le
commentaire le plus lumineux de nos lois, et avec une logique invincible, il montrait son droit inaliénable de vivre en
jésuite, si cette vie lui convenait.

Dans le rapport qu'il était chargé de faire sur le projet de
loi présenté le 2 février 1844, M. le duc de Broglie s'était permis de traiter avec dédain l'enseignement donné dans les petits séminaires. Avec l'autorisation de Mgr Affre, l'abbé Dupanloup répondit par *deux lettres à M. le duc de Broglie*.

C'était sa première apparition dans la polémique publique.
Elle fut brillante, et ses deux lettres eurent un grand succès.
Il se montre au début ce qu'il sera dans la suite. On peut seulement lui reprocher trop de réserve et de précautions oratoires ; mais les arguments étaient irréfutables et présentés d'une
manière vraiment saisissante.

Voici le jugement porté par M. de Montalembert; il nous
paraît être l'expression rigoureuse de la vérité :

« Je vous félicite cordialement de votre seconde lettre à M.
» le duc de Broglie. Vous lui parlez trop de votre respect et
» de votre reconnaissance; mais vous l'écrasez littéralement
» sous le poids de vos réfutations. Je ne doute pas du grand
» et salutaire effet de cette publication, non sur le vote, mais
» sur les dispositions de la Chambre presque entière. »

Nous ne pouvons résister au désir de citer les traits d'histoire par lesquels il montre combien les gouvernements ont
tort de se détourner de l'Eglise, de se priver de son concours :

---

1. *Vie du P. de Ravignan*, par le P. de Ponlevoy, (ch. xi.)

« Est-il juste de nous considérer comme des ennemis ? Quelle
» que soit notre valeur, la faute est grave. Dieu éloigne de
» mes lèvres, comme de mon cœur, tout ce qui peut ressem-
» bler à une menace ! Mais nous avons dans notre histoire,
» même la plus moderne, des faits qui peuvent faire apprécier
» la valeur de notre concours ou de notre éloignement.

» En 1802, le premier consul nous tendit la main ; nous ac-
» ceptâmes volontiers son alliance : tous y gagnèrent. En 1808,
» l'empereur nous blessa profondément dans nos droits les plus
» sacrés ; nous nous éloignâmes, notre désaffection devint
» profonde, et, malgré le silence absolu du temps, les peuples
» la comprirent. Nous ne fîmes rien contre lui, la Providence se
» chargea de prononcer.

» En 1830, nous nous sommes tus, nous avons attendu,
» nous ne nous sommes pas éloignés. Les funestes événements
» de l'année suivante ne nous firent pas même sortir de cette
» réserve ; nous laissâmes faire le temps, et sous son influence
» on ne peut nier qu'en 1837 un rapprochement notable ne se
» fût opéré. Mais, je ne le dissimule pas, cette bonne volonté
» qui pendant sept ou huit années allait au devant de ceux qui
» se plaignent aujourd'hui, s'est affaiblie par la seule force de
» cette défiance injuste et outrageuse dont nous sommes depuis
» plusieurs années devenus l'objet.

»... Partout où pénètre la clameur de l'opinion égarée, n'est-
» il pas évident qu'on nous méconnaît, et, que, nous mécon-
» naissant, on tend à nous pousser dans une opposition où
» nous ne sommes pas. Ce sentiment qui s'attriste quand un
» gouvernement fait des fautes, et qui se réjouit des choses
» sages et heureuses qu'on lui voit faire, ce sentiment, qui est
» déjà de l'affection et du dévouement, on travaille à le di-
» minuer en nous, malgré nous-mêmes. Eh bien ! je le répète,
» quoique nous ne puissions, ni ne voulions agir en rien, ni
» seulement proférer un mot de menace, il y a péril à nous ac-
» coutumer à ne rien attendre du présent, et à nous faire, las et
» déçus, porter nos regards vers l'avenir.

»... Si au moins le présent était sans inquiétude, si l'hori-
» zon n'était chargé d'aucun nuage, si les moins prévoyants
» ne se sentaient pas troublés en jetant leurs regard sur l'ave-

» nir, et sur un avenir très prochain peut-être !... Mais est-ce
» donc quand la terre tremble sous les pas, quand les plus
» fermes appuis se troublent et menacent ruine, est-ce alors
» qu'il faut repousser ceux qui n'ont jamais fait que soutenir
» et conserver, ceux qui, depuis dix-huit siècles, n'ont jamais
» trahi l'ordre social ? »

C'était en 1844 qu'étaient donnés ces graves enseignements,
et quatre ans après éclatait la révolution qui emportait Louis-
Philippe et son gouvernement. Depuis, les événements ont
marché, et l'abbé Dupanloup pourrait en tirer d'autres leçons
plus frappantes encore.

Il pourrait nous montrer le second empire, d'abord s'appuyant sur le clergé et prospère ; puis, à partir de 1860 surtout, le blessant dans ses aspirations les plus légitimes, le
froissant profondément, le forçant à se retirer, et ne tardant
pas à tomber par la chute la plus déplorable. Il nous ferait re-
naître à l'espérance au milieu des tristesses actuelles ; il nous
dirait que ceux qui en ce moment veulent nous poursuivre et
nous faire disparaître, n'en ont pas pour longtemps ; car ils
se privent du plus puissant appui, du plus ferme soutien, eux,
cependant, qui manquent tant de consistance et de fortes racines pour se maintenir et résister aux attaques violentes de
leurs ennemis. L'avenir sera toujours à l'Eglise et à ses défenseurs.

Le concours de ces auxiliaires fut précieux à M. de Montalém-
bert, et le discours qu'il prononça à la séance du 16 avril
1844, dépassa l'attente universelle. Il se multiplia d'ailleurs,
faisant entendre ses protestations et ses objurgations véhé-
mentes à chaque fois que l'occasion se présentait, allant incessamment à tous, encourageant les uns, soutenant les autres, cherchant à ramener les indécis, les prévenus, combattant à outrance les adversaires, en un mot défendant la cause
de la liberté avec une ardeur, une vaillance héroïque que se-
condait le plus admirable talent. Il ne remportera pas le triomphe encore, une telle victoire devait être plus laborieuse ; mais
il a organisé l'attaque, il a déjà pratiqué la brèche ; et bientôt,
grâce à ses efforts persévérants et à ceux de ses amis, grâce
surtout au concours de la Providence qui saura disposer favo-

rablement la suite des événements, il introduira les catholiques
dans la forteresse du *monopole*, et d'heureux résultats viendront
récompenser ses fatigues.

La cause de la liberté de l'enseignement gagnait des adep-
tes, et M. de Montalembert allait se trouver à la tête d'une armée. Elle était brave et généreuse, mais il fallait la discipliner,
la plier à une tactique sage et suivie, condition indispensable
pour remporter la victoire. C'est à cette fin qu'il forma le
Comité pour la défense de la liberté religieuse, dont il eut la
présidence, avec MM. de Vatimesnil et Lenormant pour vice-
présidents. Le P. de Ravignan et l'abbé Dupanloup lui prêtèrent encore ici le plus utile concours et contribuèrent pour
une grande part à la formation du comité.

La discussion, si bravement soutenue par M. de Montalembert à la Chambre des pairs, devait être portée à la tribune de la Chambre des députés. M. Thiers, chargé du rapport, l'avait déjà déposé, et ses conclusions étaient hostiles
aux catholiques, et entièrement favorables au monopole universitaire. Mais comme fatigués d'un grand effort qu'ils
avaient fait, ni les évêques, ni les catholiques ne paraissaient
s'émouvoir. Désolé, M. de Montalembert écrivait à l'abbé
Dupanloup : « Où en sommes-nous donc, monsieur l'abbé et
» vénérable ami, permettez-moi de vous le demander et con-
» solez-moi si vous le pouvez, de cette déroute générale. »
L'abbé Dupanloup lui répondit :

2 octobre 1844

Monsieur le comte, bon et excellent ami,

Laissez-moi vous dire dans toute la simplicité et effusion de
mon cœur, tout le bien et le plaisir intime que m'a fait votre lettre, votre confiance, votre âme. Je l'avais senti déjà, nous nous
sommes retrouvés : on ne nous éloignera plus l'un de l'autre, et
nous nous aiderons à servir Dieu et son Église tant qu'il plaira
à notre commun maître de le vouloir.

Je partage vos gémissements, vos inquiétudes : le découragement est universel ; de récents voyages m'en ont encore convaincu. Mais je crois fermement qu'il ne doit pas être avoué :
cet aveu le constaterait, le légitimerait. Ni l'*Univers*, ni vous, ni
moi, ni personne ayant une autorité quelconque en cette affaire

ne doit avouer ce découragement. Ce serait presque lui donner l'existence : ce serait, si vous me permettez l'expression, lui donner le jour. Il n'ose pas s'avouer publiquement : il est même timide à s'avouer en particulier ; n'en faisons pas un fait certain, avoué, universel, incurable.

Il n'est pas incurable : je n'ai pas la prétention de le guérir, mais je vous avoue que j'y travaille de toutes mes forces dans ma réfutation de M. Thiers. Je crois qu'on n'y peut travailler qu'indirectement : autrement on proclame soi-même le *sauve-qui-peut*, et il y a déroute

J'ai été, je suis même encore fort souffrant : je travaille peu, mais il faudra que je sois anéanti pour ne pas répondre à ce misérable rapport. Je ne puis exprimer la profonde indignation qu'il m'inspire. J'ai déjà fait beaucoup, mais cela est long.

Quelque chose de vous serait excellent ; mais pas de reproches aux catholiques : au contraire, des espérances, des encouragements, des consolations fortes. Vous voyez que je suis toujours dans le même système. Rien de triste et d'abattu ; rien de désespéré. Saint Jean Chrysostome dit avec un sens profond : *Animas diabolus* MŒRORE *occidit*.

Parlez-moi de saint Anselme[1] : je l'ai lu et relu, je ne puis vous dire avec quel bonheur. Je le fais lire à tout le monde. On en est ravi, encouragé, fortifié : c'est délicieux, d'ailleurs. Oh ! que je souhaite que vous acheviez saint Bernard ! Je viens de le lire beaucoup ; vous ferez à coup sûr quelque chose de merveilleux avec cet homme inouï et avec ce siècle : c'est très important. Un grand ouvrage de vous qui paraîtrait l'hiver prochain, ou dans un an, ferait un effet immense.

Patience, courage ; Dieu vous a donné un grand cœur, un grand amour pour son Eglise : cela ne suffit pas, il faut que ce grand cœur et ce grand amour sachent souffrir sans le dire, et paraissent presque toujours joyeux et pleins d'espérance, et ce sera avec vérité : Dieu est avec nous.

Adieu, Monsieur et bien cher ami : vous avez gagné mon âme, et je suis tout à vous, bien fraternellement et bien tendrement en Notre Seigneur.

---

1. Il s'agit d'un travail de M. de Montalembert sur saint Anselme.

CHAPITRE IX

Diversion opérée par le Gouvernement contre les Jésuites (1845).

Le rapport de M. Thiers en faveur du monopole universitaire ne fut pas discuté à la Chambre des députés.

L'année suivante eurent lieu les fameuses interpellations au gouvernement sur l'existence des Jésuites ; elles furent discutées dans les séances du 2 et du 3 mai 1845. M. Thiers se fit le porte-voix des haines aveugles. M. Berryer défendit la cause de la justice et du droit avec toute l'éloquence que l'on était en droit d'attendre de lui. Mais le siège était fait d'avance ; la majorité de l'assemblée invita le gouvernement à chasser de France ceux que dans le courant des débats on avait osé qualifier de *peste publique, qu'il ne pouvait laisser subsister sans faillir à tous ses devoirs.*

Le P. de Ravignan, à côté de l'abbé Dupanloup, assistait à ces tristes débats, et il entendait, impassible, les calomnies et les outrages lancés contre cette chère *Compagnie* qu'il aimait tant cependant.

Le gouvernement, par l'organe de M. Guizot, répondit que l'on était en instances auprès du Saint-Siège pour obtenir la suppression des Jésuites ; que si l'on échouait, alors il serait procédé à leur expulsion par voie administrative.

« La sortie, » comme disait M. de Montalembert, avait réussi. La discussion sur la liberté de l'enseignement était momentanément retardée ; mais elle reprendra, et finira par arriver à une solution. Et, par une ironie de la Providence, M. Thiers qui venait de s'en déclarer l'adversaire intraitable, travaillera bientôt à la soutenir et à la faire triompher. C'est que les faits auront marché, et la dynastie qu'il défendait aura été emportée par le torrent de la révolution.

Le ministère avait envoyé à Rome M. Rossi, diplomate fin et délié, pour négocier auprès du Pape Grégoire XVI, et obtenir qu'il entrât dans les intentions du gouvernement français en supprimant la Compagnie de Jésus. Il ne put rien obtenir directement, et, le Souverain Pontife, sur l'avis de la *Congrégation des Affaires ecclésiastiques* réunie le 12 juin 1845 sous sa présidence, avait prononcé que le Saint-Siège ne devait ni ne pouvait rien faire contre les Jésuites.

Grégoire XVI cependant, sur les instances et les importunités du diplomate français, consentit à intervenir gracieusement auprès du général de la Compagnie pour lui conseiller de faire quelques concessions en vue de la paix, si d'ailleurs il le jugeait opportun. Chez les Jésuites un désir du Saint-Père est un ordre. Aussitôt le R. P. Roothaan écrivit aux provinciaux de Paris et de Lyon pour leur recommander, sans le leur ordonner toutefois, la diminution ou même la dispersion de quelques maisons plus nombreuses.

Les Jésuites de France, mieux à même, peut-être, de juger de la situation, auraient désiré la résistance légale mais inflexible ; leurs amis et défenseurs partageaient absolument la même manière de voir, et les conseils venus de Rome les jetèrent tous dans la consternation. Néanmoins les Jésuites se soumirent sans hésitations, et leurs amis ne songèrent qu'à les consoler, qu'à leur promettre de recommencer la lutte dans un avenir prochain et plus favorable.

L'abbé Dupanloup toujours prêt à défendre la cause des opprimés, prit vivement à cœur celle des Jésuites. C'est en cédant à ses vives instances que le P. de Ravignan se décida à publier la célèbre brochure de l'*Existence et de l'Institut des Jésuites*, dont l'exorde même est dû à la plume de l'abbé Dupanloup. Le 16 juillet 1845, il écrivit une lettre au P. de Ravignan pour le consoler et lui indiquer la tactique à suivre.

Bon et cher père,

Merci de vos bonnes et tristes lettres : je me sers de la main amie que vous connaissez pour vous dire toute ma pensée sur la situation. J'abandonne le tout à votre sagesse, comprenant combien de si loin, je puis me tromper plus encore qu'à l'ordinaire. Vous jetterez ma lettre au feu, si vous ne la jugez pas utile.

Ce qui me paraît manifeste, c'est que le découragement, qui est le grand danger, ne serait ici ni chrétien, ni raisonnable. Le Pape eût-il donné *ordre* ou *conseil*, le découragement eût encore été condamnable. Vous savez, vous sentez tout cela mieux que moi ; mais il est important que vos amis en soient bien pénétrés.

Il faut un courage plus grand, plus simple et plus décidé que jamais : la situation est très grave sans doute ; mais bien gouvernée, je me trompe fort ou elle peut avoir des résultats bien contraires à ce que les ennemis de l'Eglise se proposent. La situation ne me paraît même pas mauvaise. Encore un coup, tout cela est d'une tristesse profonde ; mais j'en redoute plus le mauvais effet en Belgique et surtout en Suisse qu'en France.

Les dix premières lignes du rapport de M. de Montalembert sur Notre-Dame sont le fond de ma pensée sur les résultats futurs de cette affaire en France. La politique divine est là, je le crois, et y mène malgré elle la politique humaine. Je me hasarde d'autant plus volontiers à vous dire ces pensées que l'Evêque de Liège et quelques autres personnages qui peuvent faire autorité les partagent. L'abbé Debeauvais en a tout à fait l'impression. Vous connaissez l'Evêque de Liège, combien il est dévoué, combien il est courageux, comme il va toujours en avant : pour lui comme pour nous, la première nouvelle a été un coup de foudre ; mais quand le fond des choses a commencé à apparaître, il nous a dit lui-même : *Il ne faut pas se décourager : dans les grandes batailles, il y a des moments de recul, où l'on se replie sur soi-même ; c'est un accident de la lutte : le découragement seul en ferait une défaite.*

Il est évident que tout ceci vous grandit extraordinairement : il n'y a qu'une voix à cet égard : partout je l'entends dire aux hommes graves ; Mgr l'Archevêque de Paris me le disait aussi à Ems, il y a trois jours. La France a traité directement avec vous ; c'est non seulement respecter, mais reconnaître la puissance de vos droits, tout en sacrifiant les apparences aux passions ; au fond il reste que le gouvernement a traité avec vous, afin que vous demeuriez en France trois ou quatre, quatre ou cinq ensemble : voilà le traité ! Eh bien, c'est une situation pleine d'avenir ; le calice est amer ; mais l'amertume est plus au bord et à la surface qu'au jour, croyez à des dédommagements d'autant plus certains que la Providence, selon son adorable usage, les fait à l'avance payer plus cher : dans une cause, qui n'est pas humaine, la nature peut souffrir, mais elle doit toujours avoir l'œil fixé sur la Providence. Car, enfin, ce ne sont ni de prétendues lois, ni le gouvernement qui vous frappent : lois et gouvernement sont par le fait proclamés impuissants. Il n'est plus question de revenir et de préparer votre retour : vous restez, vous restez maîtres du terrain, après une lutte opiniâtre, à des conditions douloureuses, il est vrai, mais évidemment injustes et plus évidemment encore puériles; par conséquent sans avenir. Vous resterez tous en France, moins vos novices et vos scolastiques peut-être, vous resterez prêchant, confessant, dirigeant ; plus aimés et plus respectés que jamais; plaints comme des victimes sacrifiées à des passions misérables, admirés involontairement, et loués, par ceux mêmes qui ne vous aiment pas pour votre modération, estimés pour votre sacrifice même, par tout ce pays légal, tout ce pays gouvernemental, si important à ramener aujourd'hui. La *Presse* a publié sur tout ceci des choses fort remarquables; elle parle de réaction en votre faveur : je ne doute pas que cette réaction ne soit déjà commencée, et je le vois sur ma route même.

Seulement, je le répète, il faut que la situation soit bien gouvernée et que tous les efforts tendent à deux choses :

1° A reconquérir l'opinion en acceptant franchement la condition de la nécessité.

2° A contraindre le gouvernement à vous défendre désormais. Que la fureur de la guerre recommence ou non contre vous, autant qu'on peut juger de loin ces choses, les attaques seront désormais à peu près impuissantes. Elles n'avaient de force qu'en s'appuyant sur le trouble des imaginations françaises : tout cela même, au fond, malgré tant d'efforts, se réduisait à peu de chose. Désormais l'imagination sera pour vous ; on dira : Ils ont fait ce qu'on voulait. Elle s'indignera même qu'on veuille empêcher trois ou quatre prêtres de vivre ensemble ; *c'est trop fort,* dira-t-on. Le gouvernement lui-même, appuyé sur l'opinion, et obligé d'ailleurs de défendre ce qui aura été convenu officiellement et solennellement entre lui et vous, pourra répondre à vos adversaires : *Que voulez-vous donc de plus ? Voulez-vous donc les bannir ? Où sont les lois ?* Son triomphe diplomatique en ce moment non seulement vous grandit, mais vous fortifie.

Mais pour que ces avantages résultent de la situation, plusieurs choses sont nécessaires :

1° Je mettrais le plus grand prix à un acte officiel et public du Père général sur ce qui vient de se passer; les habitudes de la vie religieuse s'y opposent peut-être, mais elles doivent quelquefois changer avec le temps; je n'hésite donc pas à en donner le conseil le plus formel. Il faudrait une lettre adressée par le Général à vos provinciaux, et, mieux encore, à vous-même : une lettre faite pour la France, une lettre bien française, noble, digne, douce et généreuse ; une lettre qui demeurât un monument.

2° Il faut exécuter *simplement* les concessions faites par le Père général ; *ni plus ni moins*, dans le sens naturel, le plus modéré ; en un mot, dès qu'on cède, il le faut bien faire, s'exécuter vaillamment, et honorer par là son sacrifice ; c'est aussi travailler plus sûrement pour l'avenir. Vous songeriez même à vendre une ou deux de vos maisons, à Paris, par exemple, ou à Lyon, que je ne vous blâmerais pas ; je conçois pourtant que vous ne le fassiez point ; mais ce que je puis comprendre, c'est qu'il soit question de vendre tous les immeubles.

3° J'ai entendu dire à votre Général et à vous-même que la plupart de vos Pères de France désiraient ardemment se dévouer aux Missions étrangères. Si quelques-uns de vous partaient pour la Chine, pour l'Amérique, l'effet serait immense en France et en Europe.

J'achève promptement cette lettre. J'avais la pensée d'écrire à votre Père général : croyez-vous qu'une copie de cette lettre puisse servir à quelque chose auprès de lui ? Veuillez la communiquer à M. de Montalembert et à nos amis, si vous croyez cela utile. L'attitude et le langage de l'*Univers* sont bien ce qu'il faut, triste et digne ; faites-leur bien mon compliment, je vous prie. Pourquoi ne verriez-vous pas M. Molé ? je croirais cela bon de toute façon.

Je ne comprends rien à M. de Salle : c'est au contraire le moment. J'étais prêt à revenir, je le suis encore quand vous me le demanderez. Écrivez-moi à Bâle, poste restante, ou à Schwitz chez vos Pères, de suite : je serais bien enchanté de pouvoir, moi et mes deux compagnons, loger chez eux, dans un coin, en passant : seriez-vous assez bon pour leur en écrire deux mots immédiatement ? Mais, du reste, qu'ils ne se gênent en rien...

« La sortie a été faite, s'écria M. de Montalembert, et elle a réussi. Mais, sachez-le, rien n'est fini. Nous vous attendrons sur ce même terrain l'année prochaine. »

Les catholiques avaient donné un beau spectacle en se levant tous pour la défense des religieux menacés. Ils en donnèrent un plus beau peut-être en se soumettant sans réserve à des désirs supérieurs, et en se maintenant dans d'invincibles espérances.

Du reste, avant la lettre du R. P. Roothaan aux jésuites de France, parut au *Moniteur* du 6 juillet 1845, dans la partie

non officielle, la note suivante, déjà publiée par le *Messager*
et dont l'origine n'a pu être bien expliquée; « *Le gouverne-*
ment du roi a reçu des nouvelles de Rome. La négociation dont
il avait chargé M. Rossi a atteint son but. La congrégation des
jésuites cessera d'exister en France, et va se disperser d'elle-
même. Ses maisons seront fermées et ses noviciats dissous.

Cette note, désavouée par M. Rossi, reconnue comme au-
thentique par M. Guizot, a contribué puissamment à tromper
l'opinion publique. Il n'est pas rare de rencontrer des hommes qui vous affirment que les jésuites ont été sacrifiés directement et formellement par Grégoire XVI.

C'est avec Grégoire XVI en effet que traitait le représentant du gouvernement français. En disant simplement qu'il a
réussi à obtenir ce qu'il demandait, le *Moniteur* affirme implicitement que le Pape a cédé et prescrit la dispersion des
jésuites. On a vu cependant ce qui en était, et le cas qu'il convient de faire de certaines allégations.

M. l'abbé Dupanloup avait composé sur les questions alors
agitées, la question de la liberté d'enseignement et celle des
associations religieuses, un ouvrage important qu'il intitula
la Pacification religieuse. Le livre parut après les événements
dont il vient d'être question, et obtint les suffrages les plus
précieux et les plus autorisés.

Dans son introduction, l'habile polémiste fait sa profession
de foi, assigne à chacune des deux puissances alors en lutte
sa part d'autorité et indique quelles sont les conditions de la
paix.

« Hommes de la société spirituelle, dit-il, nous abandonnons
exclusivement et sans regrets, à la société laïque, le gouvernement des peuples, quelque forme qu'il revête. Nous ne nous ren-
fermons pas cependant dans cette abnégation passive. Nous venons en aide à la société laïque en lui donnant ce qu'il ne lui est
pas possible de se donner elle-même, c'est-à-dire des âmes préparées aux vertus sociales, dévouées au bien de l'humanité, dignes
de l'honorer, capables de la servir. Nous proclamons le pouvoir
de la société laïque ; nous le recommandons au respect, à l'obéissance, à l'amour des hommes; nous le regardons comme l'expression extérieure de la providence de Dieu. Pour nous, ses droits

sont sacrés, sa gloire nous est chère, ses malheurs sont les nôtres ; nous partageons toutes ses destinées, nous obéissons à ses lois : et, après Dieu, il n'est rien qui sollicite et remue plus profondé- ment notre cœur, notre conscience, notre dévoûment, que le nom et la voix de la patrie.

» Temporellement soumis au pouvoir temporel, celui-ci nous gouverne, nous emploie, nous plie à tous ses besoins, à toutes ses formes ; mais, au-dessus des choses de ce monde, la société spi- rituelle réclame les âmes comme son domaine spécial, comme sa charge providentielle. Elle les forme par la société laïque, mais elle ne s'en dépossède pas ; l'une en a l'usage dans son but tem- porel, l'autre la responsabilité dans son but éternel. Ces deux so- ciétés en un mot, parallèles plutôt que rivales, sont faites pour vivre ensemble sans se confondre ; tout empiétement de l'une sur l'autre est un malheur ; le problème ne peut se résoudre que par leur indépendance réciproque, c'est-à-dire, par la liberté : la li- berté, c'est la paix !

» La paix ! je répète à dessein ce mot : c'est le vœu de notre cœur. La paix ! personne ne la désire plus que nous: non, certes, que nous redoutions jamais les chances de la guerre : Il y a dix- huit cents ans que nous la soutenons avec courage, quelque- fois éprouvés jamais vaincus ; perdant quelquefois des soldats, ja- mais des batailles ; et, à quelque prix que nous achetions la vic- toire, assurés qu'elle ne nous manquera jamais. Nous préférons la paix cependant : c'est pour elle que l'Eglise a toujours com- battu, parce que la paix, même en ce monde, est le but de l'Évan- gile et surtout le bien des hommes. Voilà pourquoi nous n'avons pas honte de demander la paix, alors même que nous sommes injustement attaqués.

» Mais la paix que nous voulons, c'est la paix dans la justice ; toute autre paix serait le sacrifice des droits de la vérité : ce se- rait la honte. Nous pouvons, nous devons être humbles ; nous ne pouvons, nous ne devons jamais être vils. On peut nous haïr ; nous ne voulons pas qu'on puisse nous mépriser. Si donc l'on nous offre une paix servile, une paix qui nous commande l'abandon de ce que Dieu nous ordonne de défendre, une paix comme on peut l'offrir à des hommes sans cœur, à des vaincus, nous n'en voulons pas. Ce n'est plus la paix : c'est la servitude que l'on nous apporte, cette servitude des âmes contre laquelle l'Église s'est toujours armée du droit de résistance. C'est la guerre dont on nous impose malgré nous l'obligation. On veut nous faire grâce, et nous demandons justice ; nous la demandons à notre manière,

la charité dans le cœur, la raison sur les lèvres, l'Évangile et
la Charte à la main. »

Le pape lui envoya un bref très laudatif, daté du 20 juillet ;
et le R. P. Roothaan lui écrit en date du 8 juillet :

« Je reçois en ce moment votre cher billet du 14 juin où
» vous m'annoncez l'envoi de votre dernier ouvrage *de la*
» *Pacification religieuse*.... Mille, mille remerciements. Hier,
» j'avais fini de le lire, de le dévorer. Impossible de vous dire
» quelles délices j'ai goûtées. Combien de fois je me suis senti
» poussé, forcé de vous féliciter, de vous remercier, de vous
» embrasser, pour ces belles pages pleines de la sagesse qu'ins-
» pire la foi. Oh ! que les passions sont fortes, celles qui ré-
» sistent à ces rayons du soleil de justice ! Espérons, oui,
» qu'avec le temps les ombres seront dissipées et qu'enfin
» nous verrons la paix dans la justice. »

Aussi l'effet produit fut immense, et il se fit sentir sur les
esprits d'opinions très diverses.

Après avoir annoncé, au début de son livre, qu'il vient apporter une invitation à la paix, mais à la paix dans la liberté,
dans la justice, et jamais à la paix dans le sacrifice des droits
de la vérité, ce qui serait la honte ; il montre, avec l'indiscutable évidence des faits, que jusqu'à ce jour, dans tous les projets de lois le gouvernement n'a jamais offert aux catholiques
qu'une paix servile, qu'ils ne sauraient accepter sans s'avilir, à
laquelle par conséquent ils ne consentiront jamais.

Leurs exigences ensuite sont-elles si grandes que l'on ne
puisse les satisfaire ? Ils ne font que revendiquer les libertés
essentielles et promises par la *Charte*. Et s'ils veulent concourir avec l'*Université* à la formation intellectuelle des jeunes
générations, prétendrait-on soutenir que leur enseignement
est insuffisant et manque de sérieux ? Mais que l'on examine,
que l'on compare, et l'on verra.

En traitant de ces libertés légitimes qui ne sauraient être
refusées aux catholiques que par la plus criante des injustices,
il vint à parler des *associations religieuses*. Ce chapitre avait
déjà été publié à part, et il reparut dans la *Pacification religieuse* à la place qui lui avait été précédemment destinée.

Il y est établi que ces lois d'exceptions, portées contre les religieux, blessent à la fois les droits des citoyens, de la conscience, de la saine raison. Un Israélite de toute nuance, un protestant de toute secte, un franc-maçon, un athée, un matérialiste, peuvent vivre librement en France, y enseigner même ; un catholique est déjà mis en suspicion ; un religieux est exclu, privé des privilèges de droit commun, il est mis sur le pied des repris de justice.

Mais il termine par une profession de foi magnifique de courage. Il annonce que les catholiques triompheront, parce qu'ils ont le temps pour eux :

« Nous autres catholiques, nous avons toujours le temps,
» et c'est le secret de notre patience, *patiens quia æternus*,
» nous, nous ne travaillons pas pour nous, et notre vie est lon-
» gue ; nous travaillons pour la vérité et la justice qui nous
» survivront, et qui nous feront survivre à nous-mêmes et
» triompher, avec nos fils dans le temps, et avec elles dans
» l'éternité. »

Après la publication de la *Pacification religieuse*, l'abbé Dupanloup, pour se reposer des fatigues imposées par ses travaux, fit un long voyage de vacances à travers la Belgique, les provinces Rhénanes, sa chère Savoie, la Suisse, la Haute-Italie, et il était de retour à Paris le 29 du mois d'août.

Son petit séminaire n'avait fait que prospérer, et la rentrée de 1845 fut encore plus brillante que celles qui l'avaient précédée. La réputation si bien justifiée dont elle jouissait au point de vue de la discipline, de l'éducation et des fortes études, y faisait affluer les élèves de toute part. On allait en compter cette année deux cent cinquante, et l'on était dans l'obligation de refuser un grand nombre de demandes.

Déjà on avait fait l'acquisition de Gentilly, et l'on venait d'acheter l'ancienne brasserie qui avait appartenu à Santerre et qui se trouvait située dans la rue de Notre-Dame des-Champs. Les dispositions avaient été prises pour transformer ces vastes bâtiments en maison d'éducation, lorsque l'abbé Dupanloup se vit enlever la direction de son établissement.

Ce n'est pas à Saint-Nicolas seulement que son passage fit du bien, mais nous osons dire à tous les établissements de

France. Il releva aux yeux des hommes du monde la valeur de l'enseignement ecclésiastique ; il montra ce que l'on était en droit d'attendre des établissements religieux qui sauraient employer de bonnes méthodes, une discipline douce, constante et ferme, et surtout les puissants mobiles de la conscience et de la religion. Les réformes introduites à Saint-Nicolas furent, à notre jugement, le point de départ d'une impulsion vigoureuse et profitable aux maisons ecclésiastiques d'éducation.

Dans les débats soulevés sur la question de la liberté de l'enseignement, oserait-on affirmer que le petit séminaire de Saint-Nicolas n'a pas contribué pour sa part à la victoire, restreinte sans doute, mais réelle, qu'ont fini par remporter les catholiques ? Que de fois, en effet, son exemple ne fut-il pas apporté comme une réponse péremptoire à ceux qui osaient mettre en doute la force des études dans les maisons tenues par les ecclésiastiques. Plus d'une fois nos adversaires furent contraints d'en faire l'aveu, et Thiers, dans son rapport dirigé contre les petits séminaires, n'avait pu s'empêcher de lui rendre un public hommage.

Mais Mgr Affre n'avait pas les mêmes vues ; il le remplaça à la tête de la maison par M. l'abbé Millaut, l'un de ses collaborateurs, et l'abbé Dupanloup se retira en prêtre soumis, sans faire entendre la moindre récrimination.

L'archevêque ne tarda pas à le nommer chanoine titulaire de Notre-Dame, montrant ainsi que s'il ne le laissait plus à la tête de son petit séminaire, il n'en était pas moins toujours plein d'estime pour son mérite.

CHAPITRE X

L'abbé Dupanloup chanoine de Notre-Dame (1845-1847).

La réputation de l'abbé Dupanloup avait franchi les monts. Le roi de Sardaigne, se souvenant qu'il était enfant de la Savoie, voulut le rattacher à son pays de naissance en lui offrant un siège épiscopal. Il chargea donc le marquis de Brignoles, son ambassadeur auprès du gouvernement français, de lui proposer l'évêché d'Annecy.

Le moment semblait favorable ; sa retraite de Saint-Nicolas venait de rompre les liens les plus forts qui le retinssent à Paris, et il n'était pas encore appelé à faire partie du chapitre de Notre-Dame. Il n'hésita pas à refuser des offres qui auraient été de nature à tenter une âme ambitieuse. En même temps le Pape lui envoyait le titre de *protonotaire apostolique*, avec le privilège de se servir d'un autel portatif pour célébrer la sainte messe chez lui, à la seule condition d'en prévenir l'archevêque de Paris.

Les trois années qui suivirent sa nomination au canonicat de Notre-Dame furent trois années d'un calme relatif. Après les grandes luttes soutenues durant les années 1843, 44, 45, on se reposait de part et d'autre, et l'on se préparait pour d'autres combats. Le nouveau chanoine en profita pour se livrer tout entier au double ministère de la direction et de la prédication.

Mais il n'oublia pas ses chers élèves de Saint-Nicolas comme on le voit par la belle lettre dont nous ne pouvons priver nos lecteurs :

Mes chers enfants,

Je vous ai quittés ce matin : Dieu seul a entendu mes regrets. Je n'ai pas eu le courage de vous les exprimer. Je vous ai fait mes adieux en priant pour vous ; vous m'avez fait les vôtres, en priant avec moi.

Déjà, le jour de la Toussaint, vous avez pu entrevoir le secret de mon âme. Nous nous sommes séparés sur la pensée du ciel : nous nous y retrouverons tous un jour, je l'espère. Demandez-le pour moi au bon Dieu. Je le demanderai pour vous, tous les jours de ma vie, jusqu'à mon dernier soupir.

M. Millaut, que votre cœur connaît, devient votre supérieur : vous savez son dévouement pour vous. A cet égard, je n'ai rien à vous apprendre, quoique nul ne sache mieux que moi que ce dévouement n'a jamais connu de bornes.

Quant à ces Messieurs, toute ma consolation est de vous laisser confiés à leurs soins si éclairés et à leur tendre affection : que votre docilité, votre respect, votre reconnaissance ne leur manquent jamais. Croyez-moi : plus vous avancerez dans la vie, plus vous reconnaîtrez qu'on y rencontre bien rarement une réunion d'hommes d'un mérite si élevé, joint à un dévouement si profond pour votre âge. Ils ont fait, pendant dix ans, la douceur de ma vie. Je n'ai jamais eu, je n'aurai jamais d'amis plus précieux.

Quant à moi, vos noms me seront toujours chers : je vous aimais, vous le savez. En quelque temps et en quelque lieu du monde que nous nous rencontrions, à quelque distance que ce soit de ce temps, de ce lieu, de ce jour, vous retrouverez mon cœur, ce qu'il fut pour vous aux jours de votre enfance et au moment de notre séparation.

Je vous embrasse et je vous bénis tous du fond de mon âme. Adieu.

4 novembre 1845.

Le talent de l'abbé Dupanloup avait grandi pendant les années si laborieuses qu'il venait de traverser, et c'est maintenant que nous allons le voir nous donner la véritable mesure de ses forces, obtenir les succès les plus consolants.

Les relations qu'il eut comme directeur sont vraiment extraordinaires, et l'on conçoit difficilement qu'il ait pu se multiplier au point de suffire à d'aussi nombreuses sollicitations. Et cependant chacune des âmes à laquelle il donnait ses soins, pouvait être assurée de trouver la direction qui lui convenait, qui allait à sa trempe de caractère, à ses tendances, à ses besoins, aux circonstances où l'avait placée là Providence. On venait à lui des différents quartiers de Paris, des villes et des villages de la province; on lui écrivait des pays étrangers; on lui adressait de pauvres égarés dans les sectes protestantes, dans les voies du schisme, et il répondait à tous, et à le voir traiter chaque demande particulière on aurait pu croire qu'elle occupait exclusivement son attention.

Solidement établi dans les voies intérieures par une inviolable fidélité à la pratique de l'oraison et à tous ses exercices de piété, profondément instruit sur tous les besoins et sur toutes les faiblesses du cœur humain par l'habitude persévérante de la méditation, il avait aussitôt découvert ce qui convenait à chaque pénitent et il savait appliquer les prescriptions de la manière la mieux appropriée et la plus fructueuse.

Comme prédicateur, il se fit surtout remarquer par le *Jubilé de Liège*, le *Carême de Saint-Vincent de Paul* et l'*Avent de Saint-Sulpice*.

Au mois de juin de l'année 1846 s'ouvrait « une des plus grandes manifestations religieuses dont ait été témoin le dix-neuvième siècle[1], » le *sixième jubilé séculaire* de la fête du Saint-Sacrement qui fut d'abord instituée à Liège et de là se répandit dans toute l'Eglise.

L'affluence fut extraordinaire. Le P. Lacordaire, le P. de Ravignan, l'abbé Dupanloup et plusieurs autres prédicateurs furent invités à y porter la parole. Le P. Lacordaire ne put s'y rendre; après quelques instructions, le P. de Ravignan fut frappé d'une extinction complète de voix et dut renoncer absolument à toute prédication. L'abbé Dupanloup resta debout jusqu'à la fin, mais au prix de fatigues inouïes.

Sa santé en fut ébranlée, et il eut besoin de repos pour la rétablir. Il alla le prendre d'abord à Hernsheim, mais surtout à Haute-Combe, délicieuse abbaye dans la Savoie, « où il est entouré d'eaux et de montagnes; on ne peut parvenir jusqu'à lui qu'en passant le lac, et il voit venir de loin ses visiteurs, » écrit-il à la princesse de Borghèse.

Il fait des excursions avec M. Albert du Boys qu'il rencontre à Aix; il va visiter à Chalais le P. Lacordaire qui vient d'y fonder un couvent de Dominicains, et s'entretient avec lui des grandes questions à l'ordre du jour, la liberté de l'enseignement, les droits de l'Eglise à revendiquer; il se rencontre à Chambéry avec M. de Montalembert, et ils traitent ensemble des intérêts religieux, des meilleurs moyens de les défendre.

Mais l'élection du Pape Pie IX l'attirait à Rome. Il avait hâte de voir par lui-même celui que les cardinaux réunis en conclave avaient choisi, le 16 juin 1846, pour remplacer le vénérable Grégoire XVI.

Le nouveau pontife était relativement jeune; il n'avait pas cinquante ans. Son avénement avait été accueilli avec joie

----

1. *Ami de la Religion*; t. CXXIX, p. 757.

par le monde catholique, et les réformes qu'il s'empressa d'accomplir au sein de son gouvernement temporel, dans un sens favorable aux aspirations modernes, soulevèrent un véritable enthousiasme dans l'Italie, en particulier dans les états pontificaux. Hélas! Pie IX ne devait pas tarder à apprendre par une cruelle expérience le peu de sincérité de ces prétendues revendications populaires soulevées par les meneurs des sociétés secrètes.

On ne fait jamais sa part à la révolution; elle n'a d'autre but que la destruction de toute autorité légitime aussi bien que de toute religion. Les concessions que l'on pourrait lui accorder ne sauraient la contenter; elles ont pour unique résultat de l'exciter davantage, de la rendre de plus en plus exigeante. Mais au moment où l'abbé Dupanloup se rendait à Rome, loin de prévoir l'exil de Gaëte pourtant si rapproché, on ne songeait qu'à se réjouir du bonheur public; la capitale du monde catholique était toute dans la jubilation.

Il n'était lui-même que trop favorablement disposé à partager les illusions généreuses du Souverain Pontife, et il ne peut retenir un cri d'admiration au spectacle de la fièvre d'enthousiasme, de l'enivrement de joie au sein duquel est plongé le peuple romain. Au reste Pie IX, dès la première audience, exerce sur lui ce pouvoir irrésistible et fascinateur contre lequel n'ont jamais su se défendre ceux qui ont eu le bonheur de l'approcher.

Le Pape est pour lui plein de bonté, de délicates prévenances. Le cardinal Lambruschini lui a facilité la première audience; mais ensuite il n'a plus besoin d'aucune recommandation. Le Souverain Pontife l'a distingué du commun, il l'a entretenu de ses amis de France, de M. de Montalembert en particulier, de leurs luttes pour les libertés religieuses; il l'a encouragé à persévérer; il l'a béni lui et ses œuvres; et dè ce jour il peut se glorifier d'avoir une place privilégiée dans les souvenirs affectueux du Père des fidèles. D'autres audiences qu'il obtient ne sont pas moins pleines de cordiale expansion.

On comprend combien des félicitations, venues de si haut et données avec tant de gracieuse aménité, sont de nature à soutenir, à encourager. Aussi bien le voyageur revient-

Mgr DUPANLOUP.   7

il en France animé de nouvelles forces, résolu à se dépenser avec plus d'énergie à la cause du bien ; et la flamme dont il était rempli, il cherchait à la communiquer à tous ses amis.

Peu après son retour il prêcha l'avent à Saint-Sulpice, et il lui fallut recommencer le combat pour la liberté de l'enseignement.

Après les grandes discussions qui s'étaient produites en 1845, il y avait eu comme une trêve tacite entre les partis. L'assemblée législative arrivait à la fin de son mandat ; elle n'avait plus devant elle le temps nécessaire pour soulever et trancher d'importants débats. Les députés voulurent terminer leur session en paix, et attendre une nouvelle législature.

M. de Montalembert n'était pas resté plus inactif que l'abbé Dupanloup. Pendant que celui-ci se livrait à la prédication et à la direction des âmes ou se rendait à Rome pour se retremper et puiser des forces au centre de la foi, au foyer même des inspirations catholiques et généreuses, le jeune et noble comte grandissait en talent et influence dans les luttes parlementaires. Il avait déjà fait paraître sa brochure *Du devoir des catholiques dans les élections*, et il multipliait les circulaires pour enflammer le zèle des catholiques. Tant d'efforts ne furent pas stériles ; on compta dans l'assemblée nouvelle cent cinquante députés favorables aux idées soutenues en matière d'enseignement par nos valeureux champions.

Un nouvel écrit de l'abbé Dupanloup l'*Etat de la question*, reprit la lutte pour la liberté de l'enseignement. C'est avec cet écrit que se dessine la funeste division des catholiques en deux camps, d'abord opposés de vue et bientôt ennemis. Les uns, à la suite de l'*Univers*, auraient voulu une liberté plus complète et ne souffraient pas de transaction avec l'*Université*; les autres, avec M. Dupanloup et M. de Montalembert, jugeaient l'obtention de cette liberté complète absolument impossible ; ils cherchaient par quelques concessions secondaires à gagner assez de partisans pour arriver, sinon à la liberté entière, au moins à une liberté relative, de laquelle on chercherait à tirer le plus de profit possible, et par laquelle peut-être on parviendrait, dans la suite, à opérer de plus grandes conquêtes.

Il eût mieux valu, sans doute, une pleine liberté, s'il avait été possible de l'espérer. Mais la liberté restreinte qui fut obtenue n'a pas été stérile; les heureux fruits de la loi de 1850 prouvent que M. Dupanloup et ses amis méritèrent bien de l'Église et de la société. Peut-être auraient-ils pu obtenir davantage? Il est au moins permis d'en douter. Mais en tout cas ce qu'ils obtinrent a été précieux, et que trop d'exigences ne nous rendent pas ingrats!

Au 12 avril 1847, un nouveau projet de loi fut déposé par M. de Salvandy, successeur de Villemain au ministère de l'instruction publique. Ce projet apporta encore une amère déception aux catholiques. On leur accordait des louanges; mais on leur refusait la liberté. Dans moins de quinze jours l'abbé Dupanloup eut composé un nouvel écrit qu'il publia le 25 avril, sous le titre de *Nouveau projet de loi sur la liberté d'enseignement*.

Il s'y proclame défenseur inflexible mais charitable de la vérité, se souvenant toujours des paroles que Pie IX a daigné lui adresser : « Il faut continuer à réclamer la liberté » d'enseignement avec fermeté, avec courage, mais aussi » avec charité. »

Après cette profession de foi, il entre en matière et montre :

1° Que le nouveau projet de loi est incomparablement moins libéral que le projet de M. Guizot, voté par la Chambre des députés en 1837;

2° Que le nouveau projet de loi anéantit toutes les libertés d'enseignement dont on jouissait sous le régime du monopole ;

3° Que le nouveau projet de loi conserve les restrictions et les entraves les plus exorbitantes de l'ancien monopole ;

4° Que le nouveau projet de loi prépare l'entier anéantissement des institutions de plein exercice actuellement existantes, et rend, pour l'avenir, l'existence des établissements libres absolument impossible ;

5° Que le nouveau projet de loi blesse au cœur le principe même de la liberté d'enseignement en instituant l'*Université* juge et arbitre de ses concurrents.

Ce cadre, bien rempli, avec un style clair, vivant, rapide,

nourri de faits concluants, produisit une grande impression et valut à l'auteur les meilleurs suffrages. « *Bonum certamen cer-* » *tasti*, lui écrivit le vaillant évêque de Langres, vous avez » combattu un bon combat, et l'Église en ce moment place une » invisible couronne sur votre tête. »

M. Liadières, chargé du rapport sur le projet de loi de M. de Salvandy, apporta encore plus d'entraves à la liberté, et il demandait que nul ne fût admis à enseigner qu'il n'eût au préalable déclaré n'appartenir à aucune congrégation.

Ce fut l'occasion de deux nouveaux écrits : *Les Petits Séminaires, la vérité simple sur cette question ;* et *les Associations religieuses, le véritable état de la question.* Dans les dernières lignes du second il appelle au bon sens par lequel la Providence fait toujours à la longue triompher la cause des honnêtes gens.

Mais la discussion ne devait pas reprendre à la tribune en cette occasion. Des événements plus graves allaient préoccuper l'opinion publique. Ce fut d'abord en Suisse l'écrasement du *Sonderbund* ou ligue des cantons catholiques, et bientôt après la révolution de février 1848 qui emportait la dynastie de 1830 et ouvrait sur la France les plus sombres perspectives.

CHAPITRE XI

Révolution de février 1848. Expédition de Rome.

Louis-Philippe, il faut le reconnaître, avait manœuvré avec habileté au milieu des difficultés sans nombre qui ne cessèrent d'entraver sa marche, et il avait su pendant dix-huit ans triompher des coups de vent qui étaient venus assaillir son trône. Mais enfin, son pouvoir n'avait aucun principe solide où s'appuyer ; au milieu des agitations, des flots incessants, il ne pouvait trouver d'endroit pour jeter l'ancre un seul instant. Il lui fallait toujours louvoyer, et un jour devait venir où un coup de vent l'emporterait.

La révolution de février menaça un instant d'engloutir tout l'ordre civilisé sous les revendications socialistes. Cependant elle ne fut pas précisément antireligieuse. Le clergé, que le gouvernement de Louis-Philippe avait toujours traité avec suspicion, bénéficia des haines et des rancunes soulevées contre le pouvoir tombé, et l'assemblée constituante, sortie des élections du 23 avril, fut en majorité favorable aux intérêts religieux. On y remarquait la présence de trois évêques, Messeigneurs de Langres, d'Orléans et de Quimper, ainsi que celle de Berryer, de Montalembert et de Falloux, tous trois champions déterminés de la cause religieuse.

Mais cette assemblée, quoique remplie de bonnes intentions, manquait de détermination ; les éléments qui la composaient étaient trop disparates pour que l'on fût en droit d'en attendre des actes énergiques. Aussi dans toutes ses résolutions remarque-t-on quelque chose d'indécis, de timide, comme provenant d'une volonté qui ne sait jamais franchement aborder les difficultés, ni prononcer nettement sur ce qu'elle veut atteindre.

Le premier acte qu'elle produisit, la nomination des cinq membres du pouvoir exécutif, trahit aussitôt ce manque de cohésion et de volonté. Ce fut une réunion forcée d'éléments hétérogènes qui allaient s'entraver réciproquement et empêcher toute vue d'ensemble, toute décision énergique. Comment voulait-on par exemple que Lamartine et Ledru-Rollin pussent s'entendre ? Et voilà que la démagogie, un instant étonnée par le résultat des élections, ne tarda pas à reprendre courage, à relever la tête, et bientôt éclata la terrible insurrection de juin.

La commission exécutive que ses divisions paralysaient, sut du moins comprendre qu'il fallait céder la place à un chef unique ; elle résigna ses pouvoirs au général Cavaignac, depuis peu ministre de la guerre et investi pour la circonstance d'une dictature militaire. Une lutte fratricide s'engagea dans les rues de Paris entre les insurgés et les soldats de l'ordre.

On sait la mort héroïque de Mgr Affre, frappé d'une balle meurtrière au moment où il paraissait sur les barricades, une branche d'olivier à la main, pour porter des propositions de paix. Son sang du moins éteignit le feu de la bataille, et l'ordre triompha, et le clergé y gagna en sympathie et en considération auprès de tous.

Mais de nouvelles complications allaient surgir du côté de Rome.

Les réformes de Pie IX, d'abord accueillies avec tant d'enthousiasme, n'avaient pas tardé à paraître insuffisantes. C'est que les sectaires d'Italie ne se préoccupaient pas précisément de la liberté et du bonheur du peuple. Leur objectif unique était le renversement de la société par la destruction de toute autorité civile et religieuse.

S'ils avaient été sincères dans leurs réclamations, le nouveau Pape les aurait contentés; car il ne négligea rien de ce qu'il pouvait croire propre à rendre ses sujets heureux. Mais que leur importait le peuple? Il s'agissait de détruire les pouvoirs établis afin de parvenir eux-mêmes à les remplacer. Les concessions de Pie IX eurent du moins le bon résultat de montrer leur insigne mauvaise foi.

La révolution avait donc éclaté à Rome, et le Pape avait été obligé de s'enfuir à Gaëte.

Le monde catholique s'était ému à l'annonce des dangers qui menaçaient le Père commun des fidèles. Le général Cavaignac, faisant droit aux sentiments de l'immense majorité des Français, avait envoyé, le 24 novembre, M. de Corcelles auprès du Souverain-Pontife. Il lui offrait un refuge en France dans l'hypothèse qu'il voudrait sortir de ses états, en même temps qu'une brigade de 3,500 hommes pour faciliter son voyage et le protéger; et il écrivait lui-même à Pie IX une lettre pleine de nobles sentiments pour le prier d'accepter l'hospitalité du sol français.

Mais le Pape avait déjà quitté Rome, le jour même où M. de Corcelles partait de Paris pour se rendre auprès de Sa Sainteté; il s'était réfugié à Gaëte, dans les états du roi de Naples Ferdinand II, et sa capitale était en proie aux révolutionnaires. Le monde catholique fut réellement plongé dans le plus douloureux étonnement; de toute part on comprit que le temps des protestations était passé, qu'il fallait agir.

L'Espagne et l'Autriche se préparaient à intervenir. Mais il importait pour la France qu'elle ne se laissât pas prévenir, qu'elle sût en ces circonstances décisives entrer dans son rôle de Fille aînée de l'Église, rendre à la liberté le chef des catholiques, et lui restituer ces mêmes états qu'il tient de la libéralité de nos rois Pépin et Charlemagne. Les catholiques le comprenaient, et cette considération allait exercer une grande influence dans l'élection présidentielle qui devait avoir lieu.

Deux candidats étaient particulièrement en présence et semblaient appelés à se partager les suffrages des Français, le général Cavaignac et le prince Louis-Napoléon.

Le général avait pour lui la victoire qu'il venait de remporter sur l'émeute et par laquelle il avait sauvé la société, ainsi que sa loyale conduite depuis qu'il était au pouvoir. Mais les conservateurs lui reprochaient ses opinions républicaines avancées, et surtout le crédit qu'il accordait à ceux de son entourage et qui étaient loin d'inspirer la même confiance que lui. Les catholiques étaient dans les mêmes dispositions ; l'envoi de M. de Corcelles et la lettre au Pape ne leur paraissaient pas des garanties suffisantes. Il fallait plus qu'offrir un asile au Pape, et le général ne promettait pas une intervention plus active.

Le prince Louis-Napoléon avait en sa faveur les souvenirs glorieux de son oncle et le prestige du nom qu'il portait. Son passé n'était pas de nature à rassurer les catholiques qui ne pouvaient oublier ses premières armes faites contre la papauté. Mais à la veille des élections, il sut comprendre la véritable situation, et il prit l'engagement de venir au secours du Pape, en écrivant au Nonce « qu'à ses yeux le maintien de la souve- » raineté temporelle du chef vénérable de l'Eglise est intime- » ment lié à l'éclat du Catholicisme comme à la liberté et à » l'indépendance de l'Italie. » Les royalistes à leur tour le préféraient à Cavaignac. Ils prétendaient bien l'empêcher de rétablir jamais l'empire, et d'un autre côté ils comptaient par lui préparer les voies à la monarchie.

Les uns et les autres furent trompés par cet homme énigmatique, dont le visage était un masque impénétrable sur lequel personne ne put jamais lire le vrai fond de sa pensée. Mais à ce moment les uns avaient confiance en ses engagements, et les autres espéraient se servir de lui, et ils patronnèrent sa candidature qui obtint une majorité considérable.

Nommé président, le prince ne put se refuser à remplir les engagements qu'il avait pris à l'égard des catholiques. D'ailleurs l'Autriche allait entrer en campagne, et pour la réalisation de ses desseins il lui importait de ne pas laisser cette puissance s'établir seule arbitre des destinées de l'Italie. Mais l'idée qu'il caressait et qu'il parviendra à mettre à exécution, en 1859, pour le malheur de la France, c'était de faire intervenir le Piémont, en lui prêtant l'appui de la France, de lui acquérir ainsi une situation prépondérante dans la Péninsule, et par là d'amener l'*Unité italienne.*

Le moment n'était pas encore venu, les esprits n'étaient pas préparés, et il résolut d'agir directement au nom de la France. L'expédition romaine fut décidée et menée à bon terme, et le Pape fut remis en possession de ses états par l'épée de la France.

L'abbé Dupanloup venait d'acquérir l'*Ami de la Religion.*

Il fit connaître en ces termes le caractère de sa polémique :

« Les luttes, écrivait-il dès 1847, les guerres de paroles, les discussions sont inévitables parmi les hommes : je ne dis point assez, elles sont utiles ; elles servent la vérité et la justice : elles les font triompher. Les hommes ont besoin de s'expliquer pour s'entendre ; la lumière jaillit de la discussion, et la vérité n'est jamais plus ferme, plus éclatante, plus radieuse, que quand elle sort des chocs ou des nuages de la contradiction.

» Mais si les discussions veulent éclairer, c'est, selon moi, à la condition de rester calmes sans faiblesse, fermes et animées sans dégénérer en querelles irritantes.

» Pour moi, il est de mon caractère comme de mon devoir, toutes les fois que j'entre dans cette discussion, de me souvenir de trois choses : que je suis homme, que je suis chrétien, que je suis prêtre.

» Comme homme, je respecte mes adversaires, non seulement parce que je veux qu'ils me respectent aussi, mais parce que je me respecte moi-même. Je le ferais encore, alors même qu'ils ne me respecteraient point ; à mes yeux, leurs torts ne justifieraient pas les miens ; et s'il n'y avait aucun moyen de les respecter, je ne discuterais plus avec eux.

» Comme chrétien, je ne sépare jamais la charité de la vérité. La vérité est immuable, inflexible ; mais, dise qui voudra *qu'elle est implacable*[1] : je pense autrement. Pour moi, la vérité et la charité sont sœurs.

»—La charité toutefois, n'est pas la faiblesse : elle n'empêche ni la force, ni au besoin la magnanimité ; au contraire, c'est elle qui les inspire. Elle n'empêche ni d'élever hardiment la voix, ni d'abattre ses adversaires sous le poids de la raison, ni de lutter enfin avec un courage indomptable. Mais elle sait attaquer les choses sans blesser les hommes, et elle se garde de confondre le langage de la raison avec cette véhémence emportée qui n'éclaire jamais, irrite toujours, et n'impose à personne.

» Comme prêtre surtout, je ne puis oublier que je suis le ministre obligé de la paix : si la vérité doit éclairer les hommes, c'est la paix qui doit les réunir. Je me souviens que je suis le ministre d'une Église qui assurément ne craint pas la guerre, mais qui n'en a pas besoin pour vivre, et qui, tout en combattant toujours, a toujours préféré la paix pour le salut des âmes. L'Église invoque toujours et au même degré la vérité et la paix ; elle ne se réjouit jamais du mal ; elle n'invoque jamais le mal pour arriver au bien ; elle ne veut jamais aucun mal à ses adversaires. Ceux qui chantent sa mort, elle les laisse chanter, sûre de son immortelle vie et de son infaillible triomphe. »

Grâce à son activité, secondée par des rédacteurs de premier mérite, tels que MM. Henri et Charles de Riancey, le P. de Ravignan, M. de Montalembert, M. de Falloux, M. de Champagny, ce journal reprit une nouvelle vie, et dut être regardé comme un organe influent dans la presse. Il y publia pour sa part un certain nombre d'articles sur la *souveraineté pontificale*, qui furent très remarqués et méritaient de l'être. Pie IX aimait à les lire à Gaëte ; ils lui étaient une douce compensation aux amertumes de l'exil.

Mais nous allons poursuivre le récit des luttes pour la liberté de l'enseignement, et l'abbé Dupanloup y prendra la plus large part, tant par son journal, l'*Ami de la Religion*, que par sa présence dans la commission chargée de préparer le projet de loi.

---

1. On sait que ce fut en 1845, à la Chambre des députés, le triste mot d'un des plus ardents adversaires du clergé.

CHAPITRE XII

L'abbé Dupanloup perd sa mère (1849).

Au milieu des préoccupations que lui apportaient ces luttes incessantes et des consolations amenées par les résultats, l'abbé Dupanloup fut frappé d'un coup terrible dans ses affections les plus légitimes et les plus vives.

Nous avons déjà eu l'occasion de dire combien il aimait sa mère. Nous avons cité plusieurs lettres qui montrent la tendre affection qui unissait le fils et la mère. Nous devons cependant encore en citer une qui nous fasse connaître les sentiments de leur cœur.

14 septembre 1822.

C'est encore moi, bonne mère : tu ne t'en plains pas, je l'espère, et ce m'est une bien douce satisfaction de m'entretenir avec toi presque aussi intimement que si nous n'étions pas à vingt lieues l'un de l'autre. Bonne mère, un temps viendra où nous n'en serons plus réduits à désirer mutuellement nos lettres, et à nous contenter de conversations écrites, seul dédommagement que nous ayons de ces conversations parlées que nous n'avons plus. À ce temps heureux que je hâte par mes désirs et dont je jouis quelquefois par l'espérance, à ce temps nous nous verrons chaque jour; chaque jour nous nous promènerons, nous causerons, nous lirons ensemble. Je serai peut-être alors devenu raisonnable, et d'ailleurs les paroles d'un fils, quelque folles qu'elles soient, sont toujours douces à l'oreille d'une mère. Quant aux tiennes, elles me seront toujours douces et chères, et si je voulais parler en figures, je dirais douces comme le miel le plus exquis, suaves comme les parfums les plus odorants. Mais non, bonne mère, j'aime mieux te dire tout simplement comme je le sens, que nous nous aimerons, que nous nous rendrons bien heureux, et nous tâcherons de répandre autour de nous quelque chose de notre bonheur. Oui, si je suis jamais curé, ce sera toi qui seras la mère de ceux dont je tâcherai d'être le père; si nous pouvons faire beaucoup d'aumônes, nous les ferons tous deux, et on nous aimera, et nous serons heureux d'un bonheur bien doux. Voilà de beaux rêves, bonne mère ; peut-être n'en sera-ce pas toujours, peut-être ne vivrons-nous pas toujours de regrets et d'espérances. En attendant, faisons paix et patience. Moi, je vais travailler afin de me mettre en état de bien remplir un jour les fonctions si hautes du ministère qui me sera confié. Toi, bonne mère, prie pour ton fils ; dévoue-le à Dieu, tout indigne qu'il en est : de tes mains Dieu le recevra et il sera peut-être un jour un digne prêtre. Adieu.

Ton tendre et bien-aimé fils.

L'affection qui unissait l'abbé Dupanloup et sa mère n'avait fait que grandir avec les années, à mesure que son nom était plus connu, que la gloire et la considération lui arrivaient plus abondantes.

Il était heureux, parce qu'il la voyait jouir de ses succès, qui lui payaient toutes les peines, tous les sacrifices qu'elle s'était imposés pour lui ; et lui-même, il se sentait animé d'un nouveau courage à la pensée de sa mère, du plaisir indicible qu'elle éprouverait en voyant ses efforts réussir. Et ils étaient heureux tous deux, en se promenant ensemble, le soir après les fatigues de la journée, se communiquant leur mutuelle tendresse, leurs joies, leurs tristesses, s'encourageant à la vertu, à la résignation, aux espérances futures, à l'amour de Dieu. Les absences que lui imposaient ses voyages étaient pénibles pour l'un et pour l'autre ; mais aussi avec quels élans de bonheur ils se revoyaient.

Les trois dernières années leur furent particulièrement douces. Lorsqu'il eut été nommé chanoine de Notre-Dame, ils purent vivre ensemble de la plus agréable vie d'intérieur. Ils se voyaient au moins aux repas, et chaque soir, ils faisaient dans leur salon une courte mais délicieuse promenade.

L'âme de la pauvre mère se détachait peu à peu de la terre et se préparait de mieux en mieux par la piété, par la prière, par une vie de calme et de douceur à paraître devant Dieu. Sa tâche ici-bas était finie ; elle allait recevoir au ciel la récompense que lui avait méritée sa vie laborieuse et résignée.

Elle avait été heureuse sans doute par son fils ! Quelle mère ne l'eût pas été à sa place ? Et cependant l'abbé Dupanloup se reproche de l'avoir maintes fois attristée par sa froideur, son indifférence apparente, ses duretés !

Hélas ! un fils ne rend jamais à sa mère ce qu'elle a eu pour lui de tendresse, de soins exquis, de délicates attentions. Et comme l'on regrette, alors que le mal est irréparable, ce qui a été de nature à contrister ce cœur si aimant, où l'on occupait une place si large, si intime, et dans lequel chaque parole dure avait un si douloureux écho ! Ah ! s'il était possible de revoir sa mère, après que l'on a eu le malheur de la perdre comme on l'aimerait ! Comme on lui prodiguerait les soins de la plus filiale affection ! Comme on s'efforcerait de lui faire oublier tout souvenir pénible !

Dans les premiers temps de son sacerdoce il ne lui fut pas possible de vivre avec elle. Mais en faisant évanouir le rêve qu'elle avait caressé toute sa vie, il en avait comme des remords, et il se demandait jusqu'à quel point il est permis de briser ainsi le cœur d'une mère : « car, ajoutait-il dans une » autre circonstance, qu'il faut prendre gardé que le prêtre » n'éteigne le fils ! » Il put ensuite lui procurer cette satisfaction à laquelle rien ici-bas pour elle ne pouvait être comparé. Comme il eût éprouvé de bien plus cruels déchirements, si jamais il ne lui avait été donné de vivre ainsi avec sa mère !

Quoi qu'il en soit, dès les premiers jours de novembre 1848, sa santé, depuis quelque temps déjà gravement ébranlée, fut atteinte d'un mal qui ne laissait guère d'espérance. Elle languit ainsi, avec des alternatives de bien et de mal, jusqu'aux derniers jours de janvier où la maladie prit un caractère absolument désespéré.

Tout ce temps de souffrances fut admirablement employé par la chère malade à se purifier chaque jour de plus en plus, en priant, en recevant les sacrements de l'Eglise avec une ferveur angélique; en se résignant, en offrant ses douleurs au bon Dieu. Enfin, le 2 février, à minuit et demi, elle rendit son âme à Dieu, et s'en alla au ciel célébrer la fête de la Purification de la Sainte Vierge. Elle était née le 27 mars 1779. Elle était donc âgée de 69 ans, 10 mois, 6 jours.

Son fils, consolé par la mort édifiante qu'il lui avait vu faire, lui rendit les suprêmes devoirs; il fit célébrer ses obsèques à Saint-Sulpice, le samedi 3 février, et se remit aussitôt au travail imposé par les discussions de la loi sur l'enseignement secondaire. C'était au temps où il fallait défendre la part de la religion et les Jésuites contre MM. Cousin et Thiers ; nous avons vu que sa douleur ne le fit pas faillir à son devoir.

CHAPITRE XIII

Loi de 1850.

La révolution de février, qui avait renversé le trône de Louis-Philippe, n'avait pas permis de discuter le rapport de M. Liadières sur le projet de loi de M. de Salvandy. Ce que nous en avons déjà dit n'est pas de nature à le faire regretter. Mais les débats sur cette question avaient eu trop de retentissement pour que désormais elle pût être reléguée dans l'oubli. Elle fut donc reprise par l'assemblée constituante, et donna enfin un résultat plus heureux.

Le prince Louis-Napoléon ne comptait pas encore de parti au sein de l'assemblée. Pour composer son ministère il lui fallut en choisir les membres dans les groupes où se trouvaient mieux représentées les opinions de ceux qui l'avaient élu, c'est-à-dire parmi les républicains modérés et les conservateurs, monarchistes et catholiques. C'est à ces derniers qu'appartenait M. de Falloux, qui fut nommé à l'instruction et aux cultes.

M. de Falloux était un ami de l'abbé Dupanloup, qui usa de toute son influence pour lui faire accepter un ministère où il espérait le voir rendre de grands services à la cause catholique. Ses prévisions ne furent pas trompées. M. de Falloux ne resta pas longtemps aux affaires ; mais son court passage lui suffit pour faire décider l'expédition de Rome et pour préparer la loi de l'enseignement, que l'on allait voter en 1850.

Déjà un projet avait été présenté par M. Carnot. Il ne pouvait satisfaire l'esprit catholique de M. de Falloux qui s'empressa de le retirer. Aussitôt après, le 4 janvier 1849, il nomma une commission extra-parlementaire, chargée de préparer une nouvelle loi plus favorable aux intérêts religieux. Les membres les plus influents furent incontestablement M. Thiers que fut nommé président, M. de Montalembert, M. Cousin et l'abbé Dupanloup qui exerça une action prépondérante.

.. On regrette néanmoins de ne pas y voir le nom du vaillant évêque de Langres, Mgr Parisis, qui avait jusqu'à ce jour si puissamment combattu pour la même cause, et dont l'ardeur ne devait pas se ralentir jusqu'à la fin. C'est incontestablement à lui que faisait allusion l'abbé Dupanloup lorsqu'il écrivait : « Je ne reproche à M. de Falloux qu'une chose, c'est de » n'avoir pas mis dans sa nomination deux hommes de plus. » — Le second devait être Louis Veuillot [1]. Leur présence au sein de la commission aurait pu avoir de très heureux résultats ; elle aurait très probablement arrêté bien des attaques. Ce fut une faute, au dire de plusieurs, de la part de M. de Falloux.

Les travaux de la commission portèrent sur deux points, sur l'enseignement primaire et sur l'enseignement secondaire.

La première vérité proclamée par la commission, c'est l'indispensable nécessité de la religion au sein de la société, et par conséquent la large part qu'il convient de lui faire dans l'œuvre de l'éducation de la jeunesse. Lorsqu'il fut question de l'enseignement primaire, nulle divergence ; tous furent unanimes à mettre la religion à la base, à donner une grande influence au clergé.

« Dans l'instruction primaire, disait M. Cousin, nulle ap- » préhension. Que le curé surveille toutes les parties de l'ins- » truction et non pas seulement le développement du caté- » chisme, car en apprenant à lire on peut donner aux enfants » de mauvaises doctrines. Si l'on pense en effet qu'il n'y a pas

---

1. Sur ce dernier M. de Falloux s'est expliqué lui-même : « Après mûre réflexion a-t-il dit, j'aimais mieux l'exposer à la tentation de critiquer des choses faites sans lui que de l'armer du droit d'empêcher de les faire. *L'évêque d'Orléans*, par le comte de Falloux, p. 14.

» de véritable et solide instruction primaire si elle n'est pas
» basée sur la religion, comme d'un autre côté il n'y a pas de
» religion sans clergé, ne l'emprisonnons donc pas dans les
» murs du temple, appelons son intervention au dehors, et
» donnons-lui sans aucune crainte une action forte dans l'en-
» seignement primaire. »

M. Thiers, allant plus loin, voulait confier exclusivement
l'enseignement primaire aux mains du clergé. L'abbé Dupanloup, M. de Montalembert et les autres représentants de l'opinion catholique dans la commission refusèrent ce privilège.
Ils craignirent de remplacer le monopole universitaire par un
autre monopole qui aurait eu pour résultat, pensaient-ils, d'a-
mener bientôt une réaction en sens contraire.

Ils ne réclamaient que la liberté de fonder des écoles et la
libre expansion des congrégations enseignantes qui ne tarderaient pas, si elles n'étaient pas contrariées dans leurs développements, à se répandre partout ou du moins à faire sentir
partout leur bienfaisante influence ; et ainsi l'on obtiendrait
librement et sans froissement ce qu'un privilège légal trop
brusque n'aurait pu accorder sans susciter de vifs mécontent-
tements. Il leur suffisait que le curé pût intervenir comme sur-
veillant des matières enseignées par l'instituteur. Ils crurent
que la charge de donner l'instruction primaire, ajoutée aux
autres obligations du ministère paroissial, serait aux membres
du clergé un trop grand surcroît de travail et de préoccupations.

Eurent-ils tort de penser ainsi ? C'est ce que nous n'oserions
décider absolument. Mais nous dirons franchement que leur
manière de voir n'était pas sans reposer sur de sérieuses raisons, et que l'on n'a pas le droit de suspecter la sincérité de
leurs déclarations. Nous reconnaîtrons aussi que cette loi fut
un grand progrès et qu'elle réalisa une grande amélioration
dans l'enseignement primaire. Ajoutons la disposition particulièrement favorable aux membres des congrégations enseignantes de l'un et de l'autre sexe, qui leur permettait de remplacer le *brevet de capacité* par la *lettre d'obédience* ou par les
lettres de prêtrise en faveur des curés et des vicaires, et nous
aurons le droit de juger leur action très utile aux intérêts reli-

gieux. Si le clergé n'eut pas le monopole de l'enseignement primaire, il eut au moins la liberté d'y entrer ou par lui-même ou par les congrégations, et cela valait peut-être autant.

Sur la question de l'enseignement secondaire l'accord ne fut pas aussi facile à établir. Par la plus étrange inconséquence, mais dont on ne voit hélas! que trop d'exemples à travers le monde, MM. Cousin et Thiers, qui avaient si bien reconnu, peut-être par politique, la nécessité de la religion dans l'enseignement primaire, ne voulaient pas la reconnaître dans l'enseignement secondaire.

A force de ménagements, de raisons décisives et convaincantes, présentées avec assez de tact pour forcer l'assentiment sans blesser l'amour-propre, l'abbé Dupanloup parvint à s'entendre avec M. Thiers, et par celui-ci avec M. Cousin. Il fut surtout heureux lorsqu'il défendit la cause des Jésuites et celle des autres ordres religieux que ses antagonistes voulaient exclure de l'enseignement secondaire. Il réussit si bien à les persuader, qu'au sortir de la séance, M. Thiers prenant M. Cousin par le bras lui dit : « Cousin, Cousin, avez-vous bien compris quelle leçon nous avons reçue là! Il a raison, l'abbé ; » nous avons combattu contre la justice, contre la vertu ; nous » leur devons réparation » ; et pour sa part il montrera bientôt à la tribune qu'il entendait faire une promesse sérieuse.

Quelques jours après, le P. de Ravignan lui communiquait ces paroles du Père Général : « Veuillez bien témoigner à M. » de Montalembert et à M. Dupanloup toute ma reconnais- » sance, pour le zèle courageux et dévoué avec lequel ils ont » défendu et vengé la Compagnie en présence de MM. Cousin » et Thiers et contre eux. C'est un dévouement bien digne de » leur foi et de leur zèle pour la bonne cause. »

L'accord de la commission sur le projet de loi était indispensable, mais il ne terminait pas les débats. La question devait ensuite être portée devant l'assemblée, et il fallait que celle-ci l'adoptât pour lui donner force de loi. Mais ce résultat ne s'obtint pas sans de vives discussions, et sans que la loi elle-même ne parût plus d'une fois avoir sombré.

A peine le projet de la commission fut-il connu qu'il souleva de violentes attaques des partis les plus opposés. Les révolutionnaires, les universitaires, les ennemis de la religion de toutes nuances, lui reprochaient de trop accorder à l'Eglise. Des catholiques au contraire faisaient entendre d'amères récriminations, parce qu'on ne lui accordait pas assez; et la division éclata cette fois irrémédiable, les uns voulant ce qui était désirable, les autres ne voulant que ce qui leur paraissait possible.

Les premiers, instruits par l'expérience, étaient en droit de se montrer défiants et de trouver insuffisantes les garanties offertes; les autres, convaincus qu'il ne serait pas possible d'obtenir davantage, ne sauraient être blâmés d'avoir voulu se contenter du possible, puisque, après tout, ce possible était une amélioration sensible, un point de départ précieux pour aller ensuite plus loin.

On peut apprécier différemment les conséquences qui en auraient résulté; mais il est certain que plus d'exigences auraient fait échouer la loi. « On comptait dans l'assemblée nationale, » dit le P. de Ponlevoy[1], sur une centaine de voix pour la vraie » liberté d'enseignement. Tout le reste de la majorité, dit parti » de l'ordre, se composait d'anciens conservateurs incorrigibles » dans leurs errements, qui auraient voté avec les montagnards » si les catholiques ne s'étaient pas entendus ou avaient trop » exigé d'eux. »

Nous respectons les convictions de tous, mais nous croyons fermement que la loi telle qu'on la proposait était un bien, que le rejet ou l'abandon eût été un malheur, un désastre pour le parti catholique. A l'exemple du P. de Ravignan, nous aurions souhaité davantage, nous aurions même agi de toute notre influence, si le ciel nous en eût accordé, pour obtenir des améliorations aussi considérables que possible. Mais nous nous serions efforcé avant tout d'éviter des éclats pour le moins inopportuns, et si nos avis n'avaient pu rien gagner par la voie de la persuasion, nous aurions préféré garder le silence.

Voici d'ailleurs le cri de douleur que faisait entendre Dom Guéranger, et nous sommes vraiment heureux d'être en com-

---

1. V. le P. de Ponlevoy. Vie du P. de Ravignan (t. II, ch. xx.)

munauté de sentiments avec lui : « La guerre est déclarée,
» c'est la plus grande calamité que pût avoir à subir le parti
» catholique. Nous voilà donc encore une fois heurtés aux
» théories, et victimes de nos rêves incorrigibles... J'ai trop de
» confiance en mes amis de l'*Univers* pour douter qu'ils n'ar-
» rivent à voir que le rejet de la loi nous replongerait vers
» le monopole triomphant, et ferait peser sur eux une immense
» responsabilité. »

Le P. de Ravignan avait voulu s'interposer pour réunir les
défenseurs des libertés religieuses. Il ne réussit qu'à se rendre
suspect, et il fut dénoncé au Supérieur général dans une lettre, véritable acte d'accusation en forme, vrai réquisitoire, qui
qualifiait durement les choses et les personnes.

« On voulait bien excuser les intentions du P. de Ravignan,
» mais on dénonçait les menées dont il était dupe, les illusions
» dont il était victime, les maux dont il était complice. Sectateur
» aveugle de M. de Montalembert, de M. de Falloux et sur-
» tout de M. l'abbé Dupanloup, il s'était fait le fauteur impru-
» dent d'un projet de loi schismatique, il provoquait une scis-
» sion déplorable parmi les catholiques, propageait une divi-
» sion funeste au sein de la Compagnie, et compromettait l'E-
» glise de France. Les fils de Voltaire s'applaudissaient d'avoir
» pour auxiliaire un fils de Loyola. On en appelait enfin à la
» haute et ferme sagesse du Général de la Compagnie pour
» ramener à l'ordre un soldat dévoyé. »

Nous n'avons pas besoin de faire ressortir les exagérations
de pareils reproches. Evidemment celui qui rédigea cet écrit
obéissait aux inspirations de la passion et de l'animosité.

Qui donc oserait accuser un caractère aussi fortement trempé
que celui du P. de Ravignan d'avoir manqué d'énergie ? Mais
un esprit aussi sain, aussi judicieux, pouvait-il se laisser jeter
dans l'illusion au point de favoriser un projet de loi schismatique, de compromettre sa Compagnie, de se faire l'auxiliaire
des fils de Voltaire ? Ou le P. de Ravignan en cette circonstance
prévariqua à son devoir, ou il fut d'une étourderie inconcevable. Mais qui prétendrait soutenir l'une ou l'autre alter-
native ?

Le R. P. Général lui envoya la lettre d'accusation, et le P.

de Ravignan n'eut pas de peine à se justifier. Il disait entre autres choses :

« Ni à Paris, ni ailleurs, je n'ai cherché, en aucune manière,
» à influencer mes confrères sur le nouveau projet de loi... Je
» ne crois pas qu'on puisse citer un seul fait, une seule parole
» de moi qui soit de nature à amener ce qu'on appelle une scis-
» sion dans la Compagnie ou dans l'Eglise.

» J'aime tendrement et j'estime profondément MM. de Fal-
» loux, de Montalembert et Dupanloup. Notre liaison est in-
» time, il est vrai, autant qu'elle peut l'être, en ce qui me con-
» cerne, étant religieux. Ces trois hommes, je les considère
» comme des défenseurs *dévoués et éclairés* de l'Eglise, comme
» des amis vrais et dévoués de la Compagnie ; et, certes, ils ont
» fait leurs preuves. Du reste, ma tendre et inviolable amitié
» pour ces trois hommes éminents, la confiance qu'ils veulent
» bien me témoigner en toute circonstance, ne m'a pas empê-
» ché de dire la vérité selon ma conscience. En particulier,
» d'accord avec le R. P. Provincial, j'ai franchement exposé
» mes idées, peu favorables au système qu'on a regardé comme
» une transaction nécessaire.

» J'ai rédigé une note confidentielle... Cette note, vous la
» lirez, mon très révérend Père, et vous verrez si je suis le par-
» tisan aveugle du projet de loi.

» Je suis loin, très loin d'adopter les idées et les accusations
» de certains écrits. Voilà, je crois, ce qui pourrait amener une
» scission dans l'Eglise et dans la Compagnie. Je m'abstiens
» de vous mander, mon très révérend Père, ce que m'ont dit
» ou écrit à ce sujet les plus vénérables évêques, les hommes
» les plus recommandables. Je craindrais de paraître récrimi-
» ner contre ceux qui m'accusent...

» On m'a souvent reproché la grande influence qu'exerçait
» sur moi l'abbé Dupanloup. Il est mon intime ami, je le ché-
» ris et le vénère ; mais en quoi a-t-il influé sur moi, surtout de
» manière à me faire manquer à mes devoirs ?

» Non, je ne me suis pas déclaré ouvertement contre le pro-
» jet de loi ; j'ai cru qu'il valait mieux tâcher de l'améliorer.
» J'ai cru et je crois encore que, malgré les dispositions défec-
» tueuses de ce projet, en tenant compte des difficultés extrê-

» mes de la situation, on pourra, la Compagnie pourra aussi,
» établir des collèges libres. »

La justification était complète, et le P. de Ravignan avait
marché suivant la véritable voie de la sagesse et de la charité.
Aussi bien le R. P. Général lui répondit-il qu'il approuvait
pleinement sa conduite ; et au sujet de ses amis il lui disait :

« Si M. de Montalembert et nos autres généreux amis sont
» attaqués, veuillez bien leur exprimer tous mes regrets, et leur
» dire que la Compagnie est loin de partager de semblables
» sentiments ; que pour ce qui me concerne, je sais la reconnais-
» sance que je leur dois, et j'espère, avec la grâce de Dieu, ne
» jamais manquer à ce qu'elle exige de moi. »

La loi cependant cette fois encore faillit être irrémédiable-
ment compromise. M. de Falloux s'était retiré du ministère, et
son successeur à l'instruction publique, M. de Parieu, quoique
bien disposé en faveur des intérêts religieux, n'avait pas le
même zèle pour un projet dont il n'était pas l'auteur. Dans
la séance du 8 novembre, la loi fut renvoyée à l'examen du
Conseil d'Etat. Cette décision pouvait être regardée comme un
ajournement indéfini, un abandon ou rejet déguisé.

Mgr Dupanloup (il était depuis peu évêque nommé d'Orléans)
en fut dans la désolation, ainsi que ses amis, et ils mirent
tout en œuvre pour qu'elle vînt en discussion. Ils réussirent,
et la loi fut reprise à la séance du 14 janvier 1850.

Mgr Parisis se fit entendre et parla avec cette éloquence qui lui
appartenait ; MM. Thiers et de Montalembert soutinrent énergiquement leur œuvre. Enfin, le 15 mars 1850, avec quelques amendements, les uns qui l'amélioraient, d'autres au
contraire qui la rendaient plus défectueuse, la loi fut votée
par 450 voix contre 148.

Elle n'est pas l'idéal d'une loi parfaite. Mais enfin, elle in-
troduisait le principe de la liberté ; elle permettait au clergé,
aux congrégations religieuses, en particulier aux Jésuites, de
fonder des établissements, et les résultats heureux obtenus les
trente années pendant lesquelles elle a pu être appliquée, prouvent surabondamment qu'elle avait du bon. Il est possible que
l'on eût pu obtenir davantage ; mais cela est loin d'être prouvé.
En tout cas, il en résulterait que les auteurs de la loi auraient

pu faire plus de bien, mais nullement qu'ils n'en aient pas fait. Tel fut d'ailleurs le sentiment de Rome et celui de l'épiscopat français.

Le nonce fut chargé de transmettre à M. de Montalembert la reconnaissance du Pape pour la part qu'il avait prise à la loi; et les évêques de France s'empressèrent de profiter de la latitude qui leur était offerte, pour fonder des collèges libres ou pour favoriser les fondations que se proposaient de faire les congrégations religieuses, en particulier les Jésuites. Ils avaient pu différer d'appréciation avant le vote de la loi; mais aussitôt après sa promulgation, ils ne songèrent qu'à en tirer le meilleur parti possible.

Cet accord des évêques français fut dû en partie à une lettre du 15 mai 1850, que le Saint-Siège leur adressa par l'intermédiaire du nonce apostolique. Ce document, résultat des délibérations d'une commission de cardinaux, possède une grande autorité et doit clore tout débat. La loi y est jugée avec sagesse et fermeté. On y reconnaît des lacunes regrettables, des endroits répréhensibles; mais on y trouve des prescriptions bonnes, dont on peut tirer utilement parti pour le bien des âmes. Il faut donc s'entendre et savoir en profiter. L'Eglise, sans jamais faire de concessions au point de vue doctrinal, sait néanmoins s'accommoder au temps; et, dans les circonstances actuelles, le Souverain Pontife engageait vivement les évêques à mettre en œuvre tous les moyens que leur fournissait la nouvelle loi pour faire élever chrétiennement la jeunesse des écoles.

Le nonce, disait le Saint Père, « a vu avec une bien vive satisfaction, les améliorations et les modifications qui ont été apportées dans cette loi, appréciant beaucoup les efforts et le zèle déployés par tous ceux qui s'intéressent au bien de l'Eglise et de la société. »

Mgr. Pie rendait justice à ceux qui avaient voté cette loi. Il disait à ses prêtres réunis :

« Assurément, Messieurs, aucun catholique ne pouvait hésiter à appeler de tous ses vœux la suppression du monopole universitaire. Quant à la liberté absolue de l'enseignement, des considérations de tout genre ne permettaient à l'Eglise ni de l'espérer ni de la demander. Des hommes très dévoués aux intérêts religieux et pratiquement mêlés aux affaires, ont jugé qu'au delà d'une certaine limite et en deçà de certaines concessions, il serait impossible d'arriver à aucune des facilités et libertés tant désirées. Il y aurait eu, selon nous, imprudence et injustice à méconnaître les services et encore plus les intentions de ces hommes de bien. Ne pouvant obtenir tout ce à quoi nous avions droit, il était naturel que nous ne voulussions pas renoncer à ce qui nous était offert. » Ce jugement devait être justifié par l'expérience.

CHAPITRE XIV

L'abbé Dupanloup évêque d'Orléans (1849).

« Il m'a fait ministre malgré moi, disait M. de Falloux en parlant de Mgr Dupanloup, je l'ai fait évêque malgré lui. » La vérité, en effet, est que l'abbé Dupanloup ne songeait nullement à l'épiscopat, qu'il n'a pas ambitionné cette dignité suprême du sacerdoce catholique, que loin de chercher à y parvenir il a fait ce qui dépendait de lui pour l'éviter, qu'il a fallu les sollicitations les plus pressantes pour le décider à accepter une charge qu'il a longtemps repoussée.

Mgr Fayet, évêque d'Orléans, membre de l'assemblée constituante, venait de mourir, emporté presque subitement par le choléra. M. de Falloux songea aussitôt à l'abbé Dupanloup; mais à la première ouverture qu'il lui fit, il éprouva un refus catégorique. Le P. de Ravignan qu'il lui envoya ne fut pas plus heureux. Le cardinal Giraud, qui venait de Gaëte où il s'était rendu auprès de Pie IX, alors en exil, parvint seul à triompher de ses résistances, et le 13 avril 1849 M. de Falloux recevait la lettre suivante :

« Ce vendredi de Pâques, 13 avril.

» Monsieur le Ministre,

» Le mot qui vous a décidé me décide. *Satius est Dei causâ servitutem subire, quam Crucis fugâ perfrui libertate.*

» C'est donc fini ; je vous donne ma triste mais certaine parole : Oui.

» Malgré la douloureuse influence que vous aurez eue sur la fin de ma vie, vous n'en êtes pas moins très avant dans mon cœur, et vous savez tout ce que Dieu y a mis pour vous de tendresse et de respect.

» F. DUPANLOUP. »

Cette nomination fut accueillie avec joie, particulièrement dans l'Église de France, et l'archevêque de Besançon, traduisait les sentiments de l'épiscopat en lui écrivant qu'il allait paraître en première ligne parmi les bons soldats dans le camp du Seigneur.

L'abbé Dupanloup fut proposé à l'épiscopat, au moment où il était absorbé par les travaux que nécessitait sa présence à la commission chargée du projet de loi sur la liberté d'enseignement, par les occupations du ministère des âmes et par ses nombreuses correspondances.

Aussitôt qu'il le put, il alla prendre un peu de repos dans sa bien-aimée Savoie, en passant par le Dauphiné, et rendit visite à Mgr Rendu, évêque d'Annecy, qui était en ce moment au village de Menthon, tout près d'Annecy. Celui-ci le présenta à M. et à madame de Menthon, dans le château même où naquit, au neuvième siècle, saint Bernard de Menthon, le fondateur de l'hospice du mont Saint-Bernard. L'évêque nommé d'Orléans aima particulièrement cette antique demeure féodale, où il reçut toujours la plus cordiale hospitalité et où il pouvait jouir du paysage le plus pittoresquement agréable. Il y reviendra souvent dans la suite.

Mais sa présence était réclamée à Paris, et il lui fallut abréger les jours de repos qu'il était si heureux de prendre au sein de l'amitié, dans les solitudes aimées de la Savoie.

Le mouvement religieux s'accentuait en France, et le gouvernement de cette époque eut le bon esprit de ne pas l'entraver. Les évêques purent se réunir en conciles provinciaux, et ceux de Paris eurent leur premier concile, qu'ils ouvrirent le 17 septembre et qui dura onze jours. Le nouvel évêque d'Orléans ne fut préconisé que le 29 septembre ; cependant il obtint du Pape l'autorisation d'en faire partie, et son rôle n'y fut pas inactif.

Le 15 octobre, il se retira à Issy pour se préparer par la retraite à la cérémonie du sacre. Le 7 novembre, il en sortit pour aller défendre le projet de loi qui venait d'être renvoyé au Conseil d'état, ainsi que nous l'avons déjà dit. Le 25, il se plongea de nouveau dans le recueillement de la retraite ; et le 9 décembre il reçut la consécration épiscopale, dans l'église de Saint-Sulpice, des mains de Mgr l'archevêque de Paris qu'assistaient Mgr l'archevêque de Reims et Mgr l'évêque de Versailles.

Ses amis étaient là, heureux et fiers. Mais son cœur de fils aimant dut regretter amèrement l'absence de sa mère que la mort venait de lui ravir depuis si peu de temps. Combien elle eût été heureuse de recevoir la première bénédiction épiscopale de son fils !

Deux jours après, Mgr Dupanloup faisait son entrée solennelle dans la ville d'Orléans, et une nouvelle vie allait commencer pour lui.

Le rôle si important qu'il remplissait déjà va grandir avec la dignité nouvelle qui lui a été conférée ; et, jusqu'à l'époque du concile, nous le verrons augmenter toujours sa bienfaisante influence au service de l'Eglise et de la patrie.

Mgr Dupanloup a vécu dans le dix-neuvième siècle, temps d'effervescence, de dévorante activité, d'essais, de destructions, de reconstructions hâtives et éphémères. Il reflète son siècle avec ses inquiétudes, ses agitations, son besoin de mouvement, son défaut de calme, ses aspirations incessantes vers la tranquillité, la paix sereine, et son empressement à se lancer, à toute occasion, au milieu du tumulte et de la mêlée bruyante. Sans cesse militant, il a dû être diversement jugé, et il l'a été en réalité.

Sa vie privée a été édifiante. Pour sa vie publique, il a eu de bonnes intentions ; s'il s'est trop souvent laissé entraîner à des excès regrettables, ç'a été une conséquence de sa nature impétueuse. Malgré tout, il a passé en faisant beaucoup de bien, et l'étude de sa vie doit être un sujet d'édification. Jugeant ainsi, nous croyons être dans le vrai, et nous sommes d'autant plus autorisé que notre manière de voir nous paraît conforme à ce qu'écrivait le Pape Léon XIII au jour où il apprit sa mort.

Le diocèse d'Orléans, qui devenait la part du champ de famille qu'il allait travailler, pendant une trentaine d'années, est un beau et riche pays, mais où l'homme ennemi avait réussi à semer et à faire croître bien de l'ivraie. Le zèle y avait donc beaucoup à faire, d'autant plus, que les éléments pour le bien y étaient plus nombreux.

La ville d'Orléans en particulier offrait de magnifiques ressources, mais qui ne devaient produire de résultats qu'à la condition d'être mises en œuvre. Elle est très bien habitée, et l'on y rencontre plusieurs familles qui ont conservé les traditions de l'antique société française, la générosité, l'élan pour les bonnes actions, la politesse exquise, les aspirations nobles et élevées. Elle possède de beaux monuments religieux, une cathédrale qui est une des plus remarquables de France. Mais que de ruines à relever ! Que de réparations à faire pour conserver ce qui subsistait !

Dans la cathédrale seule, la flèche menaçait ruine, les chapelles latérales étaient dans un état déplorable de pauvreté ; nulle part aucun ornement intérieur, les verrières toutes blanches, sans aucun sujet peint, pas même une grisaille, la sacristie dans un dénuement complet. Ajoutons d'autres églises, remarquables de styles, mais dévastées par la révolution, laissées, depuis lors, dans le plus complet abandon, détournées de leur destination sacrée pour être employées à des usages profanes, menacées même d'une entière destruction, et nous comprendrons ce qu'il avait besoin de dépenser d'activité, de ressources pécuniaires, dans sa seule ville épiscopale.

Que si maintenant il jetait les yeux sur le reste de son diocèse, que de misères à soulager tant au point de vue spirituel que corporel ! Un clergé dévoué sans doute, mais insuffisant. Dans sa lettre pastorale *Sur la rareté des vocations sacerdota-*

les[1], il constate qu'il a fait entrer dans son diocèse plus de cent trente prêtres venus des diocèses étrangers, et que cependant il lui en manque encore cent vingt-neuf; « et cela sans aucune » surabondance, mais pour les besoins pressants du diocèse » et le service matériel des paroisses. »

Un nombre considérable d'*églises* et de presbytères de campagnes étaient dans un état inconcevable de délabrement. Il fallait songer à les restaurer, souvent à les construire à nouveau : Aussi bien écrivait-il, en date du 3 février 1850 : « Mes » besoins sont immenses. Je suis comme un grain de poussière » en présence d'une énorme montagne. J'aurais vingt-cinq » âmes et existences aussi actives que la mienne, et trois cent » mille francs de rente, que je ne suffirais pas à mon œuvre » et serais très pauvre. » Il n'eut qu'une âme et qu'une existence; mais comme elle fut constamment active! Il n'avait pas trois cent mille francs de rente; il sut trouver des ressources pour réparer bien des ruines!

Son prédécesseur, Mgr Fayet, avait été un digne et très digne évêque, homme de doctrine et d'administration. Son passage sur le siège d'Orléans avait été heureux, mais le temps lui avait manqué pour accomplir les restaurations suffisantes. Les mesures prises étaient sages, et il restait, dans la ville d'Orléans principalement, des institutions qui devaient être pour le nouvel évêque d'un très précieux secours. Mais il fallait les continuer et savoir les faire fructifier.

Les œuvres étaient seulement commencées, il fallait les développer, en ajouter de nouvelles; car, enfin, Mgr Fayet n'avait pu pourvoir à tout. Et puis, nous ne croyons manquer en rien à sa mémoire en faisant remarquer que son caractère sage, prudent, méthodique, admirablement apte à combiner une bonne mesure et à la faire réussir, n'avait pas cet entrain, cette dévorante activité qui sait secouer, ébranler, faire jaillir les ressources les plus imprévues.

Quoi qu'il en soit, le clergé du diocèse d'Orléans attendait avec impatience le premier acte épiscopal du nouveau pontife, le *mandement* par lequel il ne pouvait manquer de s'annoncer

---

1. *Œuvres pastorales*, Iʳᵉ série, t. II, p. 566.

à son diocèse. On eût été heureux de ne pas le trouver trop
inférieur à son prédécesseur dont le langage fut toujours cor-
rect, grave, élégant, élevé et vraiment épiscopal. L'attente fut
dépassée, et Mgr Dupanloup s'annonça comme écrivain réellement supérieur à Mgr Fayet.

Si l'on ne remarquait pas chez lui la même phrase correcte,
limée, irrépréhensible dans le choix et la disposition des mots,
s'il n'y avait pas le même enchaînement mesuré, gradué et
harmonisé des idées, en revanche on y trouvait un souffle, des
élans tout nouveaux et qui révélaient un esprit supérieur. Et
il fut manifeste à tous que le diocèse d'Orléans allait avoir
pour évêque, un prélat dont le nom retentirait bientôt par tout
le monde catholique.

Il développait deux pensées : *Les raisons qu'il avait de craindre et les raisons qu'il avait d'espérer*, au moment où il entrait
dans la carrière si sublime de l'épiscopat.

Les raisons de craindre, il les tirait de son indignité, de sa
faiblesse, des charges redoutables et incessantes du ministère
si important qui lui était imposé, en même temps que des menaces terribles de l'avenir dans un temps où la société, ébranlée jusqu'en ses fondements, était attaquée de toute part, et ne
savait pas trouver le fond immuable des vérités religieuses,
qui seul lui aurait permis de s'établir avec solidité.

Les raisons d'espérer cependant doivent l'emporter et soutenir tous les courages ; car Dieu ne refuse jamais son assistance
toute-puissante, et en ce temps comme toujours, il saura faire
triompher sa cause par les serviteurs qui sauront lui rester
fidèles.

Nos lecteurs nous sauront gré, croyons-nous, de leur mettre sous les yeux un fragment de cette lettre.

« Et d'ailleurs, s'écrie le prélat, après avoir rappelé ses hésitations, comment n'aurions-nous pas tremblé en contemplant le
spectacle étrange des temps où nous vivons? Appelé à l'épiscopat
en de tels temps, pouvions-nous ne pas méditer et prévoir les
immenses difficultés, les peines innombrables que l'état mena-
çant de la société ajoute aux sollicitudes ordinaires de la charge
pastorale? C'est bien de ces tristes temps que saint Paul disait
autrefois à un nouvel évêque, en l'invitant à y réfléchir : *Insta-*

bunt tempora periculosa ! (*Tim.* III, 1.) Oui, temps pleins de douleurs et d'alarmes, pour la société temporelle et aussi pour la société spirituelle !

» Chose singulière ! il n'y a pas d'esprit si faible qui ne prévoie aujourd'hui et ne dénonce à la société les plus grands malheurs, et il n'y a pas d'esprit si fort qui puisse lui offrir un remède, lui indiquer une issue ! O Dieu ! sortirez-vous bientôt de cette nuit impénétrable ? Quelle fin donnerez-vous à tant d'agitations et à tant de tourmentes ?

».. Saint Augustin disait autrefois : *Quand je jette mes regards d'un bout de la terre à l'autre, je ne découvre pas un homme, pas une assemblée, qui puisse sauver l'Empire !*

» Où en sommes-nous aujourd'hui nous-mêmes, et pouvons-nous avoir de meilleures espérances ?

» Ce n'est plus seulement le désordre politique, c'est une désorganisation morale d'une profondeur inouïe qui se révèle à tous les degrés de la société humaine, d'un bout de l'Europe à l'autre. L'autorité et le respect, ces deux grandes et saintes choses, ces deux liens providentiels de l'harmonie sociale, ne sont plus aujourd'hui que des liens brisés. Qui sait, qui peut aujourd'hui commander ? Qui veut obéir ? Que voit-on de toutes parts, faiblesse ou violence, orgueil ou bassesse. Dieu manquant dans les âmes, on ne sait être le plus souvent vis-à-vis du pouvoir qu'insolent ou servile ; et trop souvent aussi le pouvoir lui-même ne sait être que faible ou emporté.

» L'autorité digne, l'autorité grande, l'autorité forte, l'autorité bienfaisante, l'autorité qui vient d'en Haut, l'autorité qui protège et qui sauve, où est-elle ?

» Et le respect ! le respect de soi et des autres ! le respect de Dieu ! le respect de son père et de sa mère ! le respect des magistrats et des représentants de la puissance publique ! le respect même de ses enfants ! le respect profond, immuable, divin ! le respect qui élève, qui ennoblit encore plus celui qui le rend que celui qui le reçoit ; où est-il ?

» Et cependant au milieu de cet immense désordre des esprits et des mœurs publiques, les plus hautes, les plus terribles controverses sociales et religieuses sont violemment agitées ; mais les intelligences troublées, la raison publique affaiblie n'y suffisent pas ; aussi c'est la confusion des langues. Comme autrefois à Babel les hommes ne s'entendent plus entre eux : les uns appellent le bien mal, et les autres le mal bien (*Gen.* XI, 9.) »

Mgr Dupanloup ne perd cependant pas courage. Il compte sur l'efficacité de la mission de l'Eglise.

« Chose merveilleuse ! ajoute-t-il ; au milieu de tant de renversements et de désastres, il reste parmi nous une autorité, une puissance qui est encore debout, c'est l'Église ! Une part meilleure dans nos plus mauvais jours et une influence miséricordieuse dans les destinées futures de l'humanité, lui est manifestement réservée.

» L'Église est invoquée de toute part ! bon gré, mal gré, tous lui rendent hommage ! et sauf les nouveaux Barbares, qui viendront toutefois à elle à leur tour et qu'elle baptisera encore au jour des grandes et peut-être prochaines miséricordes du Seigneur, tous les amis, tous les défenseurs de l'ordre public, inclinés vers elle par une force mystérieuse, lui demandent de garder incorruptible la loi morale et éternelle, sans laquelle tout sera ruine.

» Les lois du monde moral, les lois civiles, politiques, sociales même, fruits de la méditation et de la sagesse de toutes les nations et de tous les siècles, ont semblé si misérables qu'on les a refaites de fond en comble. Malheureusement, après avoir tout fait, défait, refait, on défait encore : de nouveaux ouvriers sont à l'ouvrage. Et cependant nous demeurons suspendus, en l'air, au-dessus des abîmes ! »

Et cependant, il faut espérer ! continue-t-il ; « espérer en celui qui est le Dieu de l'Ordre, le père de la société humaine et qui a fait guérissables les nations de la terre ! » Il faut espérer, car « Dieu n'a permis nos malheurs et nos périls que pour nous rapprocher dans un esprit nouveau, que pour nous obliger à nous serrer plus que jamais dans son Église, autour du décalogue éternel, sans lequel il n'y a plus ni autorité, ni respect, ni famille, ni prospérité, ni droits, ni devoir, ni société sur la terre ! » Il faut espérer parce que, dans ces jours de tempête, la France a tourné ses regards vers l'arche qui seule peut la sauver.

» Chose merveilleuse ! au milieu de tant de renversements et de désastres, il reste parmi nous une autorité, une puissance qui est encore debout : c'est l'Église ! »

La première fois qu'il parut dans la chaire de sa cathédrale, ce fut à la fête de la Noël qui suivit de près sa prise de possession ; il donna sur la *Beauté suprême* une magnifique instruction qu'il avait déjà prêchée avec grand succès à Paris, mais qu'il sut rajeunir en l'adaptant à son nouvel auditoire et à un nouveau caractère. L'effet produit fut immense; et les Orléanais furent fiers de leur évêque qu'ils regardèrent dès lors comme un écrivain et un orateur de premier ordre.

Pendant le carême suivant, il prêchait chaque dimanche à la cathédrale un sermon spécial pour les hommes, et ceux-ci accouraient même des villes voisines. Mais la fatigue occasionnée par ces travaux ajoutés à d'autres occupations qui déjà l'absorbaient avant son élévation à l'épiscopat, faillit le frapper d'un mal irrémédiable. De violents maux de tête vinrent l'assaillir qui furent suivis de douleurs aiguës aux yeux, et il lui fallut interrompre ses prédications aux hommes.

Bientôt l'illusion ne fut plus possible, il était atteint de la cataracte. Un de ses yeux fut complètement perdu; s'il conserva l'autre, il l'attribua moins aux soins et aux remèdes qu'aux prières qu'il fit lui-même ou qu'il fit faire, en particulier, à une neuvaine à la Sainte Vierge.

La loi sur l'enseignement n'était pas votée; elle passait même par une crise périlleuse. Nous avons vu quelle activité il déploya pour la faire triompher des obstacles qu'on lui opposait.

Après le vote, il se garda bien de se retirer dans le repos satisfait d'une victoire péniblement remportée; il fallait songer à en profiter pour les intérêts catholiques, et les fruits obtenus seraient en proportion des efforts employés. Ensuite les évêques appelés à désigner par leurs suffrages les trois membres de l'épiscopat qui devaient, d'après la nouvelle loi, faire partie du conseil supérieur de l'instruction publique, le nommèrent avec l'archevêque de Tours et l'évêque de Langres et ce lui fut une nouvelle source d'occupations. Il aida aussi à la nouvelle organisation du *Comité de la défense de l'enseignement libre*, qui devait avoir pour mission de surveiller l'application de la loi, dans le but de la rendre aussi fructueuse que possible; il ne voulut pas délaisser non plus l'*Ami de la Religion*, auquel il avait déjà conquis une place importante parmi les organes de la presse française.

Il n'est pas surprenant que tant de travaux aient épuisé ses forces, et qu'ils l'aient mis dans l'impossibilité de continuer le carême qu'il avait entrepris de prêcher aux hommes d'Orléans ; surtout si nous y ajoutons la direction des âmes et les lettres sans nombre que lui imposaient ses relations si étendues.

Après les soins urgents que réclamait impérieusement le mauvais état de ses yeux et qui avait nécessité un voyage à Paris, il alla prendre un repos, devenu indispensable et si bien gagné d'ailleurs, à la Chapelle, délicieux séjour que son prédécesseur avait pu acquérir, et dont il avait fait un petit séminaire en même temps qu'une maison de campagne pour les évêques d'Orléans.

Il devait y revenir bien souvent dans la suite. Mais la première fois qu'il y pénétra, il ressentit une impression de douceur qui devait se renouveler jusqu'à la fin. Il y demeura, sauf quelques rares et courtes excursions à Paris, du mois de mai au mois de novembre, et y goûta un repos délicieux, qui fut loin d'être stérile. Car le repos, pour lui, ne ressemblait pas à l'oisiveté, et c'est pendant cette trêve imposée aux occupations absorbantes et extérieures qu'il acheva et fit paraître le premier volume de son grand ouvrage sur l'*Education*. Les autres volumes verront le jour plus tard, et nous nous réservons de reparler de cet ouvrage, le plus important et le plus personnel de tous ceux qui ont été composés par le fécond écrivain.

Enfin, vers les premiers jours du mois de décembre, il partit pour Rome, dans le but d'accomplir cette visite *ad limina*, qui est prescrite à tous les évêques et qu'il était pour sa part si heureux de faire. Il vit plusieurs fois le grand pontife Pie IX, et son secrétaire d'état, l'illustre cardinal Antonelli, avec lequel il noua des relations qui devaient bientôt être fréquentes. Son zèle et son activité s'y fortifièrent. Il reçut du Pape le titre de *Prélat assistant au trône pontifical*.

Comme il connaissait Rome, il voulut visiter Naples et toute l'Italie méridionale, et il fit ces excursions en compagnie des jeunes princes de Borghèse. Son esprit s'épanouit délicieusement en parcourant ces pays enchanteurs, sous ce beau ciel si pur, en face de cette mer ravissante, au pied de ces montagnes, de ce Vésuve aux éruptions si souvent terribles mais à l'aspect toujours grandiose. Son âme s'élevait en présence de spectacles si beaux dans leurs contrastes, et montait en cris d'admiration vers Celui qui avait su faire toutes ces merveilles et de bien plus belles encore. Et de retour à Orléans, il se remit à l'œuvre.

CHAPITRE XV

Vue d'ensemble sur son administration diocésaine.

Les évêques, suivant la remarque de saint Paul, sont placés par l'Esprit Saint pour régir l'Eglise de Dieu, *posuit vos Spiritus regere Ecclesiam Dei*, et cette action est spécialement localisée pour chaque évêque dans le diocèse qui lui est confié; mais là, elle doit s'étendre à tout, présider à tout, pourvoir à tous les besoins spirituels. L'évêque, cependant, ne peut suffire à tout par lui-même; il ne lui est pas possible de communiquer directement avec chacun de ses diocésains, de pourvoir directement à tout ce que réclameraient les intérêts spirituels des âmes. Il a besoin d'auxiliaires qui agissent de concert avec lui et sous sa direction ; et ces auxiliaires, l'évêque les trouve dans les prêtres, qui lui servent d'intermédiaires pour aller jusqu'aux plus humbles et jusqu'aux plus modestes, leur porter les paroles et les enseignements de la religion.

Si donc l'on veut connaître pleinement l'action qu'a exercée un évêque dans son diocèse, il faut l'étudier d'abord dans ses relations avec ses prêtres et ensuite avec ses autres diocésains. C'est ce que nous allons faire pour Mgr Dupanloup, nous réservant de dire après quelles furent ses puissantes influences en dehors de son diocèse.

Son premier soin fut d'établir une véritable hiérarchie dont il serait la tête, et dont tous les prêtres seraient les membres vivants et agissants. Les inspirations ou plutôt la direction venait de lui, mais chaque membre du clergé avait sa part dans les résolutions prises, et concourait pour ce qui le concernait à en assurer l'exécution.

Dans le corps humain la tête centralise les perceptions diverses fournies par les différents organes, et prononce sur ce qu'il convient de faire en suite de ces perceptions. Elle réunit, combine, juge et commande ; mais elle fait exécuter par les membres. Ainsi l'évêque, en continuelle et intime relation avec tous ses prêtres, doit percevoir par eux tout ce qui intéresse son diocèse, jusqu'aux villages les plus modestes et les plus retirés. Comme la tête, il rassemble les renseignements qui lui viennent de toute part, il les compare, il les apprécie, il en tire des conclusions pratiques, et il charge ces mêmes prêtres de les appliquer chacun dans la sphère de son action.

Afin de rendre ce travail de contrôle et d'impulsion plus efficace et plus fructueux, Mgr Dupanloup voulut s'adjoindre des collaborateurs dont le concours fût réel et sérieux ; et nous avons vu comment il avait composé son conseil épiscopal, y faisant entrer des hommes d'intelligence et de valeur. Convaincu qu'une tâche est d'autant mieux remplie qu'elle est mieux déterminée, il voulut donner à chaque vicaire général des attributions précises. Ainsi il eut les quatre archidiacres chargés chacun d'un des quatre archidiaconés du diocèse. Ils recevaient de chaque doyen de leur archidiaconé des rapports fréquents et détaillés de tout ce qui intéressait le doyenné ; ils voyaient ces différents rapports, les coordonnaient et en faisaient un résumé exact qu'ils présentaient à l'évêque.

De même le vicaire général chargé des congrégations générales avait ses délégués distribués dans les différentes parties du diocèse ; il était en continuelles correspondances avec eux, pour s'instruire fidèlement des affaires de son administration et pour en instruire l'évêque. Ainsi du vicaire général préposé aux études ecclésiastiques, et de celui qui devait s'occuper des bonnes œuvres du diocèse. Un règlement détaillé disait à chacun ce qu'il avait à faire, et par là l'évêque savait ce qui importait au bien de son diocèse.

Et maintenant, lorsqu'il était question d'agir, de prendre des mesures en conséquence des renseignements reçus, chaque membre du conseil étudiait particulièrement les questions de son ressort. On les discutait en plein conseil, sous la présidence de l'évêque qui écoutait les raisons exposées, acquérait

les lumières nécessaires, et enfin prononçait sous sa responsabilité.

Nous ne prétendons pas que tout se passât toujours avec
une perfection absolue. Mais on reconnaîtra sans peine que
l'organisation était excellente, et qu'elle devait produire de
bons résultats. Partout où interviennent les hommes, se ren-
contrent des abus, des défaillances. Il ne s'agit pas de savoir
si l'administration de Mgr Dupanloup ne laissa rien à désirer;
mais si elle était organisée de manière satisfaisante et de nature à faire du bien. Et ce qui précède suffit à répondre.

Nous venons d'exposer les dispositions générales par lesquelles Mgr Dupanloup cherchait à se faire renseigner sur
l'état de son diocèse. Cela veut-il dire qu'il eût intention de ne
pas voir par lui-même, de ne pas se mettre en relations immé-
diates avec tous ses prêtres ; qu'il refusât d'entrer lui-même
dans les détails ? Loin de là. Et si l'on devait lui faire un reproche à ce sujet ce serait plutôt d'avoir trop voulu agir par
lui-même, de s'être exposé parfois, par trop de détails, à perdre quelques vues d'ensemble. Il fit tout ce qui dépendit de
lui pour connaître personnellement tous ses prêtres, pour savoir leurs talents, leurs aptitudes, leur zèle et leur prudence,
pour en acquérir cette connaissance d'ensemble qui permet
seule de juger exactement les hommes et de les placer suivant
leurs mérites réels, de manière à leur faire apporter les plus
grands fruits possibles.

Le premier moyen qu'il employa fut de les visiter dans ses
tournées de confirmation.

La fatigue qu'il éprouva aux yeux pendant le carême, et qui
le força d'interrompre le cours de ses prédications aux hommes
d'Orléans, ne lui permit pas de commencer aussitôt qu'il l'aurait désiré ; et sa première année il dut se faire remplacer par
Mgr Dupuch, archevêque d'Alger, que les besoins de son diocèse retenaient pour le moment en France. Mais ensuite il ne
manqua jamais de visiter chaque année un nombre considérable de paroisses.

Après quelques hésitations, il se décida à se rendre dans
tous les villages où s'élevait une église consacrée au culte public, et il distribua ses itinéraires de manière à parcourir plu-

sieurs fois son diocèse durant le cours de son épiscopat. Il ne voulut pas non plus procéder par archidiaconé, et dans une seule tournée il visitait un certain nombre de paroisses de chaque archidiaconé. De cette façon, tous les ans il voyait, non pas toutes les paroisses, mais tous les quartiers de son diocèse, et à peu près tous les prêtres, qui s'empressaient d'accourir chez le confrère voisin où l'évêque devait se rendre.

La visite qu'il faisait pour la confirmation, il s'efforçait de la rendre fructueuse pour lui, pour le prêtre chez lequel il se rendait, et pour les paroissiens de celui-ci. Il s'informait de tout, il prenait des notes sur tout; il donnait des avis, des conseils, des encouragements. Il inscrivait dans ses cahiers les résultats de ses informations ainsi que de ses observations personnelles, et il en usait ensuite pour sa propre conduite dans ses relations avec son clergé.

Il ne perdait pas de vue les paroles du *pontifical*, par lesquelles il est dit que l'évêque doit prêcher : *Oportet eum prædicare*, et certes on ne pourra pas reprocher à Mgr Dupanloup de n'avoir pas suffisamment rempli ce devoir du ministère épiscopal. Il est peu d'évêques qui aient rompu plus abondamment le pain de la parole divine à leurs diocésains. Cependant aux confirmations il ne se faisait pas ordinairement entendre, mais il confiait le soin de la prédication à quelque prêtre du doyenné ; et ainsi il pouvait mieux juger de la manière dont cet important ministère était rempli par plusieurs de ses prêtres.

Il prêtait une attention particulière à l'état dans lequel il trouvait les différentes églises ; aux vases sacrés, aux ornements qu'elles renfermaient. Il consignait par écrit tout ce qu'il voyait, et ces notes, il était loin ensuite de les oublier ; mais il s'en servait pour faire parvenir des secours proportionnés aux besoins.

Il établit dans son diocèse l'*œuvre des tabernacles pour les églises pauvres*, et il parvint à recueillir assez de linge et d'ornements pour permettre aux églises des plus pauvres paroisses de subvenir abondamment aux différents besoins du culte. Il put aussi, grâce à son activité, à ses relations étendues, aux industries variées de son zèle, à ses énergiques réclamations auprès des municipalités et des administrations plus élevées, travailler efficacement à faire restaurer les églises qui en avaient besoin, à faire reconstruire celles dont les ruines ne pouvaient être autrement relevées. Ce qu'il a obtenu sur ce point est vraiment extraordinaire, et l'on citerait peu d'évêques qui aient été aussi heureux que lui.

Il ne négligeait pas non plus, loin de là, l'état des presbytères. Il voulait que le prêtre dans sa paroisse eût un logement, sinon somptueux, du moins convenable et digne, mais surtout salubre.

Il savait combien une habitation heureuse attache plus puissamment et encourage à rester dans l'intérieur de sa demeure. Une habitation désagréable, au contraire, amène l'ennui avec la plus déplorable facilité. Alors le prêtre est exposé à chercher au dehors des distractions dont le plus grave inconvénient n'est pas toujours la perte du temps, ni l'affaiblissement du zèle.

Lors donc qu'un presbytère ne lui paraissait pas dans un état convenable, il s'employait de toute son influence à y faire exécuter les réparations exigées, et, s'il le fallait, il ne reculait pas devant les mesures énergiques. Plus d'une fois, lorsque les autorités locales montraient de la mauvaise volonté, il lui est arrivé de retirer le curé et de lui refuser absolument un successeur, jusqu'à ce que l'on se fût mis à même de fournir un logement suffisant. Sans doute, il ne demandait pas mieux que de voir ses prêtres se sacrifier au bien des âmes; mais il ne pouvait supporter qu'ils fussent victimes des mesquines tracasseries de municipalités jalouses ou malintentionnées.

M. l'abbé Lagrange nous dit que dans le premier tiers de son épiscopat il a fait faire pour plus de 1,500,000 francs de travaux aux églises, ou aux presbytères de son diocèse, en dehors de la ville d'Orléans. Et comme il a toujours marché en ce sens suivant une progression ascendante, on doit en conclure que pendant les trente années qu'il a passées sur le siège d'Orléans il a consacré à cette œuvre plus de 4,500,000 ou 5,000,000 de francs, ce qui représente plus de 150,000 francs par an. Et ce chapitre est loin de donner toutes les ressources qu'il a su réunir pour les différentes œuvres de zèle.

Il avait demandé à ses prêtres de tenir un registre toujours ouvert, sur lequel seraient inscrits le nom et les prénoms de chacun de leurs paroissiens, les naissances et les baptêmes, les premières communions, les résultats successifs des communions pascales, les confirmations, les mariages, les décès précédés ou non de la réception des derniers sacrements. C'était ce qu'il appelait le *Status animarum*. Il en envoyait à chaque curé un exemplaire avec les divers titres imprimés; dans ses visites il ne manquait jamais de demander à le voir, et il le lisait très attentivement. Il y voyait l'avantage d'exciter le zèle de ses collaborateurs, de connaître dans le détail et avec exactitude l'état de son diocèse, en même temps que le mérite et es succès des prêtres dans leurs ministères respectifs.

Enfin, pour achever de s'informer avec la dernière exactitude, il envoyait à chaque prêtre un questionnaire intitulé : *Statistique diocésaine*. Il l'adressa en même temps que la lettre pastorale du 20 février 1850, par laquelle il faisait connaître, pour la première fois, la composition du conseil épiscopal. A un certain nombre il faisait parvenir encore un questionnaire plus détaillé et plus intime intitulé : *Zèle pastoral*.

Ajoutons les règlements précis et détaillés que recevaient les archidiacres et les doyens pour les diriger dans leurs visites archidiaconales et décanales, et nous comprendrons avec quels soins vigilants il se mettait au courant de tout ce qui pouvait l'intéresser et lui aider pour une sage et clairvoyante administration. Les réponses d'ailleurs qui étaient faites à ces différents questionnaires, il les lisait, les conservait avec soin, et s'en servait fructueusement dans la suite.

Un point capital dans l'administration d'un diocèse, c'est le placement des prêtres. L'évêque, nous en avons déjà fait la remarque, agit surtout par l'intermédiaire de ses prêtres. Il est comme un chef de bataillon qui ne donne pas exclusivement de lui-même, mais qui fait marcher ses hommes contre l'ennemi. Or, le chef le plus habile, celui qui obtiendra les plus heureux résultats, sera sans contredit celui qui saura le mieux placer ses hommes, assignant à chacun le poste de combat qui lui va le mieux.

Ainsi en est-il de l'évêque. Il fera d'autant plus de bien dans son diocèse qu'il saura mieux diriger ses prêtres, les encourager, les exciter au bien, les placer avec discernement dans les postes qui leur conviennent le plus, suivant leurs goûts, leurs aptitudes, leurs mérites, les espérances qu'ils font légitimement concevoir, et aussi leur état de santé.

Tel esprit et tel caractère, en effet, réussira dans un ministère, qui échouerait complètement dans un autre ; il importe de ne pas commettre ici une erreur qui aurait de désastreuses conséquences. Il est un poste de faveur qui se présente, il est bon que l'on choisisse pour l'occuper, quelqu'un qui aura rendu des services réels, qui se sera acquis des titres sérieux. On comprend combien par là on encourage la bonne volonté, combien on procure plus abondamment les efforts sincères et fructueux.

Souvent le zèle extérieur et apparent pourrait prendre la place du zèle véritable qui est toujours modeste et évite de se montrer. Mais c'est en s'occupant des détails, en pénétrant dans la vie intime de ses prêtres, en voyant le résultat de leurs efforts, en forçant les timidités et les réserves trop prononcées, à se trahir, qu'un évêque parvient à juger exactement les membres de son clergé, à écarter les intrigants, à récompenser les sujets vraiment méritants, et à encourager chacun à se maintenir et s'avancer toujours dans la voie du devoir.

S'il se rencontre des sujets d'élite, il importe aussi de les cultiver avec le plus grand soin. Le Seigneur qui leur a départi ses dons avec plus de largesse a sur eux des vues particulières. Dieu ne fait jamais rien en vain. Mais il ne produit pas ordinairement ses œuvres à l'état de parfaite et subite maturité. Sa sagesse juge préférable de leur fournir les moyens qui leur permettront surabondamment d'arriver au terme qu'il a en vue, laissant aux hommes le soin de les cultiver, de les faire grandir et fructifier : il interviendra incessamment pour donner la croissance, mais à condition que l'homme aura consenti à planter et à arroser. Il ne fait pas naître les apôtres et les prêtres de mérite tout formés ; mais il leur donne les germes des talents et des vertus qui, plus tard, les feront remarquer par le bien qu'ils opéreront au milieu des hommes, pourvu qu'ils sachent reconnaître et mettre à profit les dons de Dieu.

Ce travail appartient surtout à celui qui a été ainsi distingué de Dieu, et il lui importe souverainement de ne pas enfouir dans la négligence, la paresse et les préoccupations mesquines, le talent que le divin Maître aura jugé à propos de lui confier. Mais les autres peuvent être appelés aussi à seconder les vues de Dieu, et leur concours doit être d'autant plus efficace que leurs obligations sont plus directes et plus importantes.

A ce compte, un évêque est tout particulièrement intéressé à découvrir les sujets d'avenir qui ne manquent pas de se rencontrer dans tout diocèse, et à les mettre à même de faire fructifier plus abondamment les talents qu'ils auront reçus du Père céleste. Pour cela, il est besoin d'un grand discernement, et l'évêque ne saurait jamais trop bien connaître son personnel. Tel sujet, appelé à faire beaucoup de bien et qui peut-être eût été l'honneur du diocèse, ne produira rien ou presque rien, et passera tout à fait inaperçu, parce qu'il se sera vu entouré de circonstances défavorables, parce qu'il aura végété en un poste insignifiant, où son esprit n'aura pas trouvé les aliments nécessaires pour s'entretenir et se développer.

Cette partie de son administration préoccupait donc, à juste titre, Mgr Dupanloup. Les moyens qu'il avait pris pour se mettre en relation avec ses prêtres, étaient de nature à les lui faire connaître avec exactitude. Mais cela ne lui suffisait pas, et il voulait encore mettre à profit les lumières de ses vicaires généraux. C'était en conseil épiscopal que se réglaient les placements et les déplacements des différents membres du clergé, et, il s'était prescrit comme une loi, de ne rien faire en dehors des décisions prises par le conseil. Il y assistait régulièrement, et les mesures qui y étaient adoptées lui paraissaient entourées de plus de garanties.

Mais ses précautions redoublaient lorsqu'il s'agissait des jeunes prêtres. C'est dans les jeunes prêtres principalement que l'on rencontre les grandes promesses futures, et souvent tout un avenir sacerdotal dépend du premier poste que l'on occupera.

Il travailla avec un soin spécial à établir la vie commune dans le presbytère, entre le curé et son vicaire ou ses vicaires. Il y voyait le grand avantage d'une plus facile entente dans

les fonctions du saint ministère, et par conséquent plus de
fruits de salut obtenus. C'était aussi à ses yeux un puissant
préservatif pour les jeunes prêtres, qui se trouvaient par cette
mesure préservés, en partie du moins, contre les périls de l'ennui et de l'isolement, et un moyen de remédier aux modiques
ressources qu'ils avaient à leur disposition.

Ces jeunes prêtres, objets de ses plus vives sollicitudes, il les
recommandait aux soins, à l'affection et à la direction paternelle des prêtres auxquels il les confiait.

« Pour les défendre, disait-il dans la lettre pastorale de 1854
» où il traitait de la vie commune, il n'est rien que je ne sois
» prêt à faire, et que vous ne deviez faire vous-mêmes... Ils
» sont l'espérance et la consolation du diocèse, ils deviendront
» un jour sa force et sa gloire, si nous avons tous, si MM. les
» curés surtout ont pour eux les soins qu'il faut avoir, les soins
» spirituels et les soins temporels.

» ... Ceux d'entre vous que nous chargeons de cures à vi-
» caires, nous les regardons surtout comme les pères, les maî-
» tres, les guides, comme les seconds instituteurs enfin de ces
» jeunes prêtres, qui sont toute notre espérance... Il n'y a rien
» de plus cruel pour le jeune prêtre qui sort du séminaire,
» plein du souvenir des bontés paternelles qu'il a rencontrées,
» plein de confiance en la Providence et dans les vertus des
» curés auxquels on le confie, et qui se sent tout à coup isolé,
» négligé, oublié, et comme abandonné. »

On l'a accusé de bouleverser son administration par des déplacements trop multipliés, qu'il imposait à ses prêtres. Il faut
en général se défier de ces accusations générales et sommaires,
portées à la légère, le plus souvent venues de quelque rancune
d'amour-propre froissé ou d'ambition déçue. Ce que nous avons
dit du soin avec lequel il avait tout organisé, suffirait pour réfuter celle-ci.

Il peut se faire, il a même dû arriver que la vivacité de son
zèle lui ait plus d'une fois inspiré des mesures précipitées, et
qu'il se soit trop hâté de changer des prêtres qu'il avait jugés
ne pas faire suffisamment le bien au poste qu'ils occupaient.
Cependant, il avait pour principe de ne pas multiplier les changements, et, lorsqu'un prêtre avait été envoyé dans un poste, il

l'y laissait le plus longtemps possible, aussi longtemps qu'aucune raison sérieuse ne se présentait pour demander son déplacement. Il croyait la trop grande mobilité des desservants et des vicaires un des plus grands obstacles aux fruits du ministère paroissial. Il voulait donc que chacun restât à son poste assez de temps pour mener à bonne fin et confirmer le bien commencé. Lorsqu'il déplaçait un prêtre, c'était généralement pour l'envoyer à un poste plus important, où il aurait plus de bien à opérer, ou pour récompenser ses mérites et par là encourager les autres, au grand avantage de tout le diocèse.

Le ministère du prêtre est d'autant plus fructueux qu'il est lui-même plus vertueux et plus instruit. La sainteté et la science sont les deux conditions indispensables à quiconque aspire à ces fonctions sublimes. Mgr Dupanloup le savait, et il travailla de toutes ses forces à obtenir que ses prêtres augmentassent en science et en sainteté.

Dès son apparition dans le diocèse d'Orléans, il s'occupa de la sanctification de son clergé. Tout ce que nous avons déjà dit de ses relations avec ses prêtres, les visites pastorales, les correspondances, les questionnaires, les excitations au zèle, la vie commune commandée aux curés et aux vicaires, tout cela avait pour objectif définitif la sanctification des prêtres, et par celle-ci, la sanctification des fidèles. Mais il voulut encore y travailler plus directement par les retraites pastorales.

Sans doute, dans le diocèse d'Orléans il y avait une retraite pastorale annuelle. Mais la moitié des prêtres au plus pouvaient y assister; et ce n'était que tous les deux ans que la plupart pouvaient jouir des bienfaits de ces recollections spirituelles où la ferveur sacerdotale se retrempe si puissamment. Il voulut que chaque année, tous, sans exception, pussent en profiter; à cette fin il régla qu'il y aurait deux retraites successives, et cette mesure, prise à sa première année, fut maintenue jusqu'à la fin de son épiscopat.

Un des plus efficaces moyens pour les prêtres de se maintenir et d'avancer dans la vertu, c'est l'application à l'étude. Un prêtre qui travaille sérieusement et constamment ne saurait guère être qu'un bon prêtre. Outre qu'il augmente chaque jour cette science dont ses lèvres doivent garder le dépôt sacré afin de la communiquer au peuple, il se nourrit chaque jour au sein d'une atmosphère pure et vivifiante, et il voit son tempérament moral se fortifier en même temps que son esprit s'orne de notions utiles et intéressantes. L'étude, en un mot, fournit au prêtre les notions dont il a besoin pour remplir fructueusement sa mission au milieu des hommes, et elle lui est une très puissante garantie de persévérance dans la vertu que réclame son saint état.

Le prêtre qui n'étudie pas, ne se dirigera pas avec le tact et la sagesse que réclament les fonctions si délicates du tribunal de la pénitence, où il doit agir à la fois comme père, docteur, juge et médecin. Il ne saura pas convenablement discerner entre les plaies et les plaies, entre les remèdes et les remèdes, entre les conseils et les conseils. Sévère quand il faudrait être indulgent, d'une faiblesse relâchée au contraire, dans des circonstances qui réclameraient une énergique fermeté, il rebutera par ses rigueurs, ou par son intempestive mollesse, il n'osera pas pénéter jusqu'au vif et extirper le mal dans ses racines; et, dans l'un et l'autre cas, il sera cause de la perte d'âmes qu'une science plus sérieuse lui aurait fait sauver. Mais surtout que fera-t-il, s'il se trouve en présence de quelqu'une de ces âmes que le Seigneur a distinguées des âmes ordinaires, et qu'il veut appeler par les voies extraordinaires à une plus grande perfection?

Le prêtre qui ne travaille pas est livré la plupart du temps à l'oisiveté, et l'oisiveté est la plus mauvaise inspiratrice. Il manque d'ailleurs à une de ses plus graves obligations, et dès lors il ne saurait être considéré comme un prêtre modèle. Un prêtre laborieux, disons-nous, est généralement un bon prêtre; mais un prêtre ostensiblement paresseux, nous le regarderions difficilement comme un prêtre suivant le cœur de Dieu.

Mgr Dupanloup savait cela. Aussi bien veilla-t-il à ce que ses prêtres fussent des prêtres d'étude, autant du moins que cela dépendit de lui. Les questionnaires qu'il leur envoyait, les comptes-rendus qu'il leur demandait, les pressantes exhortations qu'il leur adressait pendant les retraites et en d'autres circonstances, les conférences religieuses qu'il veillait avec le plus grand soin à faire tenir avec exactitude et à faire corriger soigneusement, afin de pouvoir en rendre un compte public et fidèle, étaient autant des moyens efficaces pour obtenir de tous une sérieuse application à l'étude.

Mais ici encore son attention se porta tout particulièrement sur les jeunes prêtres. Encore dans les ardeurs de la jeunesse, il leur est plus facile de conserver les habitudes studieuses apportées du séminaire.

Les examens pour les jeunes prêtres avaient été institués par Mgr Fayet, dans une ordonnance de 1843, en même temps que les conférences ecclésiastiques. Il se garda bien de négliger une aussi sage mesure, mais il s'efforça de la développer, de la stimuler, de lui donner chaque année une nouvelle impulsion, afin d'empêcher la routine, la lassitude et le relâchement, et de la rendre de plus en plus féconde en bons résultats.

Dans un voyage qu'il fit à Rome, vers la fin de 1854, à l'occasion de la promulgation du dogme de l'*Immaculée Conception*, par un bref du 25 janvier 1855, il obtint le privilège de conférer les deux premiers grades théologiques, le *baccalauréat* et la *licence*.

De retour dans son diocèse, il s'empressa d'en profiter pour relever le zèle des études ecclésiastiques parmi les membres de son jeune clergé. Il fit construire au grand séminaire, la belle salle, qui fut appelée *salle des Thèses*; et c'est là qu'il se rendait, accompagné de ses vicaires généraux, en habits de chœur comme lui, des amis illustres qui aimaient à se rendre à ses invitations, pour assister aux examens ou à la soutenance des thèses que devait couronner le grade de *bachelier* ou celui de *licencié en théologie*. Les heureux candidats, sortis triomphants des épreuves, étaient envoyés à Rome, aux frais du diocèse, pour y compléter leurs études théologiques et en revenir avec le titre de *docteur*.

La timidité, une fausse honte aurait empêché beaucoup de jeunes ecclésiastiques de se présenter comme aspirant à gagner ces distinctions. Mais il savait lui-même aller au devant. Il connaissait ses séminaristes, comme nous le verrons, par lui-même et par ceux qui avaient la direction du grand séminaire, et lorsqu'on lui avait signalé un séminariste de promesses ou qu'il l'avait discerné lui-même, il ne manquait pas de lui proposer la préparation aux grades théologiques, et plus d'une fois de l'imposer.

Cette distinction de l'évêque, qui venait ainsi choisir des jeunes gens au début de leur carrière sacerdotale, leur était tout particulièrement flatteuse; et dans la ferveur de leur bonne volonté ils se mettaient résolument à l'œuvre, et le diocèse d'Orléans posséda bientôt un plus grand nombre de prêtres instruits, amis de l'étude et capables de rendre des services signalés.

Sans doute, plus d'une fois, quelque jeune clerc trouva d'abord onéreuse la distinction dont il était l'objet de la part de l'évêque; et, pour employer une formule familière, il s'en serait aisément dispensé. Le travail est toujours plus ou moins pénible, et ils sont rares ceux qui s'astreignent à l'étude par le seul attrait qu'ils y éprouvent.

Nous ne prétendons pas nier les charmes de l'étude, et nous avouons qu'après ceux de la vertu, il n'en est pas pour l'homme de plus réels ni de plus nobles. Mais ce n'est pas au début qu'ils apparaissent; pour les découvrir, pour en jouir, il faut commencer par surmonter des peines et par traverser des amertumes. Et il a dû arriver que certains esprits, désignés par Mgr Dupanloup, eussent préféré rester tranquillement dans le peu de science acquise durant leurs études cléricales, le conserver par un travail modéré, fait doucement et de loin en loin. Mais nous ne croyons pas qu'il s'en soit trouvé un seul qui, après le succès obtenu, n'ait été très heureux et très satisfait du labeur plus ou moins pénible auquel il lui avait fallu se soumettre. D'ailleurs, il faut savoir s'imposer un peu de peine, lorsque c'est pour le bien soit du sujet lui-même, soit surtout de tout un diocèse.

Les grades théologiques cependant ne pouvaient être acquis que par les jeunes clercs plus intelligen.s; Mgr Dupanloup voulait étendre à tous l'émulation et les autres excitants à l'étude; et il établit les *concours*.

C'étaient des questions de *dogmatique* et de *pastorale* qui étaient envoyées tous les deux ans. Les travaux étaient adressés à l'évêché, soumis à l'examen d'une commission, et il y avait pour les vainqueurs, des prix proportionnés à l'importance des travaux présentés. S'il arrivait qu'en dehors des concours, des examens, des conférences ou de tout autre travail prescrit, un prêtre produisît une étude digne d'être remarquée, l'évêque ne manquait pas de lui donner une récompense pour le remercier et l'encourager.

Ajoutons le soin qu'il prit pour faire établir des *bibliothèques presbytérales*, qui restassent attachées aux presbytères, et où les prêtres pussent sans cesse trouver des éléments de travail, et nous avouerons, sans peine, que Mgr Dupanloup a fait tout ce qui dépendait de lui pour mettre l'étude en honneur dans le clergé confié à sa direction.

Mais pour agir efficacement sur les hommes, il importe auparavant de gagner leur affection. Mgr Dupanloup voulut être aimé de ses prêtres, et cela afin d'obtenir d'eux plus facilement ce qu'il leur demandait. Nous croyons qu'il y réussit, et que généralement il fut aimé de son clergé. Sans doute, il y eut des exceptions, et il est des mécontentements, des oppositions, des inimitiés, oserions-nous dire, qui se sont produites avec éclat. Il n'est pas possible qu'un évêque, un jour ou l'autre, ne soulève pas des plaintes, ne cause pas des froissements, surtout un évêque du caractère de Mgr Dupanloup.

Dans l'ardeur et la vivacité de son zèle, il lui est arrivé plus d'une fois de ne pas assez garder de ménagements, de ne pas assez tenir compte des habitudes contractées, des obstacles à surmonter, quelquefois même des droits acquis. De là des murmures, des mécontentements qui ont persévéré jusqu'à la fin. D'autres fois aussi a-t-il trop tenu à sa manière de voir et trop violemment imposé sa volonté, n'acceptant pas des remontrances qui pouvaient lui être faites à juste titre. Ce sont des imperfections, des défauts que l'on rencontre si souvent. Et puis, il y a toujours parmi ceux que l'on est appelé à administrer des esprits exigeants, inquiets, que l'on ne parviendra jamais à contenter, qui regarderont toujours comme dirigées contre eux les attentions que l'on aura pour les autres.

Malgré ces exceptions, nous sommes assuré que la plupart de ses prêtres aimaient sincèrement Mgr Dupanloup. C'est qu'il avait pour eux une réelle et effective affection. Sans doute, lorsque sa conscience le réclamait, il adressait des avertissements et même des réprimandes. Mais généralement il savait les entourer de témoignages d'intérêt qui adoucissaient ce qu'il pouvait y avoir de pénible et parfois d'amer. S'il lui arrivait de sévir, c'est qu'en conscience il s'y croyait obligé.

Il songeait à ses prêtres vieux et infirmes, et il travailla efficacement à augmenter les ressources de la caisse de retraite. Ses efforts ne furent pas sans résultat, et quelques années après son arrivée à Orléans il se félicitait d'en avoir doublé les ressources. Il savait aussi compatir aux fatigues de ceux dont quelque travail extraordinaire avait contribué à ébranler la santé; et des paroles gracieuses de remerciement, des excursions d'agrément procurées à ses frais, lui gagnaient pour toujours l'inaltérable reconnaissance de jeunes prêtres, qui ensuite, ne reculaient devant aucun sacrifice pour prouver combien chez eux étaient vivants les souvenirs du cœur

Les prêtres étaient rares dans le diocèse d'Orléans, et il fallait songer à les multiplier. Il travaillait à en attirer des diocèses étrangers où ils pouvaient être en surabondance, nous en avons déjà fait la remarque. Mais il aurait surtout voulu se suffire de son propre fonds, et il s'efforça de faire surgir le plus de vocations qu'il lui fut possible dans son diocèse d'Orléans. A cette fin il songea à faire affluer les élèves plus nombreux vers le petit séminaire de la Chapelle; et il apporta dans cette maison la direction et les réformes qui avaient si bien réussi à Saint-Nicolas du Chardonnet. Le même succès vint couronner ses efforts.

Admirablement secondé par M. Place, plus tard cardinal archevêque de Rennes, et par M. Hetsch, prêtre wurtembergeois converti du protestantisme, d'abord collaborateur et puis successeur de M. Place, il ne tarda pas à faire de la Chapelle un des établissements les plus remarquables de France, où les études étaient d'une grande force, où la piété était en honneur; où l'on recevait une éducation soignée et où enfin l'on accourait de pays éloignés. Bientôt les vastes bâtiments disposés par Mgr Fayet furent trop étroits, tant était considérable le nombre d'élèves attirés par la réputation de

Mgr Dupanloup et par les heureuses réformes introduites.

Aussi bien n'épargna-t-il aucune peine pour mettre cette maison sur un excellent pied. Comme à Saint-Nicolas, il établit *un niveau d'études* pour chaque classe, et il veilla à ce que l'on s'y conformât avec fidélité. Il composa en même temps un *double directoire*: le *temporale*, pour régler le temps que devait durer chaque classe et chaque cours ; l'*Ordo discendi et docendi*, où était déterminé jour par jour, classe par classe, le travail que chaque professeur devait donner à ses élèves,. Pour veiller à l'observance exacte de ces prescriptions, il y avait un *préfet des études*, comme il avait aussi un *préfet spirituel* et un *préfet de discipline*.

Ainsi rien n'était laissé aux caprices et à l'inexpérience des jeunes professeurs. Dès que l'on était admis à enseigner à la Chapelle, on avait une méthode à laquelle il fallait se soumettre, mais qui empêchait bien des hésitations et des faux pas ; on recevait une direction et de sages conseils qui donnaient aux premiers jours les bénéfices d'une longue expérience.

Il fonda aussi à Orléans un établissement préparatoire à celui de la Chapelle. D'abord placé dans une dépendance de l'évêché, il fut transporté dans une maison qui avait appartenu aux Minimes et dont il avait pu faire l'acquisition. Le nombre des élèves fut bientôt si considérable, qu'il le mit de plein exercice, sous le nom de *petit séminaire des Minimes*, et il eut deux petits séminaires pourvus d'élèves.

Sans doute un grand nombre de jeune gens venus à la Chapelle ou aux Minimes, mais à la Chapelle surtout, appartenaient à de riches familles et ne se disposaient pas à l'état ecclésiastique. Ils recevaient une bonne éducation religieuse, et ils allaient ensuite dans le monde grossir les rangs des laïques honnêtes et religieux. Mais il se garda de négliger ce qui devait contribuer au recrutement de son clergé. Grâce à des bourses établies, il fut possible d'admettre beaucoup plus d'enfants auxquels la modicité de leur position n'aurait pas permis de faire leurs études. Reçus au petit séminaire et élevés en vue du grand séminaire, ils devenaient de précieux auxiliaires dans les fonctions du saint ministère.

Il y avait plus de jeunes gens qu'auparavant pour l'état ecclésiastique ; en sorte que l'éclat donné à ses maisons et l'affluence considérable d'élèves qui se destinaient à d'autres carrières ne nuisaient en rien, au point de vue numérique, à l'œuvre des vocations. En même temps, par les ressources plus abondantes qui se produisaient, les études et la discipline se trouvaient sensiblement favorisées, les sujets étaient mieux préparés et devenaient aptes à faire plus de bien. Le clergé et le monde laïque y gagnaient à la fois.

Il ne se désintéressa pas non plus de son grand séminaire. Il le savait en bonnes mains, puisqu'il le trouva sous la direction sage et éclairée des prêtres de Saint-Sulpice. Cependant il y faisait de fréquentes apparitions, et sa parole s'adressait souvent aux séminaristes pour les exciter, les enflammer à l'amour du travail, de la vertu et de l'apostolat prochain. Il ne s'enquérait pas du règlement ni de la direction imprimée ; il abandonnait ces points à l'expérience et à la sagesse des directeurs. Mais il venait recommander aux séminaristes la docilité, le bon esprit, la charité, toutes les vertus que doit pratiquer le bon prêtre, s'il veut faire le bien au milieu des hommes ; et sa présence au grand séminaire ne laissait pas de produire chaque fois des fruits d'édification. Il aimait aussi à se faire rendre compte de la conduite et des aptitudes de chacun de ces jeunes gens en qui il voyait l'avenir de son diocèse. Il apprenait ainsi à les connaître de plus en plus, et il en profitait pour les encourager par quelque parole affable, par une attention particulière qui transportait ces jeunes séminaristes, heureux de se voir remarqués par leur évêque et disposés, par suite, à ne reculer devant aucun sacrifice, afin de correspondre à tout ce qu'il pourrait leur demander.

C'est ainsi que Mgr Dupanloup s'efforça d'agir sur son clergé, de le former, de le rendre de plus en plus apte à ses grandes fonctions. S'il ne réussit pas en tout, si même dans l'application de ces mesures, il lui arriva de ne pas toujours procéder avec une exacte mesure, il faut bien reconnaître cependant que son action, en somme, fut heureuse, et que les mesures adoptées étaient excellentes.

Le prêtre est fait pour travailler au salut de ses frères, et si Mgr Dupanloup veillait ainsi sur ses prêtres, c'était afin que par eux il pût atteindre plus efficacement le reste de ses diocésains et travailler à leur sanctification. Dès son arrivée à Orléans il s'occupa activement du salut de tous ceux dont il avait la charge pastorale, et les moyens qu'il employa furent principalement les missions, les prédications et les catéchismes.

La seconde année de son épiscopat fut l'année du *jubilé*; il en profita pour donner une vigoureuse impulsion à l'œuvre de transformation chrétienne qu'il voulait accomplir. A peine de retour de son premier voyage *ad limina*, il dépensa toutes les ressources de son activité afin que cette grande indulgence que l'Église tirait de son trésor spirituel, pour l'offrir au monde catholique, fût pour ses diocésains un point de départ puissant dans la voie de la réformation.

Il réédite un opuscule qu'il a publié à l'occasion du *jubilé* de 1846 : *Le véritable esprit du Jubilé expliqué par Bossuet, Fénelon, Bourdaloue*, etc.; il organise des retraites à Orléans, pour les ouvriers, pour les domestiques, pour les jeunes filles, pour les jeunes gens, pour les dames et enfin pour les hommes exclusivement. Il prêche partout, se dépense avec une activité qui tient du prodige. Son exemple enflamme l'ardeur de tout le clergé de la ville épiscopale, et les résultats obtenus dépassent les espérances les plus hardies.

Ses prières, ses exhortations vont porter dans tout le diocèse la sainte contagion du zèle; des missions sont organisées, et au 26 février 1851 il peut déjà écrire : « Le Jubilé a fait des » miracles partout où il y a eu des ouvriers; » et le 13 jan- » vier 1852 il ajoute : « Le résumé de tout ce qui s'est fait, pour » le Jubilé, dans le diocèse, me montre qu'avec des ouvriers et » des ressources on pourrait en dix ans tout renouveler. »

Et cet élan imprimé, il travailla à ce qu'il ne se ralentît pas. Lui-même, pendant le carême, prêchait dans sa ville épiscopale. Il avait un prédicateur pour la station et qui se faisait entendre pendant les jours de la semaine. Mais il s'était réservé le sermon du dimanche, et à chaque fois qu'il devait monter en chaire, l'affluence extraordinaire des fidèles disait assez éloquemment combien peu on était lassé de l'entendre. Des places étaient réservées aux hommes dans la grande nef en face de la chaire; mais cette enceinte privilégiée ne leur suffit bientôt plus, et il leur fallut toute la nef.

Le concours consolant qui se produisit à la station du Jubilé que prêchait le P. Le Vasseur, supérieur des Pères de la Miséricorde, lui fit concevoir le projet hardi de la terminer par une retraite spéciale pour les hommes. L'essai réussit, et il le reprendra bientôt.

En l'année 1858, ayant pu conquérir un peu de loisir par la publication de deux nouveaux volumes de son traité l'*Education*, il voulut en profiter pour prêcher lui-même la station de carême dans son église cathédrale. Voyant l'affluence de plus en plus considérable, il résolut de donner des conférences aux hommes pendant la semaine.

Le même projet, essayé en 1816 et en 1824, n'avait pas réussi; et une réelle appréhension s'était emparée de l'évêque et du clergé. Afin de moins s'exposer, on fit la première réunion dans la chapelle de l'*officialité*. Dès la seconde, il fallut aller dans l'église plus vaste de Saint-Pierre-du-Martroi. Celle-ci bientôt n'étant plus suffisante, on se rendit à la cathédrale, qui, elle-même, eut de la peine à contenir l'auditoire qui se pressait dans sa large enceinte.

Le succès était complet. Il voulut en profiter pour perfectionner l'œuvre de salut. Il annonça pour la semaine sainte une retraite d'hommes, à l'exemple de celle qui avait lieu à Paris pour l'auditoire de Notre-Dame. Certes! il eut tout lieu de s'en féliciter. Du premier jour, les auditeurs trop nombreux durent s'abriter jusque sous l'orgue, jusqu'aux extrémités du sanctuaire, et pendant toute la semaine, le concours ne fit que s'accroître, et pour couronnement, le dimanche de Pâques il eut la consolation de distribuer le pain eucharistique à plusieurs pécheurs qui depuis longues années s'étaient tenus éloignés des sacrements de l'Église.

Cette retraite fut de ce jour définitivement instituée. Chaque année les hommes de la ville d'Orléans allaient autour de la chaire de vérité pour entendre des paroles d'édification pendant la semaine sainte, et il était rare que quelque retour à Dieu ne vînt pas signaler ces pieux exercices.

Le carême d'ailleurs ne fut pas le seul temps où il se fit entendre, pas plus que la ville d'Orléans ne fut la seule localité de son diocèse où il monta en chaire. Mais à chaque fois que l'occasion s'en présentait, et partout où il se trouvait, il ne manquait jamais d'instruire les peuples confiés à sa sollicitude. Nous le reverrons longtemps encore, durant le cours de notre récit, et nous aurons souvent occasion de constater le zèle avec lequel sa voix se dépense pour annoncer en toutes circonstances les paroles de vie.

Mais cette ardeur dont il était animé, il voulut en enflammer tout son clergé. Dans ses instructions ou mandements de carême il insistait auprès de ses prêtres pour qu'ils s'employassent, par tous les moyens en leur pouvoir, à obtenir de leurs paroissiens l'accomplissement du grand devoir pascal. Il leur recommandait de s'entendre, de s'aider réciproquement, de mettre tout en œuvre pour agir sur les fidèles, pour les gagner en plus grand nombre à Notre-Seigneur; et ses lettres pastorales leur arrivaient chaque fois plus pressantes, plus brûlantes de zèle; et au bout de quelques années il eut la consolation de constater que le nombre des communions pascales avait doublé et même triplé dans son diocèse.

Nous avons déjà parlé de ses tournées pastorales aux confirmations, et nous avons vu comment il en profitait pour se mettre en relation avec ses prêtres. Il voulut qu'elles fussent une occasion de bénéfices spirituels pour les simples fidèles. En conséquence il demanda qu'elles fussent précédées de quelques jours de retraites ou de missions.

Il pria d'abord les prêtres des paroisses de s'aider réciproquement, de remplir tour à tour les uns pour les autres les fonctions de missionnaires. Il parvint peu à peu à introduire dans son diocèse des ordres religieux dont les membres lui furent du plus précieux concours; et bientôt il put faire donner dans son diocèse, en moyenne, cent missions par an. Or, que l'on se fasse une idée du bien que peuvent opérer cent missions par an dans un diocèse, et l'on verra s'il est permis de regarder comme stérile le passage de Mgr. Dupanloup à Orléans.

Il excitait le zèle de ses prêtres par toutes sortes de moyens, leur disant d'aller au devant des pécheurs, de ne pas se contenter de ce zèle qu'il appelait *expectant*, et qui consiste à répondre à chaque fois qu'il est fait appel au ministère du prêtre. Si les apôtres et leurs successeurs avaient agi de la sorte, auraient-ils réussi à convertir le monde ?

Les apôtres du mal doivent ici nous servir de modèles. Les voit-on rester oisifs, attendre tranquillement que les occasions se présentent à eux, qui leur permettent d'exercer leur pernicieuse influence ? Quelle honte cependant que les enfants des ténèbres aient plus de zèle et de prudence que les ministres de la lumière ! Le mal nous envahit de toutes parts. Mais pour l'arrêter, pour le forcer à reculer, suffit-il de faire entendre des plaintes, des gémissements stériles ? A l'œuvre donc, et à l'œuvre sans ralentissement, sans lassitude, et bientôt nous aurons repris le terrain perdu, et nous pousserons plus loin nos conquêtes.

Il porta une attention toute spéciale aux catéchismes. Sans doute les catéchismes se faisaient régulièrement et avec zèle dans le diocèse d'Orléans. Quel est le diocèse de France où il en est autrement ? Or le diocèse d'Orléans venait d'être gouverné par un évêque modèle, qui n'aurait jamais permis à une œuvre aussi importante de tomber en désuétude. Mais aussi quel est le diocèse où les catéchismes se font comme ils se faisaient à la paroisse de la Madeleine, sous la direction de l'abbé Dupanloup ? L'enseignement du catéchisme lui parut donc réclamer une prompte et capitale amélioration, et il se hâta de l'y introduire.

Dès l'année 1850, c'est-à-dire la seconde de son épiscopat, après avoir assisté lui-même aux catéchismes de la cathédrale, après s'être bien rendu compte de la manière défectueuse dont ils étaient faits, il réunit les prêtres chargés de ce ministère. Il les fit venir plusieurs fois à l'évêché, et là, dans des entretiens familiers, pleins d'abandon, de condescendante bonté, d'encouragements en même temps que de flamme, il s'efforça de leur apprendre l'importance fondamentale de l'œuvre des catéchismes, du bien extraordinaire qu'ils devaient produire pour la régénération spirituelle de la société. S'ils donnent si peu de fruits, c'est que presque partout ils sont faits suivant des méthodes vicieuses.

Alors il se met à leur dire comment il entend l'œuvre du catéchisme, comment on pourrait la rendre admirablement fructueuse ; comment il faisait lui-même à Paris, comment il conviendrait de faire à Orléans. Et afin d'enflammer davantage leur zèle, il leur communique son dessein d'organiser la cathédrale en paroisse modèle, sur laquelle se formeraient les autres paroisses du diocèse. Par conséquent ils doivent concourir avec lui pour le seconder dans son projet, et il compte sur eux pour établir une réforme qui se répandra bientôt dans le reste du diocèse.

Ces exhortations furent écoutées ; les jeunes catéchistes de la cathédrale d'Orléans se mirent résolument au travail, et bientôt, Mgr Dupanloup eut l'inappréciable consolation de voir fleurir dans sa cathédrale, cette œuvre à laquelle il avait dû ses premiers succès dans le ministère ecclésiastique. Il y eut les catéchismes du dimanche, les catéchismes de semaine, les catéchismes de persévérance ; et plus d'une fois, en y assistant, l'illustre prélat dut se laisser aller à la douce illusion de retrouver ses premières années de la Madeleine.

Comme il l'avait vu faire à Saint-Sulpice, il choisissait des séminaristes et leur confiait les fonctions de catéchistes. Les prêtres de la cathédrale, auxquels il avait déjà fait part des fruits de son expérience, l'aidaient à les former. Ces jeunes séminaristes s'en allaient ensuite dans les différentes paroisses propager la bonne méthode ; et, grâce à leur action, grâce à celle des catéchistes de la cathédrale, grâce surtout aux pressantes exhortations de l'évêque, la réforme ne tarda pas à se répandre dans le diocèse et à donner les plus heureux résultats.

Telles furent les grandes lignes de l'administration de Mgr Dupanloup.

CHAPITRE XVI

La question des Classiques. Mgr Dupanloup académicien (1854).

M. l'abbé Gaume venait de s'élever fortement par son *Ver*

rongeur contre l'introduction des *classiques païens*, à l'exclusion des *classiques chrétiens*, c'est-à-dire des *écrivains ecclésiastiques*, latins et grecs, dans les maisons d'éducation, surtout dans les maisons fondées par le clergé catholique. Il y avait dans l'exposé de son système des exagérations, comme il s'en produit dans tout mouvement de réaction. Cependant, pour notre part, nous le croyons appuyé sur un principe incontestable.

Les beautés littéraires par elles-mêmes ne sont pas païennes ; elles sont l'apanage universel de l'esprit humain, qui doit les admirer partout où il les trouve et les utiliser pour sa formation. Mais en est-il moins vrai que sous ces descriptions séduisantes des sociétés antiques, telles qu'elles nous apparaissent dans les écrits d'Athènes et de Rome, de jeunes imaginations courent le risque d'être trompées, de se prendre de dégoût pour nos sociétés modernes qu'il n'est pas possible de leur poétiser ainsi ? Et alors elles rêvent de chimériques réformes, sources de troubles et de bouleversements pour le moins stériles en bons résultats. Voudrait-on affirmer que la part trop grande, presque exclusive, faite aux *classiques païens*, n'a en rien contribué à l'introduction et au maintien des idées révolutionnaires dans notre société ? Il nous semble que M. Lhomond eût fait œuvre plus utile en composant un livre, pour provoquer à l'admiration des *héros illustres du christianisme*, plutôt que des *héros de la ville de Rome*.

Dans les classes inférieures nous aimerions beaucoup que le fond des classiques fût chrétien. A mesure que les élèves monteraient dans leurs études, on augmenterait la part des auteurs païens, en ayant soin toutefois, de les expurger attentivement et de les expliquer chrétiennement, faisant ressortir à chaque occasion la supériorité de la morale chrétienne sur la morale païenne. Dans les classes d'humanités en particulier, qui doivent former les jeunes esprits à la bonne latinité, la part pourrait être à peu près égale de chaque côté, et ainsi nous ne croyons pas que les études littéraires eussent à en souffrir.

La question, aujourd'hui, est facile à juger. Les discussions passées ont fait la lumière. Mais alors il était loin d'en être de même, et les discussions qui depuis ont servi à éclairer le débat, ne faisaient que l'obscurcir davantage.

Quelques professeurs des petits séminaires du diocèse d'Orléans, troublés par ces conflits, ne savaient trop à quoi s'en tenir. Mgr Dupanloup leur traça leur conduite dans une lettre adressée à tous ceux qui dans son diocèse étaient chargés de l'œuvre si importante de l'éducation. Ils doivent se garder de toute innovation précipitée, se conformer au programme qu'il leur a déjà prescrit, dans lequel la part est faite aux écrivains ecclésiastiques, mais d'où il ne laisserait pas exclure absolument les auteurs profanes, modèles de bon goût. Il leur demande seulement de les expliquer chrétiennement et surtout de mettre entre les mains des élèves des éditions bien expurgées.

Ces prescriptions étaient sages, et personne n'aurait pu trouver à reprendre dans une conduite qui était parfaitement dans son droit. Mais il eut le tort d'y mêler des phrases trop vives et trop agressives à l'endroit de ceux qui ne pensaient pas comme lui, et cela amena des représailles. L'*Univers*, en particulier, dut se croire principalement visé, et il répondit en plusieurs articles, surtout par la plume de son rédacteur en chef, M. Louis Veuillot. Oubliant que la lettre de Mgr Dupanloup était un acte épiscopal, dans lequel il traçait leur conduite à quelques-uns de ses prêtres, dans des circonstances où il était de son droit et même de son devoir d'évêque d'intervenir, l'illustre polémiste le prit vivement à partie, et à son tour ne sut pas se préserver de regrettables violences.

Au fond, ils avaient raison l'un et l'autre, et la différence d'appréciation n'était pas si grande qu'il n'eût pas été possible de s'entendre. Mais l'animosité qui régnait entre eux, à leur insu, leur grossissait les divergences, et leur dérobait les points sur lesquels la conciliation aurait pu se produire.

Mgr Dupanloup, blessé par les articles de l'*Univers*, publie un mandement dans lequel il se plaint d'avoir été calomnié; et en même temps il dénonce cette ingérence du journalisme laïque qui se permet de juger et de critiquer les actes épiscopaux. Il défend aux supérieurs et aux professeurs de ses établissements de s'abonner à l'*Univers* et même de continuer les abonnements commencés.

La mesure était grave. Le journal ne voulut pas rester sous

cette accusation. Louis Veuillot répondit donc dans un article où il protestait de sa bonne foi et de ses bonnes intentions. Il n'avait pas cru critiquer un acte épiscopal, mais seulement une opinion qu'il ne partageait pas.

Mgr Dupanloup, voulant aller plus loin, rédigea une déclaration, de concert avec l'archevêque de Paris et le cardinal-archevêque de Besançon. Il y était dit en substance : — 1° que les écrits des évêques ne pouvaient dépendre que du Pape ou des conciles provinciaux ; — 2° que l'emploi des classiques païens n'était pas mauvais en soi, pourvu que l'on eût soin de les expurger soigneusement et de les expliquer chrétiennement ; — 3° qu'il était bon néanmoins de faire la part aux écrivains ecclésiastiques ; — 4° qu'il appartenait aux évêques de déterminer ce qu'il conviendrait de faire dans leurs établissements respectifs.

Cette déclaration présentée aux différents évêques réunit quarante-six signatures. D'autres évêques n'adhérèrent qu'avec des réserves ; un certain nombre refusèrent de signer. Mais le calme se rétablit. La déclaration ne fut pas publiée, et les auteurs mêmes de la réforme réduisirent leurs réclamations à demander l'expurgation plus sévère et l'explication chrétienne des auteurs païens, avec une plus large part faite aux auteurs chrétiens.

Ainsi, comme il arrive très souvent, après une longue et trop vive discussion il se trouva qu'au fond on n'était pas tellement éloigné de s'entendre ; et nous dirions volontiers avec Mgr de Nevers : « Si l'on se fût contenté d'émettre avec modération ce vœu inoffensif, aucun évêque n'aurait songé à » réclamer. »

D'autres divisions ne tardèrent pas à se produire au sujet de l'épisode Gaduel et Donoso-Cortès. Mgr Sibour alla jusqu'à interdire l'*Univers*. Mais l'affaire ayant été portée à Rome par Louis Veuillot, le Pape publia l'encyclique *Inter multiplices*, dans laquelle il recommande la presse religieuse à la charité des évêques et prescrit aux journalistes de se soumettre à leur direction. Louis Veuillot, entre temps, venait d'écrire une lettre respectueuse à l'archevêque ; celui-ci retira aussitôt son interdit, et la paix fut de nouveau rétablie. Mais nous ne voulons pas insister davantage sur ces conflits regrettables, où nous ne croyons pas qu'il soit possible de justifier absolument un parti, pour condamner l'autre exclusivement.

Tous les grands travaux de l'évêque d'Orléans, ses luttes mêmes avaient jeté un grand éclat sur son nom. On avait déjà songé à lui pour occuper un fauteuil académique laissé vacant par la mort de M. Ancelot, et si ce projet ne se réalisa pas d'abord, il le fut bientôt après, à la mort de M. Tissot, que Mgr Dupanloup fut appelé à remplacer. L'élection eut lieu le 18 mai 1854, et ce fut le 9 novembre que fut tenue la séance de réception. Il se présenta entre M. de Montalembert et M. le comte de Molé, heureux l'un et l'autre d'être ses parrains. M. de Salvandy devait lui répondre.

Le récipiendaire avait choisi pour son discours un sujet tout à fait en harmonie avec les circonstances, avec son caractère épiscopal et la signification que l'on avait voulu donner à son élection. Il parla de l'*Alliance de la religion avec les belles-lettres*, en montrant l'harmonie qui relie les lettres humaines aux lettres sacrées et les fait toutes remonter à Dieu.

C'est par les belles-lettres que le trait divin déposé dans ses œuvres par Dieu lui-même trouve son expression la plus parfaite. Cette considération lui permet de célébrer dans son devancier le goût qu'il avait pour les beautés littéraires de Virgile ; car il ne pouvait songer à le louer de la part qu'il avait eue pendant sa jeunesse au régime de la terreur, ni des sentiments voltairiens qu'il avait gardés toute sa vie. Quelques discrètes et fines allusions lui suffisaient pour dire sa pensée sur ces points délicats, sans froisser aucun sentiment personnel.

Nous citons quelques passages de ce chef-d'œuvre de l'éloquence chrétienne pour inspirer le désir de le lire en entier, et dédommager ceux qui n'auraient pas la facilité de se ménager cette fête chrétienne et littéraire.

« Qu'on ne cherche pas là, dit-il, un de ces calculs de politique familiers aux dominateurs de la terre. Les vues de l'Église sont plus élevées et plus pures ; et lorsqu'elle adoptait de la sorte les lettres humaines, c'est que, par le sens profond qui lui est propre de découvrir le divin, partout où il est, elle y apercevait un reflet de Dieu même ; c'est que, dans cette haute et vive lumière, d'où lui viennent les enseignements surnaturels qu'elle nous offre, les lettres humaines lui apparaissent comme un rejaillissement et une manifestation de la pensée, de la parole, de la beauté, de la vérité divines elles-mêmes dans l'ordre surnaturel, au sein de l'humanité.

» En effet, Messieurs, il n'y a pas une des avenues de l'intelligence humaine, aux extrémités de laquelle ne se montre la splendeur de Dieu qui l'illumine tout entière, et y fait rayonner aux yeux du poète, de l'orateur, du philosophe digne de ce nom, le vrai, le beau, le bien, dans leur éclat naturel et surnaturel, allumant ainsi dans ces âmes privilégiées cette flamme céleste à laquelle rien ne ressemble dans le reste de la nature; et qui se nomme le *feu sacré*; nom populaire et glorieux du génie inspiré de Dieu.

» Et tout cela n'a pas d'autre principe, sinon qu'il y a du *divin* dans l'homme; sinon que le Créateur, en faisant l'homme, l'a fait à son image, et s'est plu à produire magnifiquement en lui les grands traits de sa perfection et de sa gloire, à savoir l'intelligence et l'amour. L'homme était son chef-d'œuvre, et lorsqu'il le dota d'une si belle nature, il y joignit toutes les riches facultés, tous les nobles attributs qui en découlent : l'esprit, le talent, le génie, le bon sens, le bon goût, les grâces du langage, l'inspiration poétique, tous ces dons merveilleux qui sont ce que j'ai appelé le reflet et comme la gloire de Dieu dans l'homme et dans les lettres humaines.

» Aussi, je ne m'étonne pas de voir l'épithète de *divin* attachée si souvent par les plus grands philosophes, et par les Pères de l'Église eux-mêmes, à la poésie, à l'éloquence et même à la grammaire : *Grammaticæ pene divinam vim*, disait saint Augustin, c'est-à-dire aux lettres, dans tout ce qu'elles ont de plus élevé comme de plus humble.

» Car, d'une part, ce qui exprime Dieu le plus parfaitement dans la création et parmi les œuvres divines c'est l'homme. D'une seule de ses pensées, d'un seul de ses regards où reluit la flamme de l'intelligence, l'homme exprime Dieu plus que nulle autre créature, mieux que l'univers entier : le regard du soleil, tout éblouissant qu'il est, ne reflète pas le rayon divin qui brille dans l'œil d'un enfant.

» Mais d'autre part, la grande et singulière prérogative des lettres, c'est qu'à leur tour elles expriment l'homme, cette vivante image de Dieu, plus parfaitement que toutes les autres œuvres et que toutes les autres créations humaines.

» Les lettres sont l'expression même de l'esprit humain tout entier, parce qu'elles ne revêtent pas seulement des formes du langage, les idées abstraites de l'intelligence et les conceptions de la raison pure, mais parce que, dans l'ordre moral comme dans l'ordre physique, elles reproduisent aussi la beauté telle qu'elle se montre à l'imagination, avec son plus ravissant idéal ; parce qu'elles savent se rendre les interprètes de tout ce qu'il y a de plus élevé, de plus grand, de plus vertueux dans les sentiments du cœur humain ; parce qu'enfin c'est par elles que le vrai, le beau, le bien, tels que la main divine les imprima dans l'âme de l'homme trouvent au dehors leur manifestation la plus éclatante, la plus manifeste...

» Reconnaissons-le : alors même que la nuit païenne couvrait la terre ils (les grands siècles littéraires) firent briller d'admirables clartés : la philosophie les lettres, l'éloquence, la poésie, dans ce qu'elles eurent de vérité et de beauté ; tous ces hommes en tant qu'ils avaient reçu du ciel les dons de l'intelligence et de la lumière de Dieu brillaient dans leur génie ; je dirai plus, les généreux efforts que firent plusieurs d'entre eux pour percer la nuit, pour découvrir, par delà l'horizon de leur siècle, quelque chose des clartés divines, tout cela est digne d'admiration et de respect. Je puis et je dois déplorer l'abus qu'ils firent souvent de leurs hautes facultés, je puis et je dois compatir à l'impuissance de leurs efforts ; mais je ne puis ni mépriser en eux, ni flétrir les dons du Créateur. Je ne me sens pas le courage de réprouver, d'avilir, sous le nom de paganisme, ce qui fut dans ces grands siècles le suprême effort de l'humanité déchue pour ressaisir le fil brisé des traditions anciennes, et retrouver la lumière que Dieu y faisait encore briller, comme un dernier et secourable reflet de sa vérité, *afin de ne pas se laisser lui-même sans témoignage*[1] au milieu des nations, et de montrer que la créature tombée n'était pas éternellement déshéritée des dons de son amour.

» Oui, c'est par l'ordre exprès de cette miséricordieuse Providence qu'il fut donné à l'esprit de l'homme de jeter ces lueurs si belles, qui suffirent alors à revêtir d'un éclat immortel les œuvres du génie antique.

Non, les vers que citait saint Paul à l'aréopage n'étaient pas des vers païens ; pas plus que les splendeurs du jour au matin, et les ravissantes beautés de la nature sous le ciel de Parthénope, lors-

---

1. Non sine testimonio semetipsum reliquit. *Act. des. Ap.* xvi, 16.

que cette lumière si pure et ces clartés rayonnantes inspiraient à Virgile de chercher par delà les cieux mortels une lumière plus brillante encore et plus pure, *un soleil et des astres nouveaux* : *Solemque suum, sua sidera norunt* ; lorsque les tristesses de la terre, *lacrymæ rerum*, jetaient dans son âme des aspirations indéfinissables vers un monde meilleur, et faisaient ressentir dans ses vers comme un tressaillement sublime de la nature émue de ses longues douleurs, comme une vaste et puissante inquiétude de la terre et des cieux en travail du libérateur désiré !

» Et ce qui se vit au commencement des siècles chrétiens devint la tradition des âges suivants : saint Paul avait cité Aratus et Ménandre ; saint Justin et saint Augustin citent Platon ; saint Thomas et tout le moyen âge donnent la main à Aristote.

» Et cela devait être ; s'en étonner, ce serait ne rien comprendre à la grandeur et à la largeur du christianisme. Il est le soleil du monde ; lorsqu'il se lève, toutes les ombres se dissipent, et le Dieu de l'Evangile se nomme le Dieu du jour, *lux mundi ;* et voilà pourquoi appelant à lui tous les astres qui avaient, par ses ordres, jeté quelque clarté dans les ténèbres, il leur assigne leur place et leur gloire dans le firmament nouveau ; et tous, comme au jour de la première création, revenant à leur foyer originel, répondent successivement : Nous voici : *adsumus !*

» Ah ! sans doute, il y a sur la terre une chose qui est plus grande que les lettres !

» Mais il n'y en a qu'une : je n'en connais pas deux : c'est l'Évangile !

» Aussi, l'ère du monde civilisé ne devait pas dater de Périclès ni d'Auguste ; il devait y avoir pour l'humanité un nom meilleur.

» L'Acropole, pour le salut du monde, ne valait pas le Sinaï ; le *Capitoli immobile saxum*, chanté par Virgile, devait s'incliner devant le Calvaire, et les olympiades et la date romaine effacées redisent à tous les siècles que la vraie civilisation devait naître du martyre et des plaies sacrées d'un Dieu, rendant à la vérité, à la beauté, à la bonté éternelles, le témoignage de son sang répandu. »

» La miséricorde était une faiblesse, un vice de cœur : *Misericordia animi vitium est*, disait le plus sage des philosophes.

Humilitas, l'humilité, était synonyme de bassesse : *Caritas* ne désignait rien de plus que l'amitié ; et les relations que l'humanité, *Humanitas*, établissait entre les hommes, n'allaient guère au delà de la politesse et des bonnes manières.

» Pour les restituer au monde, ces grandes idées, ces grandes choses, il fallut faire violence au langage humain, et donner un sens sublime à des mots vulgaires ; mais les mots, les hommes et les choses résistèrent ; l'empire, l'univers, tout s'émut ; des flots de sang coulèrent. On sait ce que Néron, ce que Pierre et Paul furent dans ce combat, et à qui demeura la victoire.

» Et aujourd'hui, les dictionnaires de toutes les nations civilisées redisent, avec ces mots vainqueurs, les vertus qu'ils expriment ! »

L'Académie se montra digne, par la manière dont elle l'accueillit, de ce discours très éloquent et ses applaudissements trouvèrent au dehors un puissant écho. Il n'y eut dans toute la presse qu'un cri d'admiration. « Jamais évêque, s'écriait le soir même un journaliste distingué, jamais évêque n'a fait un discours plus chrétien ; jamais académicien n'a fait un discours plus littéraire. » Depuis longtemps, l'alliance qui doit régner entre la raison et la foi était brisée, au moins notablement affaiblie au sein de l'illustre Assemblée ; il y avait de hautes vérités à rappeler, des dogmes à proclamer : l'évêque d'Orléans les proclama avec une majesté incomparable et une admirable magnificence de langage. Mgr Dupanloup envoya son discours au Pape Pie IX avec la lettre suivante :

Paris, 9 novembre 1854.

Très Saint-Père,

Permettez que je dépose aux pieds de Votre Sainteté l'humble hommage du discours que je viens de prononcer à l'Académie française. Si Votre Sainteté daigne y jeter un regard, elle y verra que je m'y suis donné une grande consolation, celle de professer, de proclamer toutes les plus grandes vérités de notre sainte religion qui, depuis près d'un siècle pendant lequel avait duré chez nous le règne de l'impiété, n'avaient guère pu se faire entendre, aussi librement du moins, dans cette célèbre assemblée littéraire. Ça été pour tous les catholiques une vive joie de voir l'hommage rendu à ces vérités saintes unanimement et chaleureusement applaudi.

J'ai l'honneur d'être, avec un profond respect, etc.

M. de Salvandy dans sa réponse sut se montrer réellement à la hauteur de son rôle.

Lui aussi, il célébra l'alliance de la religion avec les belles-lettres. Il la montra réalisée non seulement en la personne du nouvel et illustre récipiendaire, mais aussi dans les grands génies de l'Eglise de France qui l'avaient précédé dans cette enceinte littéraire, Bossuet, Fénelon et autres, dans l'illustre prélat Mgr de Quélen dont il était le successeur plutôt que de M. Tissot. C'est ainsi que l'Académie, fidèle à elle-même, fidèle à l'esprit de son illustre fondateur, voulait que l'élément religieux fût toujours représenté dans son sein, afin de dire à tous, qu'au sanctuaire des belles-lettres on regardait la religion comme indispensable. Et il terminait par le plus délicat éloge du nouvel élu, célébrant les vertus du prêtre et proclamant les titres que lui valait à la reconnaissance des pères et surtout des mères de famille son dévouement sans bornes à l'éducation de l'enfance, *qui a été le premier amour de sa vie et qui en sera le dernier.*

CHAPITRE XVII

**L'Immaculée Conception. Panégyrique de Jeanne d'Arc.
Assassinat de Mgr Sibour (1857).**

Pie IX avait invité tous les évêques du monde catholique pour le 8 décembre 1854, jour où il avait résolu d'élever à un dogme de foi une vérité si chère aux fidèles de Marie: l'Immaculée Conception. Près de deux cents répondirent à l'appel du Souverain Pontife, et Mgr Dupanloup n'eut garde de manquer à un rendez-vous qui allait si bien aux aspirations de son âme épiscopale.

Avant de partir pour la Ville éternelle, il adressa à ses prêtres un mandement célèbre au sujet du retour à la liturgie romaine. Il leur dit son désir de concourir pour sa part à cette unité liturgique, image de l'unité doctrinale; il leur demande de travailler de concert avec lui pour que ce retour se produise dans son diocèse, sans peine et sans bruit, et qu'il soit répondu au plus tôt au désir du Saint Père, qui se contenté d'émettre un vœu où il aurait pu imposer un ordre.

Après cet acte important, preuve de sa soumission sincère envers le Saint-Siège, il se mit en voyage, et il eut le bonheur d'assister à la proclamation solennelle du dogme de l'*Immaculée Conception*. Au milieu des fêtes splendides dont le retentissement se prolongea jusqu'aux extrémités du monde catholique, et dans l'ivresse de sa joie, il écrivit de Rome même un mandement pour ordonner à toutes les paroisses de son diocèse un *triduum* de prières en l'honneur de la Sainte Vierge.

Rappelant l'Encyclique de Pie IX, il écrivait :

« Vous n'avez pas oublié, N. T. C. Frères, la Lettre encyclique adressée, le 2 février de l'année dernière, à tous les évêques de l'univers catholique par N. T. S. P. le pape Pie IX, au sujet de l'Immaculée Conception de la très sainte Vierge.

» Le vicaire de J.-C., outragé dans sa triple majesté, comme pontife, comme père, comme roi, par des enfants, par des sujets rebelles, était réduit à chercher loin de Rome, la sûreté de sa personne sacrée, et à confier aux armes catholiques la défense du Siège de Pierre.

» Ce fut dans ces circonstances si orageuses et si terribles qu'il nous fit entendre sa voix et nous révéla toutes les pensées, tous les vœux de son cœur, relativement à la Conception Immaculée de Marie.

» Ce fut, certes, un beau et touchant spectacle pour la chrétienté tout entière que celui qu'offrit alors à son admiration et à son attendrissement ce pieux Pontife, seul calme et serein au milieu de tous les conducteurs des nations éperdus et troublés, arrêtant au plus fort de la tempête un paisible regard sur celle que l'Eglise appelle l'*Etoile de la Mer*, et faisant planer, pour ainsi dire, sur le monde, comme un arc-en-ciel dans l'orage, la pure et douce figure de Marie, conçue sans péché !

» De toutes parts la voix des pasteurs et des peuples répondit à la voix du Pontife suprême : tous les cœurs s'y épanchèrent à la gloire de la Vierge sans tache : tous les enfants de Marie se levèrent à l'envi, et la proclamèrent Bienheureuse dans son Immaculée-Conception : *Surrexerunt filii ejus, et beatissimam prædicaverunt.* »

Puis dans un admirable commentaire de cette Encyclique, il montre à son diocèse toutes les grandeurs de ce dogme et déclare de la manière la plus explicite, que la proclamation de l'Immaculée Conception a toujours été le vœu le plus ardent et le plus intime de son cœur.

Il était de retour à Orléans le troisième jour du *Triduum*, et, aussitôt, dans un de ses plus beaux discours, il célébrait cette fois, au milieu de son peuple, les louanges de Marie Immaculée.

C'est pendant ce voyage, qu'il obtint pour la première fois, le privilège de conférer les grades théologiques à ceux de ses prêtres qu'il en jugerait dignes ; nous avons vu comment il s'empressa d'en profiter. Il demanda aussi l'autorisation d'ajouter huit nouveaux chanoines aux titulaires déjà membres du chapitre. Elle lui fut accordée par un indult en date du 22 janvier 1855.

Cette mesure souleva des réclamations de la part du chapitre ; mais il fut passé outre, et les nouveaux chanoines furent installés. Le successeur de Mgr Dupanloup a plus heureusement tranché la difficulté par la nomination de *chanoines prébendés*.

Dans le courant de l'année 1854, il fit paraître la vie de Madame Acarie. Après avoir donné dans le monde l'exemple de toutes les vertus, au sein de la prospérité aussi bien que dans les plus terribles épreuves, après avoir contribué à introduire en France les religieuses *Carmélites* de la réforme de sainte Thérèse, cette femme généreuse eut la joie de voir ses trois filles y venir consacrer leur vie au service du divin Epoux des vierges. Elle s'y retira elle-même après son veuvage, se soumit à toutes les épreuves du noviciat, fit sa profession sous le nom de Marie de l'Incarnation, et ses vertus lui ont mérité d'être placée sur les autels par le Pape Pie VII, avec le titre de *Bienheureuse*.

Mais il lui fallut bientôt célébrer les louanges d'une héroïne qui doit être particulièrement chère à tout cœur français, encore plus à l'évêque d'Orléans. Nous voulons parler de Jeanne d'Arc.

Orléans fut le dernier boulevard de France contre la domination anglaise ; c'est à Orléans que la pure et vaillante jeune fille commença la série des exploits merveilleux qui devaient relever la fortune de nos armes et chasser l'étranger de notre sol. M. Foyatier venait de terminer la statue de la glorieuse Pucelle. On voulait l'ériger au milieu de la place publique d'Orléans, afin que les regards enthousiasmés des Orléanais pussent la voir comme au jour où, montée sur son cheval blanc, elle traversait pour la première fois cette même place, et se rendait à l'église implorer la bénédiction et l'assistance du Dieu des armées.

Pour inaugurer cette statue, l'évêque d'Orléans, d'accord avec les autorités locales, résolut de reprendre la fête annuelle qu'Orléans célébrait à l'anniversaire de sa délivrance, mais que l'on avait interrompue depuis plusieurs années.

Il devait y avoir un panégyrique, et l'on désirait vivement que l'évêque d'Orléans lui-même le prononçât. Des instances lui furent adressées de toute part, et il déclina d'abord cet honneur. Mais une circonstance que l'on avait crue être la cause de ses refus étant venue à disparaître[1], M. Genteur, maire d'Orléans, M. Abbatucci, garde des sceaux et représentant du Loiret, demandèrent à M. de Vauzelles, premier président, d'intervenir encore une fois, et ces nouvelles instances eurent un plein succès.

Nous ne pouvons résister au plaisir de citer les lettres échangées en cette circonstance ; elles montrent trop bien les relations qui existaient entre Mgr Dupanloup et les premières autorités de son diocèse.

« Paris, 18 avril 1855.

» Monseigneur,

« M. le Maire d'Orléans, qui est en ce moment à Paris, ainsi » que moi, vient d'apprendre que vous renonciez au triomphe » oratoire que vous promet le triomphe de Jeanne d'Arc. Il est

---

1. On avait invité la célèbre tragédienne Rachel à venir jouer le rôle de la *Pucelle* dans la représentation que l'on voulait donner de la tragédie d'Alexandre Soumet, le soir de la fête ; et l'on estimait que l'évêque ne tenait pas à voir figurer son nom à côté de celui d'une comédienne. Mais celle-ci ne devait pas répondre à l'appel qui lui avait été fait, et c'est en l'apprenant que l'on crut opportun de s'adresser de nouveau à Mgr Dupanloup.

» venu me trouver; jugez si je dois en être fier, et surtout pro-
» fondément touché ! Parce qu'il connaît, comme bien d'autres,
» mon tendre et respectueux attachement pour vous, n'a-t-il pas
» été s'imaginer que j'avais place dans un cœur occupé par tant
» de saintes affections, et que je pouvais m'en prévaloir pour vous
» prier de revenir sur une résolution qui affligerait tout le monde ;
» et voilà que je me laisse naïvement persuader et que j'accepte
» une mission peut-être indiscrète.

» Indiscrète ! je dis bien, car j'ai commencé par chercher la
» cause de cette renonciation, et j'ai cru l'avoir trouvée dans la
» participation annoncée d'un talent tout profane à une fête que
» vous voulez toute religieuse. Si j'ai pénétré quelque chose de
» cette susceptibilité pieuse, qui chez vous s'exprime comme la
» pudeur par le silence, je puis vous rassurer, car j'apprends que,
» par un concours de circonstances dont je dois vous épargner le
» récit, votre voix serait seule admise, le 8 mai prochain, à glo-
» rifier publiquement Jeanne d'Arc : son nom ne retentirait qu'à
» l'Eglise.

» Eh quoi ! Monseigneur, refuseriez-vous de remercier par vo-
» tre présence en chaire, la Providence qui exauce ainsi votre
» vœu secret ? N'appartient-il pas d'ailleurs exclusivement à l'é-
» vêque d'Orléans, dans la solennité qui se prépare, de célébrer
» la jeune fille qui, par sa dévotion à Marie, a mérité d'être appe-
» lée comme elle *intemerata virgo*, et de devenir après elle un
» modèle de la chasteté chrétienne ? Et puis, quel sujet pour un ora-
» teur tel que vous ! Trois scènes : Domremy, Orléans, Rouen. Trois
» drames : Une idylle, une épopée, une tragédie. Et pourtant une
» seule héroïne, avec ses trois caractères, la bergère, la guerrière
» la martyre. Admirable trilogie que l'éloquence doit ravir à la
» poésie, puisque celle-ci n'a pu s'en emparer dignement jusqu'à
» ce jour. Et qu'on ne dise pas que le sujet est épuisé ! La bouche
» ne se lasse pas de dire, les oreilles ne se lassent pas d'entendre
» les belles et nobles choses que le cœur ne se lasse pas d'aimer.
» Dans la région où vous place la religion, aux yeux de laquelle
» tous les hommes sont frères sans distinction de nationalités, il
» vous serait plus facile qu'à un orateur profane de concilier les
» exploits de Jeanne avec la charité que nous devons toujours
» aux Anglais, et la courtoisie que nous leur devons plus particu-
» lièrement aujourd'hui, où elle est à la fois de bon goût et de
» sage politique.

» Enfin, si vous ne vous rendiez pas à ces raisons, je me rappel-
» rais qu'un jour vous nous avez bien é...

» la prière doit être quelquefois violente pour être efficace. Alors
» laissant de côté les aménités de langage qui vous sont trop fa-
» milières pour vous toucher beaucoup, je vous ferais, dans le
» style barbare mais pressant du Palais, la sommation suivante :

» La ville d'Orléans, poursuite et diligence de son maire, par le
» ministère de son premier président, faisant fonction d'huissier
» pour la solennité du cas, met en demeure son évêque de l'ai-
» der à payer sa dette envers Jeanne d'Arc sa libératrice, lui re-
» montrant qu'il est solidaire avec elle, et que lui seul a de quoi
» payer.

» Sur ce, Monseigneur, je suis en vénération votre bien hum-
» ble serviteur et ami, si vous le permettez. »

Lorsque cette lettre lui parvint, l'évêque était en tournée pastorale ; il s'empressa de répondre :

« Auvilliers, le 19 avril 1855.

» Monsieur le Premier Président et trop bienveillant ami,

» Vous voyez bien que je me laisse vite entraîner par vous aux
» indiscrétions de mon cœur ; mais aussi comment résister à vos
» paroles ? Je n'avais pas d'autre motif pour renoncer à ce pané-
» gyrique que ma fatigue et l'accablement de mes occupations.
» Je vous le dis à vous en toute simplicité, les Anglais ici ne m'ont
» préoccupé en rien, pas plus que M. Tissot ; mais encore faut-il
» avoir le temps, et je ne l'avais pas, à ce point qu'avant de quit-
» ter Orléans pour faire ma visite pastorale, je n'aurais pas pu
» donner deux heures à la méditation de ce panégyrique. Mais vos
» aimables instances et celles de M. le maire m'ont vivement tou-
» ché, et je me suis mis ces jours-ci, en allant d'un village à l'autre,
» à étudier de nouveau notre Jeanne d'Arc, et je dois avouer que
» c'est un sujet incomparable. Si l'on avait pu se contenter d'un
» simple récit, je n'aurais pas refusé de le faire, et dans le fait un
» évêque ne pourrait guère refuser de raconter à ses diocésains
» ce que Dieu a fait si grand pour eux. Mais c'est un discours qu'il
» faut, et voilà ce dont je suis incapable. Et encore, si je me char-
» geais de ce récit, resterait-il une grande délicatesse envers
» M. Deguerry, qui s'est chargé de me remplacer.

» Vous voyez mes difficultés, et cependant vous voyez aussi tout
» ce que peuvent sur mon cœur les sommations du vôtre... »

Il accepta donc ; et M. le premier président et M. le maire
eurent sujet de s'applaudir du succès de leurs instances ; car,

malgré les splendeurs de la fête, le discours de Mgr Dupanloup domina tout.

Adoptant le plan indiqué par M. de Vauzelles, il montra tour à tour dans Jeanne d'Arc la bergère, la guerrière et la martyre, et son discours fut successivement une idylle, une épopée et un drame. Mais le passage le plus remarquable est peut-être celui où, ayant à parler de la mort cruelle de la sainte héroïne, il montre par suite de quelles lois admirables la douleur est venue dignement couronner une si glorieuse et si pure destinée.

« Ah ! si Jeanne d'Arc avait fini dans l'opulence et les dé-
» lices, si elle était devenue une grande princesse, ou bien si,
» selon le vœu naïf de son cœur, elle était revenue à Dom-
» remy, nous aurions eu une princesse telle quelle, ou une
» pieuse bergère de plus, le chant d'une merveilleuse épopée
» entre deux idylles... Au lieu de cela nous avons une grande
» chose, un enseignement admirable, un poème divin, tel que
» Dieu sait les faire. »

Sa renommée cependant grandissait toujours, et sa puissante voix, maintenant, s'élevait en toutes les circonstances qui intéressaient la gloire de la France et le bien du monde religieux.

Le 3 janvier 1857, un crime inouï plongea le monde catholique dans la stupeur. Mgr Sibour, archevêque de Paris, de douce mémoire, tombait sous le poignard d'un prêtre infidèle à ses engagements, contre lequel il avait été contraint d'user des sévérités de l'Eglise.

Le pieux prélat s'était rendu à l'église de Saint-Etienne-du-Mont pour y présider à l'office du soir de la fête de sainte Geneviève. Il rentrait dans la nef principale, revenant avec la procession de la chapelle consacrée à la glorieuse patronne de Paris, lorsqu'un homme, qui venait de recevoir sa bénédiction à genoux, se lève et lui plonge dans le cœur un couteau homicide. Le saint évêque tombe mort dans les bras de ses prêtres.

Le Souverain Pontife exprima publiquement, par un bref adressé aux vicaires capitulaires, l'affliction que lui causa cet horrible attentat et sa profonde estime envers celui qui mourait victime de son zèle pour la discipline ecclésiastique.

Mgr Dupanloup, l'ami de Mgr Sibour, ne pouvait se taire en cette circonstance; sa douleur éclata en accents déchirants, et il voulut assister aux funérailles qui furent célébrées au milieu de la tristesse générale. Le lendemain, dans un sermon qu'il prêcha à sa cathédrale d'Orléans, il revient sur le même sujet, et retrace devant ses auditeurs, cette scène déchirante dont le souvenir semble le poursuivre.

L'année suivante une nouvelle mort vient encore affliger son cœur d'ami. Nous avons eu occasion de dire les liens d'étroite affection qui l'attachaient au P. de Ravignan. Le religieux avait plus d'une fois partagé ses luttes dans les combats pour la foi, il avait applaudi aux triomphes de l'évêque, soutenu ses efforts pour le bien, et leur amitié n'avait fait que grandir avec les années. Mais les travaux de l'apostolat avaient usé les forces de l'intrépide et saint religieux, et le 26 février 1858 il couronnait une sainte vie par la mort la plus précieuse.

Les obsèques eurent lieu, le 4 mars, à Saint-Sulpice, dans le plus simple appareil. Mais si la modestie religieuse avait refusé toute pompe extérieure, le deuil universel et le concours de nombreux amis vinrent former un contraste frappant avec l'humilité des cérémonies, et firent de ses obsèques un véritable triomphe pour l'homme de Dieu.

Par la plus heureuse des inspirations, M. Cochin, l'ami commun du P. de Ravignan et de Mgr Dupanloup, télégraphia à celui-ci dans la journée du 3 mars, le priant de prêter le concours de sa parole pour célébrer celui qui n'était plus. Aussitôt après la réception de la dépêche, l'évêque d'Orléans partit pour Paris, jetant à la hâte pendant le trajet quelques notes sur le papier. Le lendemain, après l'absoute que le cardinal Morlot, successeur de Mgr Sibour, voulut donner luimême, il apparut dans la chaire tendue de noir, et sa présence que peut-être personne, à l'exception de M. Cochin, n'attendait, remua profondément.

Sans doute il n'avait pas pu préparer un discours suivant les règles de la rhétorique. Mais il parlait sur le cercueil d'un ami tendrement aimé, et son cœur sut trouver des accents de la plus haute éloquence.

« *Defunctus adhuc loquitur*. Il est là... il est mort... et il nous parle encore ! » tel fut le texte qu'il prit et qu'il commenta.

Après avoir montré réalisées dans l'humble religieux les béatitudes qu'avait proclamées le divin Maître, il lui applique la dernière de toutes, la béatitude d'une sainte mort, comme dit l'Apocalypse *Beati mortui qui in Domino moriuntur*; car c'est bien dans le Seigneur que le P. de Ravignan est mort, et il a bien gagné le repos promis par le Saint-Esprit. Il ne faut donc pas le pleurer. mais le prier de veiller toujours sur ceux qu'il a laissés après lui, afin qu'il leur mérite une mort semblable à la sienne.

La Loire par son débordement de 1856 avait causé de terribles désastres, et le diocèse d'Orléans, traversé par le redoutable fleuve, avait eu beaucoup à souffrir de l'inondation. Absent d'Orléans au moment du sinistre, Mgr Dupanloup télégraphia aussitôt à ses vicaires généraux pour leur recommander de multiplier les secours et de recevoir à l'évêché les familles que le fléau avait laissées sans demeure. Il s'empressa aussi de rentrer dans sa ville épiscopale, et son retour imprima une nouvelle activité aux secours apportés. Il parcourut les localités atteintes par le fléau, il réitéra les appels à la charité, et les dons et les offrandes affluaient de toute part à sa voix.

Or les érosions produites par le fleuve avaient nécessité des réparations. Il profita de ses relations d'amitié avec M. Collin, l'ingénieur en chef de la Loire, pour faire réparer la grotte dans laquelle M. Pillon, archéologue distingué du pays, venait de découvrir le tombeau de saint Mesmin, sur la rive droite du fleuve, dans le voisinage du petit séminaire de la Chapelle. En même temps il fit élever une croix monumentale en face, sur la rive gauche, en un point de l'emplacement occupé par l'ancien et célèbre monastère de Micy.

Le 13 juin 1858 eut lieu la bénédiction de la grotte et de la croix. Tout Orléans était accouru ; des barques pavoisées couvraient le fleuve, et l'évêque devait monter sur l'une d'elles. Il vint, accompagné de son clergé et des élèves de son petit séminaire, et sa parole, comme toujours, apporta un nouveau lustre à une fête que tout concourait à rendre si belle : les harmonies de la musique du petit séminaire, les dix-huit paroisses qui étaient rangées sur les deux rives avec leurs bannières, un magnifique soleil d'été, et des feux de Bengale allumés, le soir, au milieu des arbres du petit séminaire.

Un peu plus d'un mois après ces consolantes cérémonies, le 27 juillet, il fut appelé par Mgr Angebault, évêque d'Angers, à venir assister à la consécration de la chapelle du collège de Combrée. La réunion fut des plus brillantes. On y remarquait sept archevêques ou évêques et plus de cinq cents prêtres ; M. de Falloux y assistait, comme diocésain de l'évêque d'Angers et bienfaiteur de l'établissement. Mgr Dupanloup parla devant cet immense auditoire, et il sut profiter de l'occasion pour faire entendre les plus salutaires enseignements.

CHAPITRE XVIII

**Guerre d'Italie. Premières luttes en faveur du pouvoir temporel.
Procès Rousseau (1869).**

Nous voici au temps où Mgr Dupanloup va réellement attirer sur lui les regards de tous les catholiques, et qui est l'apogée de sa gloire. Les premières années de l'empire avaient pu faire illusion à un grand nombre de catholiques, et il fut possible de croire quelque temps aux bonnes dispositions du gouvernement de Napoléon III en faveur des intérêts religieux. Mais la suite des événements ne devait pas tarder à détromper ceux qui auraient encore gardé quelque espérance.

Au congrès de Paris, qui suivit la campagne de Crimée, le 27 mars 1855, les attaques de M. de Cavour, représentant du Piémont, appuyées par lord Palmerston, représentant de l'Angleterre, contre le gouvernement pontifical, avaient alarmé les catholiques qui entendaient ainsi reprendre les idées que l'empereur Napoléon III avait plus d'une fois manifestées, alors qu'il était le prince Louis-Napoléon Bonaparte. On se demandait avec anxiété si l'empereur n'avait pas secrètement poussé dans sa voie le représentant piémontais. L'entrevue secrète qu'il accorda au même de Cavour, à Plombières, aux derniers mois de 1858, vint réveiller et augmenter les inquiétudes.

Mais lorsque, le 1ᵉʳ janvier 1859, on entendit Napoléon III s'adresser en cès termes à M. de Hübner, ambassadeur d'Autriche : « Je regrette que nos relations avec votre gouverne-
» ment ne soient plus aussi bonnes que par le passé ; mais je
» vous prie de dire à l'empereur que mes sentiments personnels
» ne sont pas changés, » on comprit que de graves événements allaient se produire. Les paroles de Victor-Emmanuel à l'ouverture du parlement de Turin, le 10 janvier, vinrent apporter une sinistre lumière.

« ... Une telle situation, disait-il, répétant les calomnies contre
» le gouvernement pontifical, n'est pas exempte de dangers,
» car si nous respectons les traités, d'autre part nous ne som-
» mes pas insensibles au cri de douleur qui s'élève vers nous
» de tant de parties de l'Italie. »

Évidemment le roi du Piémont se sentait appuyé pour oser ainsi parler en présence de l'Autriche ; le souvenir de Novarre était trop récent pour que de nouveau il eût songé à s'attaquer seul à cette puissance. D'ailleurs le 30 janvier, fut célébré le mariage du prince Jérôme-Napoléon Bonaparte, cousin de l'empereur, avec la princesse Clotilde, fille de Victor-Emmanuel. Il devint manifeste aux yeux de tous que le gouvernement français, intimement allié au Piémont, allait entrer dans cette voie fatale qui devait dépouiller le Pape de ses états et conduire la France aux plus terribles catastrophes.

Une brochure qui parut peu après sous ce titre : *Napoléon III et l'Italie,* à laquelle on attribua une origine officielle, et dont l'empereur fut l'inspirateur sinon l'auteur, vint redoubler les alarmes des catholiques. On y reprenait l'éternel thème de l'impossibilité de concilier entre les mains du Pape le pouvoir temporel et le pouvoir spirituel, et l'on proposait une confédération italienne dont le Pape aurait la présidence honoraire, mais dont le chef effectif eût été le roi du Piémont. Enfin, la guerre fut officiellement déclarée à l'Autriche, le 3 mai 1859, et Napoléon III partit de Paris pour prendre le commandement de ses troupes et aller se joindre à son allié Victor-Emmanuel.

Il s'était du reste efforcé de rassurer les consciences catholiques par les meilleures promesses. A l'ouverture de la session législative il avait dit : « Les faits parlent hautement d'eux-» mêmes. Depuis onze ans je soutiens à Rome le pouvoir du » Saint-Siège, et le passé doit être une garantie pour l'ave-» nir. » — En partant pour la guerre, dans sa proclamation au peuple français, il s'exprimait ainsi : « Le but de cette guerre » est de rendre l'Italie à elle-même et non de la faire changer » de maîtres.... Nous n'allons pas en Italie pour fomenter le » désordre ni pour ébranler le pouvoir du Saint Père, que » nous avons replacé sur son trône... » — « Le gouvernement » prendra toutes les mesures nécessaires pour que l'indépen-» dance et la sécurité du Saint Père soient assurées, » avait-il été répondu à une interpellation adressée par un député catholique au lendemain du départ des troupes.

M. Rouland, ministre des cultes, avait écrit aux évêques : « Il importe d'éclairer le clergé sur les conséquences d'une » lutte devenue inévitable. L'empereur y a songé devant Dieu ; » et sa sagesse, son énergie et sa loyauté bien connues, ne » feront défaut ni à la religion, ni au pays. Le prince, qui a » donné à la religion tant de témoignages de déférence et d'at-» tachement, qui, après les mauvais jours de 1848, a ramené le » Saint Père au Vatican, est le plus ferme soutien de l'unité » catholique, et il veut que le chef de l'Eglise soit respecté » dans tous ses droits de souverain temporel.... »

Mais ce secret pressentiment qui ne trompe jamais les peuples, disait à tous que la guerre entreprise nous menait à un inconnu dont les conséquences pourraient nous être un jour funestes ; et un sentiment général de malaise qui régnait partout, paralysait l'élan et l'enthousiasme du patriotisme et de la gloire.

L'évêque d'Orléans avait cette guerre en véritable horreur. Il refusa d'abord de croire aux premiers bruits, et lorsqu'il ne lui fut plus possible de douter, il fut en proie à une profonde désolation. Une fatigue extrême, survenue à la suite de conférences sur le catéchisme faites aux prêtres d'Orléans dans la salle des exercices du grand séminaire, ne lui permit pas de prêcher pendant le carême dans sa cathédrale, et vint ajouter à sa tristesse. Il alla prendre quelque repos dans la Savoie, et y passa deux mois, l'un à Menthon, l'autre à Lacombe.

Pendant ce temps la guerre se poursuivait en Italie, et nos armées marchaient de triomphe en triomphe. Montebello, Magenta et Solferino allaient s'inscrire en noms glorieux dans nos annales militaires. Mais si le patriotisme des catholiques était heureux de nos victoires, leur dévouement à l'Eglise n'était pas sans appréhension.

Cependant l'empereur s'était arrêté au début de ses triomphes par la crainte d'une conflagration européenne, et l'armistice de Villafranca, suivi du traité de paix de Zurich, sembla sauvegarder les droits du Saint-Siège. Pie IX dans sa mansuétude voulut bien s'en montrer satisfait; il ordonna des prières publiques en actions de grâces pour la paix conclue, et les évêques de France imitèrent son exemple.

Mgr Dupanloup publia un mandement *sur la paix,* dans lequel les leçons voilées et discrètes étaient mêlées aux éloges et aux félicitations. On voyait clairement que sa joie n'était pas sans mélange, et les événements qui se précipitaient en Italie ne donnaient que trop raison à ses tristes pressentiments.

Le traité de Villafranca avait restreint les prétentions du Piémont, en lui accordant la Lombardie et en exigeant qu'il se retirât des duchés de l'Italie centrale. Mais Victor-Emmanuel au début de la guerre avait dit: « Nous irons jusqu'au bout » *Andremo al fondo;* et il se montrait résolu à user de tous les moyens pour rester tristement fidèle à sa parole. Il lui fallut retirer ses envoyés des duchés; mais il encouragea secrètement les rebelles à établir des gouvernements provisoires, les détournant avec le plus grand soin d'appeler les souverains légitimes, qui auraient ensuite contrarié ses projets d'annexion. En même temps, à l'aide d'une presse impie et d'écrits sacrilèges, la religion et le gouvernement de l'Eglise étaient attaqués de la façon la plus indigne.

On procéda bientôt à la comédie de votes populaires en faveur de l'annexion au Piémont. Ces votes se firent sous la pression de la terreur; et, après qu'on eut soigneusement éliminé toutes les voix qui auraient pu être indépendantes, on feignit de considérer comme l'expression de la volonté du peuple les rares suffrages exprimés et obtenus par la crainte ou par la corruption.

En Toscane, écrivait lord Normanby, cité par Mgr Dupanloup, on n'admit au vote qu'un vingt-cinquième de la population, et il ne s'en présenta pas même la moitié. Ce fut un cinquantième de la population qui vendit les Athéniens d'Italie aux Béotiens du Piémont. A Parme, M. Farini exclut tous les habitants des campagnes. A Modène, sur 72.000 électeurs qui restaient après toutes les exclusions arbitraires, il y eut à peine 4.000 votants. Dans les états du Pape on obtint à peine cinq ou six mille suffrages exprimés. Et l'on eut le courage de prononcer l'annexion comme réclamée par le vœu des populations !

Or, le gouvernement français assistait en silence à toutes ces violations du traité de Villafranca et de Zurich, et l'on avait le spectacle d'un vainqueur permettant qne l'on ne tînt aucun compte des stipulations imposées par ses armes victorieuses. La complicité ne pouvait plus faire aucun doute.

Une allocution consistoriale, prononcée par le Pape le 26 septembre, vint dénoncer toutes les intrigues piémontaises, démasquer ses visées perfides et ambitieuses, et rappeler les peines ecclésiastiques encourues par les usurpateurs sacrilèges des biens de l'Eglise. Le 30 septembre, une protestation éloquente de Mgr Dupanloup y fit écho ; elle reçut aussitôt les adhésions de la plupart des évêques qui ne parlèrent pas par eux-mêmes, et d'un grand nombre de catholiques.

Après avoir dit comment sa conscience indignée lui commandait d'élever la voix, l'illustre apologiste établissait de la manière la plus frappante l'institution providentielle de la souveraineté temporelle, et il terminait par les plus éloquentes protestations, comme évêque, comme catholique, comme français, au nom de la reconnaissance, du bon sens, de l'honneur, du droit européen, de la foi jurée et de la justice.

La presse catholique joignit sa voix aux protestations des évêques, et bientôt toute la partie éclairée du monde catholique fut debout pour la défense de son Pontife menacé dans ses droits légitimes. Le gouvernement aurait bien voulu empêcher les revendications des organes catholiques, leur interdire la publication des documents épiscopaux ; mais il ne pouvait exercer la même action sur la presse étrangère, et l'opinion et la conscience publiques étaient plus fortes que toute autorité. C'est alors que vint l'idée de faire régler les questions en litige par un congrès européen, et le Pape y donna son consentement.

Mais voilà qu'une brochure intitulée : *Le Pape et le Congrès*, parue le 23 décembre, vint tout entraver. Dans cette brochure, à laquelle on attribuait une origine très raprochée des sphères du pouvoir, étaient reprises les incessantes redites révolutionnaires de la prétendue incompatibilité entre le pouvoir spirituel et le pouvoir temporel, et la nécessité de séculariser les états du Pape, en les plaçant sous l'autorité d'un prince séculier, ne laissant au Souverain Pontife que Rome avec son territoire. Napoléon III, dans une lettre écrite au Souverain Pontife à la date du 31 décembre, expose les mêmes idées que que celles de la brochure.

Le Pape répondit par l'encyclique du 19 janvier 1860, *Nullis certe*, dans laquelle il maintenait fermement tous ses droits, et protestait énergiquement contre la direction que l'empereur prétendait imprimer aux affaires d'Italie.

Au milieu de la situation créée par tous ces événements le congrès ne pouvait plus avoir lieu, et la révolution continua toujours sa marche en avant.

Les catholiques de France d'ailleurs n'avaient pas attendu la publication de l'*encyclique* pour faire entendre d'énergiques protestations. L'*Univers* se distingua par la vigueur de ses réclamations, et le 29 janvier il fut supprimé pour avoir publié dans ses colonnes l'encyclique pontificale. Il savait à l'avance que cet acte serait sa condamnation à mort ; mais sa foi de catholique ne lui permit pas d'hésiter. Le gouvernement alla même, par une rigueur exceptionnelle et tout à fait honorable à ceux qui en étaient l'objet, jusqu'à interdire à MM. Veuillot et aux principaux rédacteurs l'accès de tout journal politique.

Mgr Dupanloup ne pouvait rester en arrière de ce mouvement religieux. La brochure *le Pape et le Congrès* lui avait été remise la veille de la Noël. Il en prit aussitôt connaissance; toute la nuit il travailla à la réfutation qui était terminée le soir même de la fête. Deux typographes en imprimaient chacun séparément une partie, et le lendemain de la Noël les journaux de Paris publiaient *La lettre de Mgr l'évêque d'Orléans à un catholique sur la brochure* LE PAPE ET LE CONGRÈS.

La soudaineté de la réponse produisit un effet extraordinaire; et la rapidité avec laquelle elle avait été composée lui donnait un entrain, une vie, une flamme irrésistibles. Rien ne restait debout des sophismes avancés par l'auteur de la brochure. Quelques jours après, Mgr Pie, dans sa cathédrale, prononçait une condamnation doctrinale avec toute l'autorité de son nom déjà illustre; Mgr Gerbet donnait une réfutation complète, et tous les évêques faisaient entendre leurs voix dans leurs mandements.

Quelques jours après la lettre de Napoléon III au Pape, avant même la promulgation de l'*encyclique*, Mgr Dupanloup avait de nouveau élevé la voix et fait paraître sa *seconde lettre à un catholique*. Les doctrines impériales y étaient réfutées avec une raison calme et claire qui dissipait absolument tous les nuages que l'on avait pris plaisir à réunir.

D'autres écrivains catholiques, MM. Cochin, de Corcelles, de Falloux, de Broglie et surtout de Montalembert publiaient aussi de remarquables écrits pour la défense du Saint-Siège; tandis que MM. Villemain, Thiers, Guizot et Cousin combattaient pour la même cause au nom des grands principes d'ordre social.

Toutes ces protestations sans doute n'empêchaient pas les spoliations de poursuivre leur cours. Les adversaires avaient la force en main, et ils en usaient et en abusaient. Mais quoi qu'on dise, *la force ne prime pas le droit indéfiniment*, et le temps vient toujours où la vérité finit par triompher. Hélas! la France n'a que trop cruellement expérimenté dans quelle direction fatale on la mettait! Ceux qui la dirigeaient ainsi sont tombés; mais leur chute n'a pas eu lieu sans accumuler bien des ruines.

En voyant le concert unanime des catholiques à défendre les droits du Souverain Pontife, le crédit que possédait la grande voix de l'évêque d'Orléans, les adversaires eurent recours à la plus déloyale des manœuvres pour lui faire perdre une partie de son autorité et lui susciter des contradicteurs jusque dans les rangs de l'épiscopat. Ce fut le *Constitutionnel*, journal semi-officiel, qui commença la campagne. Il répondit aux *deux lettres à un catholique* par la publication d'un document de 1810, dans lequel Mgr Rousseau, alors évêque d'Orléans, sous la pression toute-puissante de Napoléon Ier en lutte avec Pie VII, sacrifiait l'indépendance temporelle du Saint-Siège.

Il avait paru piquant à M. Grandguillot, rédacteur en chef du journal, d'opposer un évêque d'Orléans à un autre évêque d'Orléans. Il publia donc l'écrit en l'annonçant sous ce titre *Lettre d'un évêque d'Orléans* aux supérieurs et professeurs de son petit séminaire, disant cette lettre écrite « dans une pleine indépen-
» dance, en dehors de toute pression du pouvoir, par un des
» plus illustres prélats de l'Eglise de France. » C'était pour établir que la nécessité du pouvoir temporel était loin d'être reconnue par tous les évêques ; que la passion politique pouvait bien être pour quelque chose dans les revendications des évêques français, en particulier de l'évêque actuel d'Orléans.

Une pareille manœuvre ne pouvait rester sans réponse, et celle-ci parut bientôt foudroyante. Dans une lettre à M. Grandguillot, Mgr Dupanloup rendit manifeste à tous l'insigne mauvaise foi avec laquelle on venait d'agir à son égard. A l'aide de documents indiscutables, tirés des archives épiscopales ou trouvés dans les faits publics, il prouva que si Mgr Rousseau avait été un prêtre respectable, il était dans le sens le plus absolu du mot d'un esprit médiocre et d'un caractère plus médiocre encore ; que loin d'avoir été écrite dans une pleine indépendance, en dehors de toute pression du pouvoir, sa lettre avait été soumise à l'approbation préalable du gouvernement pour être amendée et corrigée selon le bon plaisir de l'autorité.

La famille de Mgr Rousseau, représentée par une vieille dame octogénaire, se crut lésée dans son honneur. Ensuite Mgr Dupanloup au début de sa lettre, ayant constaté que le *Siècle* avait été le seul journal hostile qui eût publié ses lettres, mais seulement pour le couvrir de calomnies, ajoutait :

« Mais j'ai tort, monsieur, de vous comparer au *Siècle*, lais-
» sons ce journal. Vous avez de l'honneur, si je ne me trompe,
» publiez ma lettre et réfutez-la. » Le journal se prétendait
accusé de manquer d'*honneur*. Il se joignit aux héritiers de
Mgr Rousseau, et un procès fut intenté à Mgr Dupanloup.

Le clergé orléanais se montra admirable de dévouement
envers son évêque. Dans une adresse lue au nom de tous, le
doyen du chapitre lui disait que leur cœur garderait toujours
profondément gravé le souvenir de son zèle, de son amour
pour l'Eglise et de son courage épiscopal; en même temps on
le conjurait de décliner la compétence du tribunal auquel on
voulait le soumettre. Il s'y refusa, en disant qu'il respectait
la justice de son pays et acceptait le droit commun, qu'il s'é-
tait servi des moyens de la société moderne pour la défense
de sa personne; ajoutant qu'il ne prétendait d'aucune façon
créer un préjugé fâcheux contre les évêques, qu'il agissait dans
ses droits non d'évêque mais de citoyen.

Il comparut donc devant la Cour de la Seine, et les plus
puissantes sympathies l'y accompagnèrent, outre celles de son
clergé dont nous avons déjà parlé. M. Quinton, bâtonnier de
l'ordre des avocats d'Orléans, et M. Robert de Massys, ancien
bâtonnier, voulurent l'assister dans son procès; plusieurs évêques, parmi lesquels Mgr Pie, lui écrivirent en l'assurant de
leur appui moral, et il eut pour défenseurs deux princes du
barreau français, MM. Berryer et Dufaure.

Les débats durèrent trois jours, le 15, le 16 et le 17 mars.
On avait espéré amoindrir le prestige de l'évêque et causer du
scandale; on fut complètement déçu et l'on obtint un résultat
tout différent. Les plaidoiries de MM. Berryer et Dufaure furent réellement remarquables; mais Mgr Dupanloup, par son
attitude digne, par les accents élevés et éloquents qu'il fit entendre lui-même après ses deux illustres défenseurs, emporta
tous les suffrages, et son procès lui fut un piédestal qui l'éleva
encore dans l'estime publique. Une explication simple et catégorique de la phrase incriminée suffit pour mettre à néant les
ridicules réclamations du *Siècle*; les héritiers Rousseau furent
déboutés de leur plainte.

Le retour à Orléans fut un véritable triomphe. Ses amis lui

envoyèrent de toute part leurs plus chaleureuses félicitations :
M. de Montalembert lui écrivit qu'il n'avait rien fait de plus
grand dans sa vie ; et M. le prince Albert de Broglie lui offrit,
au nom d'un comité de catholiques, une croix pectorale en or
sur laquelle était gravée la commémorative de son procès.

Telle fut l'issue de cette fameuse levée de boucliers. Et que
lui importait ensuite la sévérité plus ou moins factice de certains considérants, introduits peut-être par complaisance pour
le pouvoir ? Le juge véritable, le bon sens, ou mieux la conscience publique, avait prononcé, et son arrêt était tout en faveur de l'évêque que l'on avait voulu déconsidérer.

Dans le mois de mai de la même année 1860, parut le beau
livre *De la souveraineté pontificale*. Il exposait admirablement
la légitimité du pouvoir temporel des Papes ; il montrait avec
un luxe surabondant de preuves les bienfaits que leur devait
l'Europe, dont « ils avaient été au moyen-âge les véritables
génies constituants, » et pour laquelle ils étaient toujours dans
les temps modernes « le tribunal suprême des consciences, la
» plus grande autorité morale du monde. » Toutes les objec-
tions soulevées étaient réduites à néant ; des considérations
prophétiques, saisissantes de justesse et d'à-propos, annon-
çaient l'ébranlement profond que ne manquerait pas de produire au sein des états de la vieille Europe cette violation du
plus ancien et du plus légitime des droits.

Le Souverain Pontife lui adressa pour ce livre l'éloge le
plus flatteur et le plus doux à un cœur d'évêque. Nous voulons
en citer les dernières lignes, car elles sont significatives.

« Rien ne pouvait être plus doux à notre cœur que de voir
» nos honorables Frères les évêques se tenir, au fort de la
» tempête, debout comme un mur d'airain, pour protéger la
» maison d'Israël. Cette consolation, vos travaux et vos luttes
» nous l'ont apportée, vénérable Frère, alors qu'après avoir
» été un si intrépide défenseur de l'autorité et des droits de ce
» Saint-Siège et de la discipline de l'Eglise, vous avez publié
» sur notre pouvoir temporel et sur la souveraineté pontificale
» un livre *plein de vérité et de lumière, de sorte que, parmi*
» *tous ceux qui en ce même temps, se sont dévoués à cette la-*
» *borieuse tâche,* NUL NE PARAIT DEVOIR VOUS ÊTRE COMPARÉ. »

Mais que pouvaient les protestations d'évêques désarmés contre les résolutions bien arrêtées de gouvernements décidés à passer outre?

On avait accusé le gouvernement pontifical de ne pouvoir se suffire, et d'avoir besoin de l'appui effectif des autres puissances pour maintenir la police dans ses états. En réponse à ces griefs Pie IX résolut de subvenir à ses besoins financiers avec les offrandes volontaires des catholiques, et d'appeler pour former son armée et soutenir son trône des volontaires de tous les pays catholiques. Ces deux résolutions obtinrent les plus consolants résultats.

Le denier de saint Pierre, chaleureusement recommandé par les évêques, fournit à tous les besoins du Pontife Romain; et ce tribut, joyeusement accepté par l'affectueux dévouement des catholiques, ne s'est pas un instant ralenti. En même temps le général Lamoricière, qui s'était distingué entre tous nos grands officiers dans les guerres d'Afrique, vint mettre son épée au service du Pape menacé. De concert avec Mgr de Mérode, beau-frère de M. de Montalembert et ministre des armes, il eut bientôt organisé une armée composée de jeunes volontaires, venus de tous les pays catholiques, mais en grand nombre de la France. Non seulement il pouvait répondre de l'ordre intérieur; mais il avait des forces plus que suffisantes pour repousser les bandes garibaldiennes, si elles avaient été abandonnées à elles seules. Mais l'on sait l'infâme comédie qui se joua entre Garibaldi et le gouvernement de Sardaigne, et qui se termina par le guet-apens de Castelfidardo où un sang jeune, généreux et français fut versé avec la complicité au moins tacite de la France.

Mgr Dupanloup était à Lacombe quand il apprit la nouvelle de ce douloureux événement. Aussitôt il écrivit à ses vicaires généraux, les priant d'annoncer qu'un service solennel serait célébré dans la cathédrale d'Orléans, le 9 octobre suivant, pour les héros tombés au service de la cause catholique. Il ne pouvait manquer d'assister à cette cérémonie funèbre, et dans un magnifique discours, qui eut Berryer au nombre des auditeurs, il célébra les *héros* et les *martyrs* de la foi.

« Ils furent à la fois des *héros* et des *martyrs*, s'écria-t-il;

» héros dans leur dévouement et leur prévoyance quand ils
» partirent; héros sur le champ de bataille quand ils tombè-
» rent; martyrs, car ils se dévouèrent librement pour l'Eglise
» et pour Dieu; martyrs, car ils moururent dans la foi de la
» piété fervente, comme mouraient les martyrs des premières
» luttes de l'Eglise. Et rien n'a manqué à l'achèvement de leur
» gloire, pas même l'ignoble insulte des ennemis de Dieu et
» de son Christ. »

Et ailleurs : « Il y a entre le bien et le mal, entre la vie et
» la mort, un duel éternel sur la terre : *Mors et vita duello*
» *conflixere mirando*. Dans ce duel, il y a des êtres prédesti-
» nés à être les témoins, les répondants du bien, de l'honneur,
» de la justice.

» Si vous voulez les reconnaître en ce monde, ces nobles
» prédestinés, cherchez-les sur les hauteurs! Il y a quelque
» chose en eux qui n'est pas dans le commun des hommes et
» qui vous les signalera; vous les reconnaîtrez à leur front, à
» leur regard.

» Il y a sur leur front un signe d'honneur, et dans leur re-
» gard une flamme de vie.

» Ils marchent à l'écart, sur les sommets, loin des basses-
» ses, loin des cupidités, loin des ambitions, loin des égoïs-
» mes.

» La foule les admire ou les maudit; n'importe, ils vont tou-
» jours.

» Et la justice vient à eux; ils la voient dans sa pure et se-
» reine lumière : et elle leur dit : « — Veux-tu être mon té-
» moin, mon second? Et eux, ces glorieux prédestinés, ré-
» pondent dans leur cœur : — Oui, je le veux. »

Et enfin dans la péroraison : « David autrefois maudissait
» les collines de Gelboé, où étaient tombés les vaillants d'Is-
» raël... O colline de Castelfidardo, sur toi aussi sont tombés
» les vaillants d'Israël, plus forts que les lions, plus prompts
» que les aigles, aimables et beaux dans leur vaillante jeu-
» nesse... Et cependant ne sois pas maudite. Leur sang t'a
» consacrée. Sur toi leur épée s'est brisée, sur toi leurs corps
» ont été déchirés, sur toi ils sont morts. Eh bien, malgré cela
» je te bénis, je te glorifie; tu seras à jamais une colline glo-

» rieuse, immortelle ; car c'est sur toi que sont tombés les hé-
» ros, en faisant leur devoir pour la religion et pour la jus-
» tice... Et comme on va visiter les champs fameux par les
» antiques batailles, on ira voir les lieux où ils sont tombés,
» ces braves, en baiser la poussière, y respirer la foi, l'honneur,
» le courage, et recueillir là le souffle de vie et d'immortalité
» qui s'en échappe. Moi aussi, un jour, si Dieu le permet,
» j'irai visiter ces lieux chers et sacrés ; ce sera mon dernier
» pèlerinage ici-bas ; j'irai là bénir Dieu de nous avoir donné,
» dans ces jours terribles, une belle consolation et une belle
» lumière ; j'irai relever mon cœur de ses tristesses, et fortifier
» mon âme de ses épuisements ; j'irai apprendre d'eux à con-
» server en moi la flamme du zèle pour l'Eglise et pour les
» âmes, feu sacré qui doit brûler toujours au cœur d'un évê-
» que ; j'irai sur leur tombe ranimer mon ardeur éteinte et re-
» tremper mon âme pour mes derniers combats. »

Au commencement de l'année 1861 parut une nouvelle brochure dont l'auteur cette fois se montrait à découvert. C'était
M. le vicomte de la Guéronnière, qui dans un écrit intitulé :
La France, Rome et l'Italie, prétendait définir les responsabi-
lités et les faisait retomber sur les catholiques. Si la France
était agitée, on le devait à la coalition des partis politiques auxquels s'unissait le clergé ; et c'était au refus obstiné du Pape
d'accepter les moyens de conciliation qu'il fallait attribuer les
malheurs de la Papauté.

Le cardinal Antonelli démolit la pièce de M. de la Guéronnière par le simple exposé des faits, dans une lettre à Mgr Me-
glia, nonce à Paris. Les évêques français la réfutèrent victorieusement. Nous citerons seulement Mgr Dupanloup, Mgr
Gerbet, Mgr Pie.

Le mandement de ce dernier attira plus particulièrement
l'attention du public, qui y remarqua surtout le trait final :
« Lave tes mains, ô Pilate ; déclare-toi innocent de la mort du
Christ, etc... » On affecta d'y voir une injure à la personne
même de l'empereur, et il fut condamné comme d'abus par le
Conseil d'Etat. Plusieurs de ses frères dans l'épiscopat lui envoyèrent des témoignages de sympathie ; entre autres nous
voyons l'évêque d'Orléans qui rappelait avec à-propos la lettre

que l'évêque de Poitiers lui avait écrite à lui-même lors du procès intenté par la famille Rousseau.

Les événements de Rome ont absorbé notre attention, et nous ont empêché de signaler un autre champ d'action où intervint aussi le zèle de Mgr Dupanloup.

La France a été appelée le soldat de Dieu, et c'est par elle que Dieu aime à accomplir ses actes parmi les nations. *Gesta Dei per Francos.* Sa mission, commencée au baptême de Clovis, fut de défendre les intérêts religieux sur la terre ; c'est sa voie, sa direction naturelle, à laquelle elle tend d'elle-même, pourvu qu'aucune action violente ne vienne l'en détourner.

Le gouvernement impérial, dans les affaires romaines, sous la pression d'engagements antérieurs et malheureux, la faisait dévier de ses traditions glorieuses. Mais au dehors de l'Europe, dans la Chine et en Cochinchine, elle marchait suivant ses traces religieuses et séculaires ; son épée, là encore, était tirée pour la grande cause de la civilisation chrétienne.

Aujourd'hui, si nous ne craignions de paraître faire des allusions trop actuelles, nous assistons à un spectacle semblable. En France, sur notre propre territoire, on livre au catholicisme la plus déloyale en même temps que la plus persévérante et la plus dangereuse des persécutions ; et cependant nos soldats combattent sur les champs de bataille de l'extrême-Orient pour faire revivre les glorieux souvenirs de nos armes et continuer notre protectorat religieux. Tant il est vrai que Dieu sait admirablement tout faire coucourir à l'accomplissement de ses desseins, et qu'il sait se servir des actions en apparence les plus hostiles pour arriver à ses fins. Nul n'a plus servi à consolider et à étendre son Église sur la terre que les persécuteurs eux-mêmes.

En 1856, les violences exercées par les mandarins chinois contre nos missionnaires et la violation des traités conclus avec les Européens forcèrent la France et l'Angleterre à s'unir pour déclarer la guerre à la Chine. Une première expédition victorieuse fut terminée par le traité de *Tien-Tsin* (juin 1858), qui reconnaissait la liberté aux missionnaires chrétiens et ouvrait la Chine au commerce de l'Europe. Mais la mauvaise foi proverbiale des Chinois se montra une fois de plus et nécessita une nouvelle expédition. Les armées alliées vinrent jusqu'à Pékin, où elles firent leur entrée triomphante le 22 octobre 1860, et le traité de Tien-Tsin fut confirmé avec la clause additionnelle d'une indemnité de 60 millions que l'on força la Chine à payer à chacune des deux nations occidentales, pour lui faire expier son manque de parole.

Pendant qu'elle défendait ainsi les intérêts religieux en Chine, la France agissait de même en Cochinchine, avec l'alliance de l'Espagne. Le traité de Saïgon, signé le 5 juin 1862, nous assurait la possession de trois provinces de la Basse-Cochinchine, *Saïgon*, *Mytho et Bien-Hoa*, nous accordait le protectorat de quelques autres, et garantissait la liberté du catholicisme dans tout l'empire d'Annam.

Mgr Dupanloup voulut rappeler vers ces lointaines et bienfaisantes expéditions l'attention de la France distraite par tant d'autres événements plus rapprochés mais moins heureux. Il publia en 1859 une première *Lettre pastorale pour rappeler les succès de nos expéditions et de nos négociations dans l'extrême Orient, et pour recommander l'œuvre de la propagation de la foi*. Cette lettre parut si belle au Conseil général de la propagation de la foi, qu'il résolut de la faire tirer à cent mille exemplaires afin de lui donner la plus grande publicité possible ; et il est de fait qu'elle produisit une puissante impression, et qu'elle amena de nombreuses offrandes à cette œuvre catholique par excellence.

Il disait, avec son style chaud, ardent, avec ses élans de feu, la beauté de l'apostolat, le concours providentiel apporté toujours par la France à l'œuvre des missions apostoliques, l'importance plus grande pour elle de continuer et d'activer ce concours, aujourd'hui que des moyens extraordinaires de transport et de voyage sont venus faire disparaître les distances, que la Providence l'appelle aux plages de l'Orient avec ses armes entourées du cortège glorieux des victoires passées et des succès actuels. Il faisait aussi ressortir l'admirable institution de cette œuvre de la propagation de la foi, dont la modeste offrande, accessible aux plus pauvres et répétée par tant de cœurs catholiques, suffisait à produire des sommes considérables, à pourvoir aux besoins de tant de chrétientés éloignées, et il engageait vivement tous les fidèles à contribuer ainsi par une humble obole à l'extension incessante de notre foi.

Deux ans après, au carême de 1861, il donna une *Instruction pastorale sur la reconnaissance que l'Europe doit au christianisme.*

Qu'il fait bon l'entendre établir le parallèle entre les peuples chrétiens et les peuples non chrétiens et montrer l'incomparable supériorité morale des premiers. Si l'Europe est la plus glorieuse partie du monde, qu'elle ne l'oublie pas, c'est au christianisme qu'elle le doit. Qu'elle veille donc à le conserver précieusement, ce principe si puissant de vie sociale, qu'elle ne le garde pas jalousement stérile, afin que Dieu ne soit pas tenté de le lui enlever pour le transplanter ailleurs ; mais qu'elle le propage par toutes les énergies d'expansion qui lui ont été données ; et surtout qu'elle se garde bien de l'atteindre en son centre, qui est à Rome. Car tout attentat de cette nature ne pourrait que lui être gravement préjudiciable.

CHAPITRE XIX

Moines d'Occident. Tracasseries du pouvoir. Conférences de Saint-Vincent-de-Paul. Canonisation des martyrs japonais. La Roche-en-Bresny (1862).

Au milieu de ses incessantes occupations, Mgr Dupanloup n'avait pas perdu de vue son livre sur l'*Education*. Dans le courant de l'année 1860, en septembre, il se mit sérieusement à la composition du troisième volume de la première partie dont deux seulement avaient paru. Il y traite spécialement *des hommes d'éducation*, et il le termina vers le milieu de l'année 1861.

C'est en ce même temps qu'il s'occupa surtout du grand ouvrage de M. de Montalembert, *Les moines d'Occident*, dont les deux premiers volumes parurent dans l'année 1860. Peut-être serait-ce ici l'occasion favorable de dire un mot de ce grand ouvrage de M. de Montalembert, et de la part qu'y prit l'évêque d'Orléans.

Mgr Dupanloup fut pour M. de Montalembert un véritable ami. Il voulait sincèrement son bien, et à cette fin il ne craignit pas maintes fois de lui causer quelque peine. M. de Montalembert avait assez de grandeur d'âme pour le comprendre et lui en témoigner une plus affectueuse reconnaissance ; et leur amitié ne faisait que s'accroître chaque jour. Ce que nous allons raconter au sujet des *Moines d'Occident* montre que la gloire du noble comte n'eut pas à en souffrir.

M. de Montalembert venait de publier la vie de sainte Elisabeth de Hongrie, œuvre si remarquable et qui devait être un événement dans l'hagiographie contemporaine. Il résolut de composer une vie de saint Bernard, l'illustre abbé de Clairvaux, qui exerça une action si puissante sur la société du moyen-âge. En 1846, allait paraître, comme *Introduction*, l'histoire de la vie monastique en Occident jusqu'à saint Bernard.

Le travail était remarquable, et à plus d'un endroit digne de l'auteur. Cependant l'abbé Dupanloup, alors chanoine de Notre-Dame, ne fut pas satisfait. Il voulut mieux, parce qu'il savait son ami capable de faire mieux.

Quoique le volume fût presque imprimé en entier et sur le point d'être livré à la publicité, l'auteur ne refusa pas de le sacrifier. Il consentit à reprendre son œuvre sur un autre plan, à y travailler encore plusieurs années, tenant compte des conseils, des notes, des corrections de son sévère mais sincère ami ; et il en résulta le magnifique ouvrage des *Moines d'Occident*.

Les luttes, les troubles, les occupations les plus diverses, les infirmités et les souffrances ne l'empêchèrent pas de s'y appliquer avec ardeur à chaque moment qu'il pouvait arracher aux affaires courantes ; et, comme nous l'avons dit, les deux premiers volumes parurent vers la fin de 1860. Cette fois Mgr Dupanloup fut content, et il exprime ainsi sa joie dans le *Correspondant* de janvier 1861 :

« M. de Montalembert est un homme antique ; mais, ce » qui est d'un grand charme à considérer, cet homme d'au-

» trefois s'est mêlé avec une ardeur extrême aux luttes mo-
» dernes; par un contraste curieux, il se complaît dans ces
» compagnies austères des Pères, des docteurs, des martyrs,
» des anachorètes, des grands moines, et en même temps
» c'est un chevalier armé de pied en cap pour le combat; c'est
» le fils des croisés, et c'est un bénédictin. Je le répète, cela a
» beaucoup de charme. Le chevalier se met à genoux, le
» moine est vaillant. Sa vie a été et est encore toute militante;
» soit qu'il parle, soit qu'il écrive, il combat, et toujours pour
» la grande cause de l'Eglise, à laquelle il s'est dévoué. »

L'âme généreuse de Mgr Dupanloup ne pouvait rester indifférente au sort de l'Irlande. La famine sévissait dans la
malheureuse patrie d'O'Connel; il prêcha à Paris, dans l'église
de Saint-Roch, un sermon de charité en faveur des pauvres
Irlandais. Sa parole fut fructueuse; son discours, traduit en
anglais, pénétra partout où se trouvaient des colonies irlan-
daises, et valut plus de trente mille francs à ceux en faveur
desquels il fut prononcé. Les Irlandais n'oublieront pas ce généreux concours de l'évêque d'Orléans; nous aurons plus tard
l'occasion de le remarquer.

Dans la même année 1861, eut lieu le comice agricole régional, qui se tint à Orléans le 9 mai, le lendemain de la fête
annuelle de Jeanne d'Arc.

La part active que l'évêque avait prise dans les affaires de
Rome l'avait mis au plus mal avec le gouvernement impérial,
et par conséquent avec les autorités administratives de sa ville
épiscopale. On avait même essayé d'interdire au monde officiel
toute relation avec un prélat que l'on affectait de présenter
comme systématiquement hostile au régime qui gouvernait le
pays; et, le 20 février 1861, une lettre confidentielle fut adressée dans ce sens par le préfet du Loiret à tous les fonction-
naires, et jusqu'aux magistrats de la ville d'Orléans. Elle eut
pour résultat d'amener la plus glorieuse manifestation en faveur de l'évêque que l'on avait eu la maladresse de grandir
encore en le dénonçant comme un adversaire d'une puissance
plus qu'ordinaire. A peine la lettre fut-elle connue que toute
la partie indépendante de la population se rendit aux salons
de l'évêché, et les magistrats eux-mêmes tinrent à honneur

de ne pas se soumettre aux injonctions ridicules d'un préfet
maladroit.

« Quelle lettre que celle de votre préfet! lui écrivait M. Cou-
» sin. Est-ce que tout Orléans ne va pas se précipiter chez
» vous? » M. Cousin avait deviné juste.

Il fallut changer le préfet que sa circulaire avait ridiculisé,
et son successeur voulut réparer la faute commise en renouant
des relations fâcheusement interrompues. On aurait désiré faire
demander une audience à l'empereur lui-même, afin de pouvoir annoncer un désaveu au moins implicite. Mais le piège
fut habilement évité.

Mgr Dupanloup avait des amis vigilants, et M. Cochin le
prévint du parti que l'on prétendait tirer de sa démarche. Il se
garda donc de solliciter une faveur que l'on aurait ainsi voulu
exploiter; il consentit seulement à voir le ministre des cultes,
M. Rouland, pour simples raisons d'affaires.

Une invitation lui fut néanmoins officiellement adressée
pour le comice agricole, et il jugea opportun de l'accepter. Il
y parut dans toute son indépendance, et sa parole épiscopale
vint « apprendre à gagner le ciel en travaillant la terre. » C'est
en vain d'ailleurs que les amateurs de bruit attendaient quelque allusion, il n'y eut pas un mot de politique.

Après d'autres occupations nécessitées par ses devoirs d'é-
vêque et après sa tournée pastorale habituelle, il alla se reposer en Savoie; passa quelques semaines à Lacombe et à Menthon, et se rendit au pèlerinage d'Einsiedeln qu'il affectionnait
particulièrement et dont on célébrait cette année le glorieux
millénaire. Nous n'avons encore fait aucune mention de ce
pèlerinage cher au cœur de l'évêque d'Orléans. Nous croyons
le moment venu d'en dire quelques mots.

Vers le milieu du xixe siècle, saint Méginrad ou Meinrad,
issu d'une maison princière de Souabe, était venu dans la val-
lée située au sud de Zurich et actuellement connue sous le nom
d'Einsiedeln. Il y vécut sept ans, inconnu du monde et dans
la pratique de la plus austère pénitence. Découvert par des
pâtres, il vit bientôt affluer dans sa solitude les multitudes
qu'attirait sa sainteté extraordinaire. Pour se dérober à ces
ovations, il s'enfonça dans la forêt voisine et réussit à y vivre

inconnu pendant vingt-sept ans, jusqu'à ce que deux voleurs, auxquels il avait accordé l'hospitalité, le mirent à mort pendant son oraison, espérant trouver dans sa cellule des trésors cachés. Miraculeusement dénoncés, ils furent exécutés au lieu même de leur crime, le 21 janvier 861.

La cellule qu'il avait habitée, la fontaine où il se désaltérait, et l'image de la Vierge qu'il avait déposée dans son humble oratoire, devinrent dès lors célèbres. Cinquante ans environ plus tard, vers 915, saint Bennon, parent de Richard de Bourgogne, vint habiter ce lieu qu'avait sanctifié la présence de saint Meinrad. Eberhard, cousin d'Herman duc de Souabe et d'Alsace, l'y rejoignit, et ils fondèrent ensemble l'abbaye d'Einsiedeln ou de Notre-Dame-des-Ermites. Depuis ce temps la foule des pèlerins n'a cessé d'accourir vers le célèbre sanctuaire; Elisée Reclus porte à cent cinquante mille le nombre des pieux visiteurs qui s'y rendent annuellement.

Or, Mgr Dupanloup aimait ce pèlerinage avec ses sites pittoresques, son torrent, ses montagnes, le lac voisin, ses constructions magnifiques, monuments de la foi des générations passées, les multitudes qui y accouraient de tout pays, de toute condition, différentes de costumes, de positions, d'usages, mais animées toutes par la même foi, par les mêmes sentiments de piété.

La première fois qu'il y parut, c'était en 1831; il était catéchiste à la Madeleine. L'impression reçue fut profonde, et il y revint plusieurs fois. Nous l'y retrouvons donc en 1861, où le nombre des pèlerins fut plus considérable qu'aux autres années. Sa parole s'y fit entendre, le 8 septembre, après une ordination qu'il eut la suprême consolation de faire dans ce vénérable sanctuaire. Le dimanche, 14 septembre, il y était encore; le lendemain il apparaissait au milieu de ses prêtres réunis au grand séminaire d'Orléans pour la retraite pastorale, et il prenait part à tous les exercices avec une assiduité qui ne se démentit pas pendant les deux retraites.

A la suite de tous ces travaux quelque temps de repos paraissait bien gagné; mais la défense des intérêts catholiques ne lui permit pas de les prolonger.

Le 16 octobre 1861, M. de Persigny, ministre de l'intérieur, voulut forcer les *Conférences de Saint-Vincent-de-Paul* à recevoir du gouvernement leur président général. Sur le refus des *Conférences*, le Conseil central fut supprimé, et elles se trouvèrent ainsi condamnées à vivre isolées. Par la plus inqualifiable injure, la *franc-maçonnerie* recevait en même temps une sorte de consécration officielle, en voyant le maréchal Magnan nommé grand-maître des différentes loges. Mgr Plantier et Mgr Pie protestèrent avec une grande vigueur.

On remarqua surtout ces paroles prophétiques du second :
« Après avoir lu certaines expressions de la lettre du ministre
» de l'empereur, j'ai laissé tomber la feuille de mes mains ; et
» de même que M. Thiers disait, il y a dix ans, à pareille épo-
» que : — L'empire est fait, — je me suis écrié avec épou-
» vante : Est-ce que la révolution n'est point faite ? Puissé-je
» me tromper dans mes appréhensions ! Puissent ceux qui me
» paraissent s'être faits les esclaves de la révolution, n'en être
» pas désormais les acteurs, et n'en pas devenir ensuite les
» victimes ! » Que dire de ces paroles, après le commentaire
qu'en ont donné les événements ?

Mgr Dupanloup ne pouvait rester à l'écart dans une question d'une telle gravité. Dans une *Lettre au président d'une conférence*, il s'adressait aux conférences et les engageait vivement à se maintenir toujours, quoique décapitées par la malveillance ; et dans une brochure qui avait pour titre : *Les sociétés de Charité et la circulaire du 16 octobre*, il s'attaquait aux accusations du ministre et n'en laissait plus subsister une seule.

Mgr Pie avait dénoncé l'approche de la révolution ; Mgr Dupanloup, après avoir adjuré le ministre de retirer sa circulaire, ajoutait : « Si vous donniez un démenti à mes espérances, je
» plaindrais ceux que vous frappez, je plaindrais le gouverne-
» ment assez mal inspiré pour voir des meneurs dans des
» hommes pacifiques et religieux ; je vous plaindrais surtout,
» Monsieur le Comte, d'être plus tard, quand vous repasserez
» votre vie dans votre conscience, condamné à vous dire : Il
» fut un jour où, cédant à la terreur d'un péril imaginaire et
» à de vulgaires et indignes obsessions, j'ai commis une injus-
» tice contre des gens de bien, et fait injure à une des plus
» grandes choses qui soient sur la terre, la Charité chrétienne. »

Prévisions malheureuses et prières, rien n'y fit. La mesure fut maintenue. Hélas! les événements n'allaient pas tarder à justifier les avertissements des illustres prélats.

Mentionnons encore, parmi les travaux de l'année 1861, l'oraison funèbre de Mgr Menjaud, archevêque de Bourges, et la publication de la première série de ses œuvres choisies, et nous pourrons nous faire une idée de la grande activité et de la puissance de travail de l'évêque d'Orléans.

Pie IX, dépouillé de la plus grande partie de ses états, n'en restait pas moins grand aux yeux de l'univers catholique et de ses propres ennemis. Dominant les événements par sa majestueuse fermeté, il continuait à imprimer à tous la plus profonde admiration, et il veillait toujours aux soins que réclamaient le gouvernement de l'Eglise et ses intérêts spirituels.

Le 18 janvier 1862, une circulaire du Préfet de la congrégation du Concile invita les évêques à se rendre à Rome pour la canonisation de vingt-six bienheureux martyrisés au Japon, au dix-septième siècle. Près de trois cents évêques répondirent à son appel, et celui d'Orléans fut l'un des plus empressés. Rome et la Papauté exerçaient toujours sur lui une puissante attraction ; et l'occasion était trop favorable pour qu'il lui fût possible de la manquer.

Les luttes soutenues pour la défense du Saint-Siège avaient jeté sur son nom un plus grand éclat; il se présentait entouré d'un prestige, nous oserions dire d'une auréole toute nouvelle. L'accueil qu'il reçut du Pape fut empreint d'une bonté toute particulière, et plus d'une fois les *vivats* de la population romaine éclatèrent en son honneur.

Cent mille étrangers étaient accourus ; on y comptait quatre mille prêtres, parmi lesquels deux mille français. De l'Ascension à la Pentecôte ce fut une série ininterrompue de fêtes magnifiques. A chaque fois que Pie IX apparaissait, c'étaient des ovations de plus en plus enthousiastes. Ses ennemis purent constater avec effroi la place immense que la Papauté occupait encore dans le monde, et combien il leur serait difficile de la faire disparaître.

Mais ce fut surtout le jour de la Pentecôte (8 juin), choisi pour la canonisation, que les fêtes revêtirent une splendeur vraiment inouïe. Le cortège des évêques coiffés de la mitre, se rendit processionnellement du Vatican à l'église de Saint-Pierre, et le Pape, porté sur sa *Sedia*, fermait la marche. Dans l'intérieur de la basilique, entouré des évêques, il prononça le décret solennel qui inscrivait les nouveaux élus dans le calendrier des saints, et aussitôt après il entonnait le *Te Deum* que cinquante mille voix faisaient immédiatement retentir dans les murs de l'immense enceinte. La messe célébrée par le Souverain Pontife suivit et vers une heure de l'après-midi la cérémonie était terminée; elle avait commencé à sept heures du matin.

Le lendemain fut tenu un consistoire où le Pape, parlant aux évêques présents à Rome et qui s'étaient de nouveau réunis autour de lui, stigmatisa une fois de plus les principales erreurs du temps, dénonça encore les empiétements du pouvoir civil sur le pouvoir religieux, et condamna un certain nombre d'ouvrages, entre autres *la Vie de Jésus* par Renan. L'allocution du Pape terminée, le cardinal Mattei, doyen du sacré-collège, lut au nom de l'épiscopat entier une adresse qui avait été rédigée par les évêques présents à Rome, et à laquelle Mgr Dupanloup avait pris une part très active. Dans cette adresse étaient affirmés deux points d'une importance capitale : *Le magistère souverain et infaillible du Pape et la nécessité de sa souveraineté temporelle.*

« Vous êtes pour nous le maître de la saine doctrine, disait
» l'adresse au Saint Père, vous êtes le centre de l'unité, vous
» êtes pour les peuples la lumière indéfectible préparée par la
» sagesse divine, vous êtes la pierre, vous êtes le fondement
» de l'Eglise elle-même, contre laquelle les portes de l'enfer
» ne prévaudront jamais. Quand vous parlez, c'est Pierre que
» nous entendons; quand vous décrétez, c'est à Jésus-Christ
» que nous obéissons. Nous vous admirons au milieu de tant
» d'épreuves et de tempêtes, le front serein, le cœur imperturbable,
» bable, accomplissant votre ministère sacré, invincible et
» debout...

» Nous reconnaissons que la souveraineté temporelle du
» Saint-Siège est une nécessité, et qu'elle a été établie par un
» dessein manifeste de la Providence divine; nous n'hésitons

» pas à déclarer que dans l'état présent des choses humaines,
» cette souveraineté temporelle est absolument requise pour le
» bien de l'Eglise et pour le libre gouvernement des âmes. Il
» fallait assurément que le Pontife romain, chef de toute l'E-
» glise, ne fût ni le sujet ni même l'hôte d'aucun prince; mais
» qu'assis sur son trône, et maître dans son domaine et son
» propre royaume, il ne reconnût de droit que le sien, et pût,
» dans une noble, paisible et douce liberté, protéger la foi ca-
» tholique, défendre, régir et gouverner toute la république
» chrétienne... »

Et, afin d'enlever toute apparence de prétexte à une accusation quelconque de manque de patriotisme, sous l'inspiration
de Mgr Dupanloup, les évêques disaient :

« Nous sommes venus libres vers le Pontife-Roi libre, pas-
» teurs dans les choses de l'Eglise, citoyens dévoués au bien
» et aux intérêts de la patrie, et ne manquant ni à nos devoirs
» de pasteurs ni à nos devoirs de citoyens. »

Certes, la France a pu s'assurer depuis que les évêques,
alors comme toujours, voyaient clairement et voulaient sincèrement ce qui devait être son véritable bien. Qu'elle aurait
donc gagné à marcher dans la voie qu'ils lui indiquaient !

L'adresse continuait, professant toujours la plus complète
adhésion aux enseignements du Saint-Siège, l'union la plus
parfaite au chef suprême de l'Eglise. On eut le spectacle admirable du parfait accord entre le chef et les membres de l'épiscopat. De toutes les Eglises vinrent les adhésions des évêques
qui ne s'étaient pas rendus à Rome, et il est de toute vérité
que cet acte eut l'assentiment universel.

Partout où paraissait Mgr Dupanloup, on aimait à entendre
sa voix. Le dimanche, 1er juin, il se trouvait à Marino, où il
était allé voir les zouaves pontificaux casernés en ce moment
dans cette petite ville. Ces jeunes héros furent heureux de l'entendre célébrer la force chrétienne et leur redire les louanges
de la bienheureuse Vierge Marie dont on venait de terminer
le mois béni.

« Quand j'ai cherché, leur dit-il, quel pourrait être le plus
» convenable sujet de cette allocution, j'ai rencontré naturel-
» lement sur mes lèvres la parole de l'homme qui a le plus

» souffert et le plus lutté ici-bas : *Militia est vita hominis su-*
» *per terram*, la vie de l'homme est un combat, une vraie
» milice sur la terre. »

Le surlendemain, 3 juin, dans l'église de *Saint-André della
Valle* une foule nombreuse se pressait pour entendre la messe
que Mgr. Hassoun, primat arménien de Constantinople, célébrait suivant le rite oriental, assisté des évêques et des prêtres
orientaux présents à Rome. Une quête devait être faite en faveur des chrétientés de l'Orient, et l'on avait invité Mgr Dupanloup à prêcher. Sa parole souleva les applaudissements de
l'auditoire lorsqu'il s'écria que la Rome chrétienne ne pourrait jamais être occupée par ceux qui voulaient en chasser le
Pape ; qu'il leur faudrait avant la raser et en refaire une autre
à leur taille.

Le soir même de la Pentecôte, un autre évêque français,
prince lui aussi de la chaire chrétienne, à l'éloquence originale,
vive, imagée et puissante, Mgr Berteaud, évêque de Tulle, se
faisait entendre au *Colysée*.

Certes ! le spectacle était grandiose. C'était au milieu de ces
ruines gigantesques du colossal amphithéâtre dans lequel,
pendant plus de deux siècles, coula par torrents le sang des
martyrs. Le ciel était sombre, couvert de nuages ; dans l'Italie,
jusque dans Rome, on entendait les grondements de la révolution qui voulait se précipiter sur la Papauté, comme autrefois
les bêtes féroces du Colysée s'élançaient sur les chrétiens que
l'on exposait.

Un orateur ordinaire n'aurait pu manquer d'être heureusement inspiré. Combien plus dut l'être l'évêque de Tulle, qui
se faisait surtout remarquer par un talent extraordinaire d'im-
provisation et par une admirable facilité à tirer parti des circonstances qui pouvaient être de nature à le favoriser ! Lui
aussi il souleva les applaudissements de son auditoire enthou-
siasmé, lorsqu'il adressa à la croix la sublime apostrophe que
nous allons rapporter :

» Lève-toi donc ici, ô Croix, *Ave, crux theologa*, ô croix, ô théo-
» logienne, grande discuse de Dieu, dresse-toi ici comme une co-
» lonne ; enseigne et parle ! Dis-nous comment ce Colysée fut l'ate-

» lier laborieux où le Christ se faisait très beau, très brillant dans
» ses membres; le creuset où tous les éléments se convertirent
» en or pur; comment tout apportait son lustre à cette beauté, à
» ce corps divin : la veuve et la vierge, l'enfant et le vieillard,
» le pauvre et le patricien. Le Romain avait bâti ce Colysée
» pour y employer la chair à d'horribles usages. Trois siècles la
» chair divinisée du chrétien vint ici témoigner splendidement,
» et l'on continue de vivre.

» C'est parce qu'il est le chef d'un si grand corps, du corps
» même du Christ, que le successeur de Pierre est en croix.

» En effet, il est là, priant avec nous, souffrant avec nous et
» plus que nous. C'est le grand porteur de souffrances, l'homme
» chargé de lourds fardeaux. *Pondus immensum terit scapulas, terit*
» *brachia*. On croit qu'il trône sur des branches d'or et repose sur
» la pourpre; et on ne voit pas ces épaules labourées, ce dos
» meurtri, ces flancs creusés par le faix, puis, outre le continuel
» labeur, n'est-il pas des heures de plus grandes souffrances?
» Comme le Christ, n'a-t-il pas ses moments de crise? Mais il a
» le don de pâtir sans défaillir, de conforter ceux qui souffrent et
» défaillent, *ne deficiant in viâ!* On lui dit, comme au roi cou-
» ronné d'épines : *Descendat de cruce;* qu'il descende, et nous
» croirons en lui. — Il s'en gardera bien, car ils croiraient moins
» encore. Il reste parce qu'il est Pierre; il a un beau nom, et
» garde sa croix. Il reste, mettant sa forte épaule sous tous les
» fardeaux, offrant sa poitrine à l'épée, à la lance, aux flèches.
» Vingt fois il a mis sa tête sur le trépied des bourreaux; on est
» venu pour l'abattre de l'Orient, de l'Occident; il reste immobile,
» indomptable et indompté; oui, indompté! Le Christ n'a jamais
» fléchi, ni à la vie, ni à la mort; et c'est pourquoi il a vaincu par
» sa croix. Cela les gêne, ils voudraient mieux ou autre chose;
» ils essaient la ruse, la force, les manœuvres, et pourquoi? Lais-
» sez-nous ce bras de croix, ce tronçon de gibet, cette colonne !
» C'est le soutien du monde.

» Venez donc assister à son triomphe, *Egredimini, filiæ, Sion.*
» Ces arènes ont bien changé de rôle. Ces ruines déchirées, ces
» loges béantes, ces colonnes tronquées, l'immense tronc de ce co-
» losse, c'est un piédestal trop petit pour l'Eglise, colonne de
» sang, de larmes, de prières et d'hymnes, colonne parfumée et
» vivante qui s'épanouit du désert et monte comme une pyra-
» mide d'âmes, s'élance au firmament et embaume le monde.
» C'est l'or, l'encens, la myrrhe d'un sacrifice divin, d'un holo-
» causte immortel. »

A son retour de Rome, Mgr Dupanloup alla prendre quelques jours de repos à Lacombe et à Menthon. C'est là qu'il reçut une lettre de M. Rouland, dans laquelle le ministre des cultes le félicitait au nom de l'empereur d'avoir bien voulu prendre à Rome la défense du gouvernement français. Un pareil document aurait pu laisser croire qu'il avait cessé de marcher dans la voie si glorieusement suivie jusqu'à ce jour ; il répondit au ministre pour rétablir l'exactitude des faits, dire les raisons qui avaient motivé son attitude, et protester de son dévouement inaltérable au Saint-Siège, dévouement cependant qui ne nuirait jamais à ses sentiments patriotiques.

Voici d'ailleurs ce qui avait donné lieu à de pareilles interprétations.

Depuis longtemps le Pape avait résolu de présenter au monde catholique un résumé dogmatique où seraient renfermées et condamnées les principales erreurs des temps modernes. Les divisions entre catholiques rendaient cette mesure très opportune. Dès 1852, un questionnaire avait été envoyé par le cardinal Fornari à un nombre restreint d'évêques. En 1860, Mgr Fioramonti prévenait Mgr Pie que l'épiscopat serait ultérieurement consulté. En attendant on lui demandait à lui-même un travail sur la distinction entre l'ordre naturel et l'ordre surnaturel, entre l'autorité civile et l'autorité religieuse. Enfin, le 23 juillet 1860, Mgr Gerbet avait publié un remarquable mandement *sur les diverses erreurs du temps.*

Le terrain ainsi préparé, on présenta aux évêques réunis à Rome un projet de soixante et une propositions accompagnées de censures. Elles avaient été préparées par les théologiens romains, qui les avaient extraites en grande partie du mandement de l'évêque de Perpignan, où elles devaient être examinées par chaque évêque à l'aide d'un seul théologien à son choix.

L'évêque d'Orléans témoigna d'abord sa surprise qu'on eût extrait ces propositions presque mot pour mot du mandement d'un évêque français, au lieu de les faire rédiger par les théologiens romains, ce qui leur eût donné peut-être plus d'autorité. Mais surtout, et ici nous voyons apparaître ces raisons d'*opportunité* qui furent loin de lui être favorables plus tard au

Mgr DUPANLOUP. 13

temps du Concile, il fit valoir les troubles, les émotions que ne manquerait pas de soulever ce document, s'il venait à être publié.

Puisque l'on consultait les évêques, on ne saurait faire un grief à Mgr Dupanloup d'avoir franchement exposé sa manière de voir. Son avis prévalut ; la promulgation des propositions condamnées fut remplacée par l'allocution du Pape aux évêques et par l'adresse des évêques au Pape. Il avait de plus insisté pour que dans l'adresse fût inséré un passage qui affirmât les sentiments patriotiques des évêques.

Il fallait au gouvernement impérial une forte dose de bonne volonté pour voir dans ces actes un changement d'attitude. Ou plutôt n'était-ce pas de sa part une manœuvre pour donner le change à l'opinion publique ? Quoi qu'il en soit, l'illustre prélat ne pouvait laisser subsister le malentendu. Sa réponse au ministre commença par le dissiper ; et il ne tarda pas à montrer que son ardeur pour les combats de la vérité ne s'était pas ralentie, que son dévouement pour l'Église n'avait en rien baissé.

Dès le lendemain de son arrivée à Orléans, le dimanche 27 juillet, il monta dans la chaire de sa cathédrale, pour exposer les événements accomplis à Rome, en faire connaître le sens et la portée. Il écrivit ensuite ce discours ; il y ajouta ceux qu'il avait prononcés à Marino et à Saint-André-della-Valle, ainsi que l'allocution du Pape et l'adresse des évêques ; il réunit le tout sous le titre de *Souvenirs de Rome* en le faisant suivre d'une *Lettre à son clergé*, et il l'adressa à ses prêtres. Mais la lettre à peine terminée, il apprit que Garibaldi menaçait Rome à la tête de ses bandes ; un *post-scriptum* fut ajouté, où son indignation s'exprimait en véritables jets de flamme.

Les temps n'étaient pas encore suffisamment mûrs pour la consommation de l'iniquité. Le gouvernement français fit entendre cette fois qu'il fallait arrêter l'aventure. Les troupes piémontaises intervinrent donc et mirent les bandes garibaldiennes en déroute à Aspromonte, le 29 août 1862. Leur chef lui-même, blessé au talon, se retira dans l'île de Caprera qui va devenir sa retraite favorite.

Mgr Dupanloup eut ensuite quelque temps de repos. Il alla

dans sa retraite bien-aimée de la Chapelle pour s'y livrer à l'étude et continuer ses ouvrages interrompus, surtout son grand travail sur l'*Education*.

Une grande consolation lui était ménagée. Son amitié avec M. de Montalembert n'avait fait que se fortifier avec les années et les luttes ; et ils souhaitaient ardemment de se voir. En revenant d'un voyage qu'il avait fait en Angleterre pour se livrer à des recherches sur la vie de ces Moines d'Occident dont il poursuivait toujours l'histoire, M. de Montalembert passa par Orléans. Les deux amis purent ainsi se promener seuls dans les allées délicieuses de la Chapelle, et s'y livrer à de douces et intimes conversations.

Au mois d'octobre de la même année, l'évêque d'Orléans alla lui-même chez son ami, à la Roche-en-Breny. Il était accompagné de M. Cochin, et il y fut rejoint par MM. Foisset et de Falloux. M. de Broglie, qui venait d'être nommé membre de l'Académie mais n'avait pas encore prononcé son discours de réception, ne put s'y rendre. Ils étaient donc là réunis cinq amis de vieille date ; et, malgré des illusions, cinq vaillants défenseurs de la cause religieuse, à laquelle, quoique à des titres divers, ils avaient rendu des services réels.

Cette réunion d'amis nous apparaît avec un caractère antique qui charme. Ils voulurent cimenter leur amitié par la religion, et un jour, le 19 octobre, ils communièrent tous de la main de l'évêque, qui était au milieu d'eux le représentant attitré de l'Eglise.

S'étant ainsi reposé quelques jours dans les charmes de vieilles amitiés, Mgr Dupanloup voulut visiter la Sainte-Beaume, non loin de Marseille, lieu de pèlerinage où sainte Madeleine passa les vingt dernières années de sa vie, racontent les traditions. Il désirait y puiser un peu de l'amour ardent et pur qui valut à l'illustre pécheresse d'entendre Notre Seigneur l'assurer du pardon de ses fautes.

Il était de retour à Orléans pour la fête de la Toussaint ; mais il devait y faire un court séjour. Le vénérable archevêque de Tours avait conçu le projet de relever la basilique de Saint-Martin, et il résolut de profiter de la circonstance pour donner cette année un éclat extraordinaire à la fête du grand thaumaturge des Gaules. Six évêques répondirent à son appel, parmi lesquels Mgr Dupanloup qui prononça le panégyrique de saint Martin.

CHAPITRE XX

Crise des ouvriers à Rouen. Littré et Taine. Élection de 1863. Congrès de Malines. Convention du 15 septembre (1864). Syllabus.

La guerre de *Sécession* qui avait éclaté entre les divers états de l'Amérique du Nord, amena une crise dans le commerce du coton, et cette crise eut en France de terribles contrecoups.

L'industrie cotonnière est la ressource exclusive de la population ouvrière de Rouen ; et, parce que le coton brut ne pouvait plus nous arriver d'Amérique, près de cent mille ouvriers rouennais se trouvèrent sans travail et par conséquent sans ressources. Ce fut une misère affreuse. De toute part la charité française s'émut, et les secours arrivèrent abondants. Mgr Dupanloup fit un chaleureux appel par sa *Lettre en faveur des ouvriers rouennais*. Il recueillit quinze mille francs dans sa ville épiscopale ; vingt-cinq mille francs lui furent envoyés des autres localités du diocèse, et il fit parvenir ces généreuses offrandes, sans compter ce que valut sa lettre répandue partout en dehors du diocèse, ni trois mille francs, produit d'une représentation grecque des *Perses* d'Eschyle par les élèves de la Chapelle.

Le cardinal-archevêque de Rouen lui adressa aussitôt l'expression de sa vive reconnaissance. Plus tard, lorsqu'en 1870 la ville d'Orléans sera cruellement éprouvée par le fléau de l'invasion, il se souviendra de la généreuse intervention de Mgr Dupanloup, et il lui enverra dix mille francs pour l'aider à secourir les malheurs de son peuple.

Le journal des *Débats* cependant chercha perfidement à dénaturer le sens de cette intervention de la charité chrétienne, rééditant l'éternel cliché révolutionnaire que l'aumône humilie l'homme qui la reçoit. Consultez donc l'indigent qui vous tend la main, et demandez-lui s'il est d'avis que vous le laissiez mourir de faim sous prétexte de sauvegarder sa dignité. Il faudrait de bonnes lois économiques ; mais la misère est actuelle, pressante, et vos lois ne sont pas encore faites. « Vous raisonnerez demain, dit Mgr Dupanloup dans sa réponse au journal, mais on souffre, on pleure, on a faim aujourd'hui. »

Mais il voulut traiter plus à fond cette grande question de la charité chrétienne. Voilà pourquoi il fit son mandement pour le carême de cette même année 1863 sur *la charité au point de vue chrétien*, et pourquoi ensuite il publia un travail plus développé sur *La charité*, dans lequel il inséra sa *Lettre au journal des Débats*, une *lettre sur l'esclavage* écrite à l'occasion de la guerre d'Amérique, et *deux lettres à M. Edgar Quinet* au sujet des affaires de Pologne ; car toutes les nobles causes trouvaient en lui un généreux avocat.

M. Quinet osait accuser l'Eglise d'avoir « abattu le cœur de la Pologne, au dernier siècle. » Il lui répondit victorieusement en lui citant les interventions répétées des souverains pontifes qui seuls en Europe ont osé élever la voix en faveur de cette vaillante nation, si indignement opprimée. Pie IX lui-même allait parler, protestant contre les exécutions sanglantes du *Czar*, alors que toute l'Europe restait silencieuse : témoignage nouveau de la générosité de l'Eglise, auprès de laquelle la vertu et la justice malheureuses sont toujours assurées d'être favorablement accueillies.

Mais voilà qu'une nouvelle lutte vint solliciter ses efforts. On dirait qu'aucun acte de nature à intéresser l'Eglise ne pouvait se produire sans que Mgr Dupanloup ne fût appelé par les circonstances à intervenir. M. Littré était porté comme candidat à l'Académie française. Or, tout le monde sait que M. Littré fut un disciple déterminé de M. Comte, et le plus influent propagateur de la doctrine positiviste.

Nous n'avons pas à faire ici le procès du *positivisme*. Nous dirons seulement que sous un faux appareil scientifique il cache le véritable *matérialisme*, par conséquent l'athéisme, et qu'il entraîne avec lui toutes les conséquences subversives de ces pernicieuses doctrines.

Mgr Dupanloup regarda, comme un malheur, de les voir

frapper à la porte de l'Académie en la personne de M. Littré. S'il n'avait considéré que les qualités personnelles de l'homme, il se serait gardé avec le plus grand soin de faire la moindre opposition.

Tout le monde a rendu justice aux vertus privées de M. Littré, à sa loyauté, à son humanité, à sa bonté de caractère. Le Ciel lui-même en a ostensiblemeut tenu compte, et sa fin chrétienne, nous croyons qu'il la doit en grande partie aux vertus naturelles dont il a été toujours un vivant modèle, et que Dieu a voulu récompenser par la plus précieuse des grâces. Ses titres aussi à une candidature étaient sérieux. Depuis longtemps il s'occupait de philologie avec une rare compétence ; nul mieux que lui ne connaissait l'histoire de la langue française, et son concours allait être des plus utiles pour l'œuvre du *Dictionnaire de l'Académie.*

Aussi bien sa candidature rencontrait-elle d'ardentes sympathies, et ce ne fut qu'avec une vive appréhension que les amis de Mgr Dupanloup le virent s'engager dans une campagne d'opposition. Ils croyaient tous à une tentative infructueuse, le succès de M. Littré leur paraissant assuré ; ils craignaient de voir périr quelque chose du grand prestige de l'évêque, s'il s'exposait ainsi à un échec manifeste.

Afin cependant d'élever le débat au-dessus des mesquines questions de personnalités, il résolut de s'attaquer à la doctrine elle-même, ajoutant à M. Littré le nom de M. Taine, et au positivisme la prétendue école allemande présentée par M. Renan. C'est en ce sens qu'il fit paraître son *Avertissement aux pères de famille et à la jeunesse.* Il ne s'en tint pas à la seule publication de sa brochure, dont la lecture fut une révélation pour certains académiciens qui ignoraient complètement la doctrine professée par Littré ; il se livra de plus à d'actives démarches auprès de ceux sur lesquels il espérait avoir de l'influence. Il échoua auprès de M. Thiers, mais il réussit néanmoins à empêcher l'élection.

Plus tard il sera moins heureux, et nous verrons M. Littré s'asseoir dans un fauteuil d'académicien. Mais alors il se retirera, ne voulant pas donner le spectacle d'un évêque catholique siégeant dans la même enceinte littéraire qu'un athée déclaré.

On se fait facilement une idée des attaques, des injures qu'il
eut à subir de la part d'une certaine presse. Et cependant son
action avait été loyale et franche. Il n'avait en rien agi contre
l'homme qu'il estimait et respectait. Mais il avait cru de son
devoir d'agir contre une doctrine qu'à si bon droit il jugeait
désastreuse, et de faire tout ce qui dépendait de lui pour qu'elle
n'obtînt pas le relief que lui auraient donné les suffrages aca-
démiques. La voix du devoir s'étant fait entendre, il ne songea plus à hésiter.

Le soir de cette journée mémorable, il crut devoir expliquer
les raisons de sa conduite par la lettre suivante qu'il écrivait
à M. Littré lui-même :

« Paris, jeudi soir, 23 mai 1863.

» Monsieur,

» Si vous me rendez justice, vous croirez à la sincérité du
» mouvement qui me porte à vous écrire. Je n'ai pas voulu que
» cette journée prît fin sans que je vous eusse exprimé quelle
» tristesse il m'en reste et quels sentiments partagent mon âme.

» Ne croyez pas que cette tristesse ait pour cause les accusa-
» tions qui s'élèvent contre moi. Je les avais prévues et ne ferai
» rien pour les détourner. Il me suffit de ne pas les mériter.

» Mais je suis triste, Monsieur, en pensant qu'il m'a fallu com-
» battre un homme dont les qualités méritent mon hommage,
» blesser un homme que je voudrais toucher, augmenter l'afflic-
» tion de ceux qui vous aiment. Laissez-moi vous tendre la main,
» laissez-moi vous prier de ne pas délaisser, à cause des souvenirs
» de ce jour, la religieuse recherche du vrai dans ces capitales
» questions qui sont le suprême intérêt de toute vie humaine. Ce
» noble labeur est bien au-dessus de tout le reste.

» Souffrez donc, Monsieur, que j'invoque ardemment ce Dieu
» en qui j'adore notre commun Père, afin qu'il vous éclaire sur ce
» qui est la vérité et sur la fragilité de vos doutes, afin qu'il vous
» manifeste aussi, permettez-moi de l'ajouter, la pureté de mes
» intentions et la sincérité de l'estime que je conserve pour vô-
» tre caractère.

» Agréez, Monsieur, tous mes respects.

» F. évêque d'Orléans. »

Le P. Félix, le successeur du P. de Ravignan et du P. Lacordaire dans la chaire de Notre-Dame, entra aussi dans la lutte et fit paraître une brochure pleine d'esprit à laquelle il donna pour titre : *L'Athéisme aux portes de l'Académie*. Son intervention fut loin d'être inutile au succès du dessein poursuivi par l'évêque d'Orléans.

Avant de quitter ce sujet, mentionnons la lutte qu'il lui fallut soutenir l'année suivante contre M. Taine, qui venait de publier son *Histoire sur la littérature anglaise*.

M. Taine était un écrivain de race et de large envergure ; il était loyalement ami de la vérité et travaillait sérieusement ses œuvres qui sont de véritables monuments. Mais il était matérialiste et fataliste. Il devait prendre plus tard une meilleure direction ; mais dans l'ouvrage dont il est question, ses funestes doctrines apparaissaient avec une désolante évidence, et faisaient tout le fond du livre, que l'on avait cependant proposé pour le prix *Bodin*.

La commission chargée de l'examiner, annonça par l'organe de son rapporteur, M. Villemain, dans la séance du 12 mai 1864, qu'elle croyait à propos de lui décerner le prix. Des réserves expresses étaient à faire, disait-on, sur le fond même de la doctrine professée par l'auteur ; mais les qualités sérieuses que l'on remarquait dans le style, dans les recherches, les aperçus et les jugements, avaient gagné les membres de la commission.

M. Cousin et Mgr Dupanloup parlèrent contre les conclusions du rapport, et montrèrent que le fond mauvais n'avait pu manquer de vicier le livre entier. Les quelques appréciations justes que l'on rencontrait n'étaient que des accidents et des inconséquences ; l'Académie ne pouvait honorer de son approbation un ouvrage foncièrement mauvais. La plus large part du triomphe, croyons-nous, revient cependant à Mgr Dupanloup, et la victoire fut surtout gagnée par les nombreux extraits qu'il avait faits du livre examiné, et dont il se servit pour démontrer ce qu'il avançait. Enfin, treize voix contre onze refusèrent le prix au livre de M. Taine.

Ce fut aussi dans le courant de l'année 1863 que le suffrage universel fut appelé en France à renouveler les membres du corps législatif.

La politique inaugurée et poursuivie en Italie avait mécontenté les catholiques. Ils voyaient avec peine le Saint Père sacrifié à l'ambition de Victor-Emmanuel ; ils souffraient surtout des prétentions par lesquelles la cour de Paris et celle de Turin voulaient faire remonter jusqu'au chef de l'Eglise catholique la responsabilité des événements actuels. Au mois de mai 1863, le corps législatif dans son *adresse* à l'empereur avait mis des paroles de blâme pour le Souverain-Pontife. Quatre-vingt-onze députés refusèrent de l'approuver.

Loin de revenir de la voie dans laquelle il s'était engagé, le gouvernement affecta de voir dans l'opposition des catholiques le résultat de manœuvres politiques, et tous les candidats favorables aux intérêts religieux furent combattus avec acharnement. On parvint à en faire échouer un certain nombre, parmi lesquels M. de Montalembert. Malgré tout l'opposition accrut ses forces par l'arrivée de notabilités légitimistes, orléanistes et républicaines. Le parti catholique eut aussi d'illustres défenseurs. M. Berryer, dont le nom seul était une force pour les légitimistes et pour les catholiques, avait été élu ; ainsi que M. Thiers dont l'attitude dans les derniers événements avait gagné la confiance des catholiques qu'il continua d'ailleurs à défendre.

Durant la période électorale, au mois de juin 1863, parut un document qui avait pour titre : *Réponse de plusieurs évêques aux consultations qui leur ont été adressées relativement aux élections prochaines.* Il avait été rédigé par Mgr Dupanloup, et il était signé par les archevêques de Cambrai, Tours et Rennes, et par les évêques de Metz, Nantes, Orléans et Chartres.

Les prélats, en publiant cet écrit, avaient simplement usé de leurs droits de citoyens. Le gouvernement prétendit y voir un acte épiscopal, une décision d'un concile réuni sans autorisation. Les auteurs du document furent condamnés comme d'abus par sentence du conseil d'état, sur le rapport de M. Suin. L'autorité épiscopale n'en fut nullement atteinte, et le gouvernement se donna l'odieux d'une indigne tracasserie de plus.

Le branle cependant était donné. Partout s'organisaient des œuvres, se groupaient des forces pour la défense des intérêts religieux. Une assemblée tenue à Aix-la-Chapelle, en 1862, avait inspiré à de généreux chrétiens la résolution de réunir les catholiques des diverses nations en assemblées générales qui permettraient de mettre en commun toutes les ressources restées jusque-là éparses, et de leur donner par là une efficacité, une puissance particulière.

L'union fait la force ; cela est vrai partout et pour tout, mais nous le croyons particulièrement vrai pour la défense de la religion. La Belgique fut choisie comme le pays le plus favorable pour les réunions, par sa situation centrale entre la France, l'Angleterre et l'Allemagne ; mais surtout par sa position de pays neutre et par la grande liberté que laissaient ses institutions politiques à de telles assemblées.

Un comité d'hommes dévoués et éminents se forma donc sous les auspices du cardinal Sterckx, archevêque de Malines, et sous la présidence du baron de Gerlache ; et le premier *congrès de Malines* se tint du 18 au 22 août 1863. L'affluence fut considérable, des sommités du monde catholique s'y rendirent, et le Pape, approuvant le projet, daigna, par un bref, féliciter et bénir les membres du congrès.

On y traita des grandes questions religieuses, de la souveraineté temporelle du Saint-Siège, du denier de Saint-Pierre, de la presse religieuse, de la situation faite aux catholiques de Pologne et d'Irlande, etc. On s'occupa des moyens efficaces à prendre pour répondre aux besoins du temps ; on s'encouragea réciproquement, et cet échange de vues, de généreux projets, produisit d'heureuses et durables impressions. Le cardinal Wiseman traça un tableau consolant des progrès du catholicisme en Angleterre. M. de Montalembert se fit entendre deux fois. Il fut éloquent, applaudi à plusieurs reprises ; mais on regretta certains passages trop entachés de libéralisme pour être en pleine conformité avec l'enseignement orthodoxe, et surtout sa redite de l'*Église libre dans l'état libre.*

Mgr Dupanloup ne se trouvait pas à ce premier congrès de Malines ; mais il lui fallut sans tarder intervenir auprès de son illustre ami pour le consoler dans une épreuve qui venait de l'atteindre en ses affections les plus intimes. Écoutons M. de Montalembert la lui faire connaître lui-même :

« Il faut me plaindre, lui écrivait-il, et me consoler, du sa-
» crifice le plus douloureux, le plus intime et le plus imprévu
» qui m'ait jamais été imposé.

» Catherine que vous connaissez si bien, Catherine, la joie
» et la lumière de ma vie, de toute notre maison, est au novi-
» ciat du Sacré-Cœur depuis six semaines !

» Rien n'a pu la retenir... Pour toute justification, elle m'a
» apporté cette page de l'Introduction des *Moines d'Occident*
» où il est dit que la vie monastique n'est pas l'asile des âmes
» malades ou souffrantes...

» Je suis pris dans mes propres filets. Personne ne com-
» prendra ma douleur ; personne ne me plaindra (pas même
» vous), ayant quatre filles, d'en avoir donné une au cloître !
» Et cependant mes larmes ne cessent de couler depuis que
» j'ai su ce qui m'attendait ; ces vieilles larmes qui ne touchent
» ni n'intéressent personne, bien qu'elles soient tout autre-
» ment cuisantes et légitimes que toutes celles qu'on pleure
» sur les douleurs de la jeunesse. »

Mgr Dupanloup s'empressa d'apporter au père et à la mère
désolés mais résignés, les consolations religieuses qu'ils savaient si bien comprendre. Il assista à la prise d'habit, et prononça le discours de *vêture*.

Les premiers mois de l'année 1864 furent relativement calmes. Il en profita pour faire un nouveau voyage à Rome.
C'était le septième. Nous ne remarquons pour cette fois
rien d'extraordinaire. Il vit le Pape qui le reçut toujours avec
la même bonté ; il lui fit part de ses appréciations sur l'état
des affaires religieuses, particulièrement en France, et il y
puisa une nouvelle ardeur pour la défense de l'Église et de
son chef. Ce fut surtout un voyage de recueillement, de calme
et de dévotion.

Il était de retour à Orléans le vendredi, 18 mars. Le surlendemain, qui était le dimanche des Rameaux, il prêcha dans
sa cathédrale sur le *feu sacré*, et communiqua à son auditoire
quelque choses des joies dont il avait été inondé lui-même durant son pèlerinage. Après Pâques il fit sa tournée pastorale ;
le 19 avril, il prêcha sur sainte Madeleine ; le 7 mai, il parla
pour l'inauguration des fontaines publiques à Orléans, etc. ; et

il partit vers la fin du mois pour se rendre au congrès de Malines qui se tenait pour la seconde fois. Ce lui fut peut-être
l'occasion du plus beau triomphe oratoire qu'il ait jamais remporté.

La prééminence incontestable qu'il avait conquise dans le
monde catholique faisait désirer par beaucoup sa présence au
milieu de ces réunions, et le vénérable cardinal lui avait écrit
une lettre d'invitation pressante. Ses amis de France, M. de
Montalembert et M. Cochin, le pressaient vivement de se rendre à des vœux universels, lui faisant valoir le bien que sa parole autorisée y produirait. Il se décida à répondre à des sollicitations si flatteuses pour lui ; et le 30 du mois d'août il arrivait à Malines et se rendait au palais du cardinal.

Celui-ci, heureux du succès dont son invitation a été couronnée, le présente au congrès déjà ouvert. M. le baron Gerlache, président, interrompit la lecture du rapport, pour lui
souhaiter la bienvenue ; et des applaudissements et des *vivats*
enthousiastes qui éclatent de toute part dans l'assemblée,
montrent le prix que l'on attachait à sa présence.

Mis en demeure le plus aimablement du monde par le président de se faire entendre aussitôt, il dit en quelques mots
combien il est touché de l'accueil dont il est l'objet, et il énu-
mère les motifs qui le rendent particulièrement heureux de se
trouver à ce rendez-vous de la foi et de la religion. Mais c'est
le lendemain, 31 août, que son éloquence éclate dans un discours vraiment remarquable.

Il traite de la grande question de l'enseignement populaire,
montrant que l'Église, loin d'être hostile à l'instruction du
peuple s'est au contraire constamment appliquée à la propager le plus qu'elle a pu. Fondée sur la vérité, elle n'a pas à
redouter l'extension des lumières. Elle se garde de parler contre la gratuité, puisque nul n'a été aussi prodigue de ses dons
qu'elle-même, et son enseignement a été le seul réellement
gratuit. Qu'on impose aussi l'obligation de l'instruction, si
l'on veut ; mais que l'on se garde de rendre l'école obligatoire.
Telles furent les idées fondamentales qu'il développa, prêchant
à tous le courage, l'espérance et la concorde dans la charité.

A la clôture du congrès un toast lui fut porté ; il y répondit avec l'à-propos, la grâce qu'il savait trouver en ces circonstances; et il revint à Orléans reprendre ses travaux interrompus, accompagné des vœux et des chaleureux applaudissements de tous les catholiques réunis à Malines. Mais les événements d'Italie ne tardèrent pas à le rappeler au combat.

Le cabinet de Paris et celui de Turin auraient voulu régler définitivement les affaires de Rome. Les catholiques français eurent quelques espérances en voyant M. Thouvenel remplacé au ministère des affaires étrangères par M. Drouyn de Lhuys. Mais ces espérances ne tardèrent pas à faire place aux inquiétudes et aux déceptions, lorsqu'on apprit la convention du 15 septembre 1864.

Les deux gouvernements, ayant dédaigneusement affecté de mettre de côté le Saint Père, avaient stipulé sans lui de ses propres interèts. On prétendait constituer l'unité italienne avec Florence pour capitale, et on laissait Rome au Pape avec des garanties de sûreté. La France retirait ses troupes, et l'Italie s'engageait à ne faire, ni à ne permettre aucune tentative contre ce dernier débris de la puissance temporelle. Mais elle se réservait l'emploi *des moyens moraux* pour arriver à occuper Rome si *les progrès de la civilisation* le lui demandaient. On voit ce que ces derniers points renfermaient de sous-entendus, et la suite ne tarda pas à montrer comment les Italiens entendaient en tirer profit.

Ainsi abandonné de tous, Pie IX ne se laissa en rien aller au découragement, ne fit aucune concession qui fût de nature à compromettre sa dignité, à paraître une approbation des envahissements sacrilèges du Piémont, des lâches et hypocrites complicités du gouvernement français. Bien plus, prenant lui-même l'offensive en face des prétentions révolutionnaires qui voulaient le bannir de la société moderne, il les attaqua à son tour et leur lança le plus courageux des anathèmes.

Le 8 décembre 1864, parut la célèbre encyclique *Quanta cura*, dans laquelle Pie IX, reprenant les principales erreurs modernes déjà signalées par lui, les rappelait à l'attention des fidèles et les frappait d'une nouvelle et solennelle condamnation. A la suite de *l'encyclique* venait un *Syllabus ou Résumé des principales erreurs de notre temps*, groupées sous les titres suivants : *Panthéisme, Naturalisme et Rationalisme absolu;* — *Rationalisme modéré;* — *Indifférentisme, Latitudinarisme;* — *Socialisme, Communisme, Sociétés secrètes, Sociétés bibliques, Sociétés clérico-libérales;* — *Erreurs relatives à l'Eglise et à ses droits;* — *Erreurs relatives à la société civile, considérée soit en elle-même, soit dans ses rapports avec l'Eglise;* — *Erreurs concernant le mariage chrétien;* — *Erreurs sur le principat du Pontife romain;* — *Erreurs qui se rapportent au libéralisme contemporain.*

Toutes les propositions du *Syllabus* étaient extraites d' « al-» locutions consistoriales, encycliques et autres lettres aposto-» liques de Notre Très Saint Père le Pape Pie IX. » Il ne renfermait donc à proprement parler l'indication d'aucune nouvelle erreur; mais il avait l'avantage de réunir en un seul et substantiel document l'enseignement du chef de l'Eglise, et de dire avec précision l'attitude qu'il convenait de prendre en face de la société contemporaine et de ses institutions.

Les clameurs de la presse irréligieuse et officielle furent terribles; au contraire, la joie et la soumission des catholiques furent grandes. Désormais ils avaient un fil conducteur qui les dirigerait sûrement à travers le labyrinthe des opinions opposées.

Aux époques troublées, a-t-on dit souvent, il est plus difficile de connaître le devoir que de le suivre. Les catholiques de bonne volonté pouvaient maintenant connaître facilement leur devoir. Il leur suffisait de s'en rapporter aux enseignements du *Syllabus.*

On s'est demandé si le Pape avait rédigé le *Syllabus* contre le *Libéralisme.* Sans doute le *Libéralisme* ne fut pas l'unique objectif visé dans le document pontifical; mais cependant on ne saurait nier qu'il n'ait été en vue, puisque dans le dernier titre il est expressément mentionné : *Erreurs qui se rapportent au Libéralisme contemporain,* et qui sont résumées dans les quatre propositions suivantes :

« LXXVII. A notre époque, il n'est plus utile que la reli-» gion catholique soit considérée comme l'unique religion de » l'Etat, à l'exclusion de tous les autres cultes. (Alloc. *Nemo* » *vestrum* du 26 juillet 1855.)

» LXXVIII. Aussi c'est avec raison que, dans quelques pays
» catholiques, la loi a pourvu à ce que les étrangers qui s'y
» rendent y jouissent de l'exercice public de leurs cultes parti-
» culiers. (Alloc. *Acerbissimum* du 27 septembre 1852.)

« LXXIX. Il est faux que la liberté civile de tous les cultes,
» et que le plein pouvoir laissé à tous de manifester ouverte-
» ment et publiquement toutes leurs pensées et toutes leurs
» opinions, jettent plus facilement les peuples dans la corrup-
» tion des mœurs et de l'esprit, et propagent la peste de l'*In-
» différentisme*. (Alloc. *Nunquam fore* du 15 décembre 1856.)

« LXXX. Le Pontife Romain peut et doit se réconcilier et
» transiger avec le progrès, le libéralisme et la civilisation
» moderne. (Alloc. *Jamdudum cernimus* du 18 mars 1861.)

La presse irréligieuse et la presse officielle, exagérant à
plaisir et dans des intentions qu'il est facile de comprendre la
portée du document pontifical, prétendirent que le libéralisme
catholique était condamné au même titre que le libéralisme
révolutionnaire, que dès lors son enseignement, absolument
réprouvé à Rome, n'avait plus aucune valeur religieuse, et que
la rupture était complète entre la doctrine de l'Eglise et les
différents progrès, même légitimes, accomplis par la société
dans le cours des siècles. En parlant ainsi, elles étaient dans
leur rôle, elles voulaient jeter de l'odieux sur le Saint-Siège,
afin d'en rendre la spoliation plus acceptable et plus facile.

Aujourd'hui surtout que les événements ont parlé, il ne paraît pas possible de concilier certains enseignements de l'école
Montalembert avec le document pontifical. Mais souvenons-
nous que Mgr Dupanloup était moins avancé que M. de Montalembert dans les opinions libérales, et sachons surtout que
chacun est toujours porté à juger dans le sens le plus favorable à ses idées personnelles.

Aussi bien l'évêque d'Orléans accepta-t-il la doctrine du
Syllabus avec la soumission la plus joyeuse. Sa foi, sans doute,
ainsi que celle de ses amis, aurait suffi pour leur faire admettre sans murmure une condamnation de leur enseignement.
Mais Mgr Dupanloup fut loin de voir dans l'acte du Souverain
Pontife une réprobation quelconque de ce que lui-même il
avait professé; et il voulut faire du *Syllabus* un commentaire

qui lui parût en traduire le sens vrai et en donner la véritable portée.

Le gouvernement impérial avait affecté de regarder la doctrine venue de Rome comme contraire à nos institutions nationales. Il fit défense aux évêques de l'expliquer à leurs fidèles, tandis que les journalistes incompétents et hostiles avaient licence de la soumettre aux commentaires les plus fantaisistes et les plus absurdes. On traduisait en Conseil d'état le cardinal-archevêque de Besançon et l'évêque de Moulins, parce qu'ils avaient lu le *Syllabus* dans la chaire de leur cathédrale; pendant que le journal des *Débats* commettait plus de soixante-dix contre-sens dans une simple traduction; que le *Siècle* faisait condamner par le Pape l'immutabilité divine (!), et traduisait le : *Deus fit in homine et in mundo,* « Dieu se fait dans l'homme » et le monde » de M. Renan et des panthéistes allemands par : « Dieu est présent dans l'homme et dans le monde. »

En face de pareilles négations de tout droit et d'aussi audacieuses interversions de la vérité, l'évêque d'Orléans se redressa, et il publia son écrit peut-être le plus retentissant : *La Convention du 15 septembre et l'Encyclique du 8 décembre.* Il avait voulu travailler son sujet, et ce fut le mardi, 26 janvier 1865, que l'écrit fut donné au public. Le succès fut prodigieux.

« Livré au public le mardi à midi, à deux heures il n'en » restait plus, et le magasin du libraire était encombré d'une » foule compacte qui refluait encore des deux côtés de la rue » de Tournon, mais à l'impatience de laquelle il était impos- » sible de satisfaire. Une nouvelle composition fut faite sur-le- » champ, et deux presses fonctionnèrent nuit et jour. En peu » de semaines, trente-quatre éditions de cet écrit furent écou- » lées, quoique tous les journaux l'eussent en totalité ou en » partie reproduit, et nonobstant les éditions populaires que » l'évêque permit d'en faire à qui voulut. »

Comme l'indique le titre, cet écrit est divisé en deux parties fondamentales : La première, qui traite de la *Convention du 15 septembre*; la seconde, qui commente et explique l'*Encyclique Quanta cura* et le *Syllabus.*

Au sujet de la convention, il fait ressortir la suprême inconvenance commise à l'égard du Pape, sur le sort duquel on s'est permis de traiter en dehors de lui-même; et il montre avec la même évidence, par l'histoire de l'unification italienne, que cette dernière convention ne sera pas mieux observée que les précédents traités, que la France ne saurait y jouer que le rôle indigne de complice ou de dupe.

Que l'on ne prétende pas d'ailleurs justifier la *Convention* par l'*Encyclique* et le *Syllabus*, sous le vain prétexte que l'Eglise catholique, s'étant mise en hostilité manifeste avec les sociétés modernes, ne doit plus entrer dans leurs relations de nationalité. Ce serait manquer de bonne foi. Au temps de la *Convention* on ne connaissait pas les documents incriminés; et puis est-il vrai qu'ils « soient un suprême défi jeté au monde » moderne par la Papauté qui s'en va? »

La Papauté ne s'en va pas. Elle durera autant que le monde; par conséquent plus que ceux qui se promettent de se réjouir sur sa tombe ou de se partager ses dépouilles opimes. Mais que trouve-t-on dans le *Syllabus* qui ne puisse s'entendre dans un sens facile à concilier avec toutes les exigences légitimes de la société actuelle? En quoi est-il contraire à la vraie liberté, à la civilisation réelle, au progrès légitime?

Il ne faut pas toujours se payer de mots et de sophismes. Que l'on examine donc les actes pontificaux aux lumières de la saine raison et de la bonne foi, il sera facile d'en conclure qu'ils ne s'attaquent à aucun gouvernement légitimement établi, qu'ils ne sont de nature à porter le trouble dans aucun pays, et que le Pape ne demande le renversement d'aucun état de choses établi, mais seulement des améliorations, des perfectionnements graduels et possibles, et partant efficaces.

Peut-être essaya-t-il trop de mettre le libéralisme catholique en dehors des propositions condamnées par Pie IX? L'illustre évêque de Poitiers le croyait, comme le prouvent les paroles suivantes qu'il fit entendre au synode diocésain du mois de juillet 1865 : « L'acte du 8 décembre 1864 a une portée » considérable. Il est dirigé contre les adversaires, contre ceux » du dehors, c'est vrai; mais il s'adresse encore plus, s'il est » possible, à ceux de la maison. »

Le bref de félicitations que le Saint Père lui adressa paraissait contenir des réserves en ce sens. — Il a mêlé sa voix à celle de ses frères dans l'épiscopat, pour condamner et réprouver les erreurs au sens où elles sont réprouvées dans le *Syllabus*, et il s'est associé de tout cœur à leurs courageuses protestations. Le Souverain Pontife le félicite donc, assuré qu'il mettra d'autant *plus de soin à traduire le véritable sens des lettres pontificales* qu'il a mis plus d'énergie à repousser les interprétations calomnieuses. N'est-ce pas dire un peu que le véritable sens n'a pas été encore suffisamment donné ?

Il ne faut pas perdre de vue que Mgr Dupanloup faisait une apologie et non un traité didactique sur la matière.

L'acte accompli par l'évêque d'Orléans rendit à l'Eglise d'incalculables services. Si sur quelques points il ne fut pas suffisamment explicite, nulle part on ne peut dire qu'il ait altéré la vérité. Dans cette hypothèse, le Pape ne lui aurait pas envoyé un bref aussi élogieux, et il n'aurait pas reçu des lettres de félicitations et de remerciements de six cent trente évêques ; car six cent trente évêques écrivirent à Mgr Dupanloup en cette circonstance.

On citerait rarement dans l'Eglise un pareil triomphe, si glorieux et si légitime, remporté par un évêque. Et certes on n'aurait pas agi ainsi à l'égard d'un prélat qui aurait plus ou moins implicitement professé l'erreur. Et que l'on ne croie pas ces lettres épiscopales indifférentes et froides, comme de simples accusés de réception. Il en est un grand nombre qui renferment les plus chaleureuses félicitations et qui viennent des membres les plus éminents de l'épiscopat, soit par le talent, soit par la dignité dont ils sont revêtus.

Contentons-nous de l'extrait suivant, tiré de celle que lui adressa l'archevêque de Pérouse, le cardinal Pecci, aujourd'hui Léon XIII : « Cet ouvrage qui a rencontré les applaudisse-
» ments des catholiques et qui a fait tant de bruit en Europe,
» est bien digne de votre doctrine, Monseigneur, qui êtes le
» défenseur et le soutien du Saint-Siège persécuté et combattu
» si furieusement dans notre malheureux siècle. Veuillez
» donc, Monseigneur, accueillir mes congratulations avec cel-
» les de tout l'univers. »

CHAPITRE XXI

Oraison funèbre de Lamoricière. Dix-huitième centenaire du martyre de Saint-Pierre. Mentana. Luttes contre M. Duruy. Autres travaux (1865-1868).

Le vaillant soldat qui s'était sacrifié avec la plus entière abnégation à la défense des droits du Saint-Siège, le glorieux vaincu de Castelfidardo, le général Lamoricière, en un mot, était mort le 11 septembre 1865.

Le Ciel lui avait épargné la douleur d'assister ici-bas à la *Convention* du 15 septembre et aux désastres qui cinq ans plus tard vinrent écraser la France et livrer Rome aux envahissements sacrilèges. Son âme patriotique et chrétienne en aurait été trop cruellement déchirée!

Or, le héros chrétien, dont la grande et loyale épée s'était tirée pour la dernière fois en faveur des intérêts religieux, ne pouvait disparaître inaperçu parmi les catholiques. L'évêque de Nantes, Mgr Jacquemet, fit célébrer un service solennel pour le repos de son âme dans la cathédrale de sa ville épiscopale, le 17 octobre suivant, et Mgr Dupanloup fut invité à prononcer l'éloge funèbre.

A cette solennité une affluence extraordinaire de peuple vint de toutes les parties de la Bretagne, de la Vendée et de l'Anjou. Mgr Dupanloup parla devant un auditoire immense, qui comptait un très nombreux clergé, et dans lequel on remarquait M. Berryer, M de Falloux, M. de Quatrebarbes, M. de Charette, etc.

Les maîtres compétents qui l'entendirent, le trouvèrent éloquent.

Le plan seul qui nous présente le héros chrétien, d'abord *vainqueur* et marchant de triomphe en triomphe, et puis *vaincu de la politique qui le rejette, de Dieu qui le convertit*, mais plus grand vaincu que vainqueur, et qui nous résume sous ces deux aspects les grands traits de sa vie, ce plan, dirons-nous, n'a-t-il pas par lui-même quelque chose de simple et par conséquent de grand? Mgr Richard, alors vicaire gé néral de Mgr l'évêque de Nantes, aujourd'hui cardinal, archevêque de Paris, écrivait à l'auteur pour le remercier et le féliciter au nom de tout le clergé, et lui dire l'effet produit sur tous par sa parole.

Cependant les prévoyances de l'évêque d'Orléans, écho des consciences catholiques, n'étaient que trop pleinement et trop promptement justifiées par les événements. La campagne de Bohême et la défaite foudroyante de l'Autriche à Sadova ne montraient que trop combien l'unité italienne avait été l'annonce et l'avant-coureur de l'unité allemande.

Le même coup qui écrasa l'Autriche atteignit la France et Rome, et l'iniquité ne tarda pas à être consommée. C'est en vain que trois ou quatre ans de *statu quo* chercheront à endormir les inquiétudes des catholiques; les ennemis de l'Eglise n'en poursuivront pas moins ténébreusement leur marche en avant, et en 1870, après le désastre de Sedan, Rome tombera au pouvoir du roi de Piémont.

En attendant, des fléaux de diverses sortes viennent s'appesantir sur nos populations. La Loire déborda de son lit en 1866, comme elle l'avait fait en 1856 et en 1846.

Mgr Dupanloup se signala par son dévouement et sa charité, au milieu de l'empressement général à venir au secours des infortunés que l'inondation était venue frapper et avait privés de toutes ressources. Il profita de l'occasion pour publier sa lettre pastorale : *Les malheurs et les signes du temps*, montrant par les considérations les plus frappantes que les fléaux physiques accompagnent toujours les débordements irréligieux, et que méconnaître les avertissements donnés par le ciel serait s'exposer aux plus terribles malheurs.

Les coups portèrent; les colères soulevées au camp des adversaires le prouvèrent surabondamment.

Les attaques dont sa lettre pastorale fut l'objet, l'obligèrent à répondre par un nouvel écrit : *L'Athéisme et le péril social*. Il y montre les affinités étroites de l'impiété avec la révolution, les dangers terribles préparés à la société dans un avenir prochain par ces jeunes gens que l'on saturait d'impiété et qui devaient être les hommes du lendemain ; et il prouve aux gouvernants combien ils sont ennemis d'eux-mêmes et de leurs véritables intérêts en favorisant la guerre à Dieu et à son Eglise.

Hélas! sa voix ne fut pas écoutée de ceux auxquels s'adressaient ses sévères avertissements. La suite des événements n'a pas tardé à leur montrer s'il convient de regarder comme véritables amis d'un gouvernement ceux qui ne savent qu'applaudir à ses actes; ou s'il ne faut pas plutôt les rechercher parmi ceux qui font passer l'amour de la vérité avant toute autre considération et ne craignent pas de lui déplaire en lui découvrant les abîmes où il court risque de se perdre. Une fois de plus aussi l'on peut voir que les enseignements de la religion sont encore la meilleure école politique et sociale, et que les peuples auraient tout à gagner à se laisser diriger par les lumières de la foi.

Cette doctrine n'est pas au goût du jour; nous ne le savons que trop. Qu'importe cependant si elle est l'expression de la vérité? Et pourquoi ne pas la proclamer? La vérité énoncée gagne toujours des partisans, et c'est parce que ceux qui la possèdent n'ont pas assez fait luire la lumière qui les éclaire que nous avons vu l'erreur accomplir d'aussi désastreux progrès.

De nouveau Pie IX fut heureux de féliciter le courageux athlète de la vérité, par le bref du 8 novembre 1866, dans lequel il *louait sa piété, son courage, sa sollicitude épiscopale, son merveilleux talent, son zèle de plus en plus grand.* D'ailleurs calme et serein au milieu des flots révolutionnaires qui venaient battre jusqu'au pied de son trône, le Pape voulut encore une fois affirmer aux yeux de tous l'union étroite qui rattachait les membres de l'épiscopat à leur chef, et la vitalité puissante qui circulait à travers les artères du grand corps catholique. Par une circulaire, datée du 8 décembre 1866, il invita les évêques à se rendre à Rome pour le dix-huitième centenaire du martyre de saint Pierre. Mgr Dupanloup ne pouvait manquer à cet appel, qui allait lui fournir l'occasion de revoir encore la ville immortelle vers laquelle il se dirigeait toujours avec un nouveau plaisir.

Cependant les premiers mois de l'année 1867 furent employés à des excursions dans le midi de la France. Elles lui avaient été conseillées par les médecins pour le rétablissement de sa santé que tant de travaux avaient ébranlée. Il visita Mgr Place, évêque de Marseille et son ami depuis Saint-Nicolas; se rendit à Nice, passa par La Louvesc, tombeau de saint François Régis, fut admirablement reçu à Nîmes par Mgr Plantier, alla faire une retraite à Lacombe, y séjourna quelque temps, et revint à Orléans, d'où il adressa au P. Chocarne la lettre que celui-ci a mise en tête de sa troisième édition de la vie du P. Lacordaire.

Les divergences d'idées qui avaient existé entre ces deux esprits illustres ne l'empêchèrent pas de rendre pleine justice à l'éloquence, à la générosité, au grand caractère, à la sainteté héroïque de l'illustre enfant de saint Dominique. Ceux qui voudront s'en convaincre n'auront qu'à lire la lettre dans l'ouvrage même du P. Chocarne; et ils verront combien sincère et profonde était l'admiration de l'évêque d'Orléans pour le grand orateur de Notre-Dame.

Il avait hâte cependant d'arriver à Rome, parce que cette réunion d'évêques s'annonçait comme devant avoir une importance capitale, à cause de la question du concile futur dont Pie IX avait déjà parlé, question qui serait sans nul doute définitivement résolue. Après avoir assisté à la fête de Jeanne d'Arc, il quitta Orléans le 9 mai, donna la consécration épiscopale, en passant par Paris, à Mgr Hugonin, évêque de Bayeux, un de ses anciens élèves de Saint-Nicolas, et fut à Rome vers le milieu du mois.

Dès le lendemain de son arrivée, il demanda une audience à Pie IX et n'eut pas de peine à l'obtenir. Il en profita pour exposer sa manière de voir sur le Concile, et pour dire au Saint Père combien sa convocation lui paraissait devoir être utile aux intérêts de l'Eglise. Le Souverain Pontife fut d'autant plus charmé d'entendre l'évêque d'Orléans lui tenir ce langage qu'il ne le croyait pas favorable au projet.

En effet, deux ans auparavant, le 10 avril 1865, une lettre confidentielle avait été envoyée à trente-six évêques, parmi lesquels se trouvait Mgr Dupanloup, pour leur demander leur avis sur la tenue d'un concile. Les trente-cinq autres firent entendre une réponse expressément favorable, Mgr Dupanloup se contenta d'exposer les raisons qui militaient pour le projet et celles qui pouvaient paraître le combattre, sans se prononcer autrement. D'où Pie IX avait conclu qu'il n'était pas partisan de la convocation. Aussi bien ne put-il s'empêcher de lui en faire la remarque : « Mais il me semble que vous n'étiez pas » de cet avis, il y a deux ans? — C'est vrai, très saint Père, » répondit simplement l'évêque, mais aujourd'hui je n'hésite » plus. »

On a cherché à ce changement d'attitude des raisons plus ou moins secrètes, plus ou moins mystérieuses. Pourquoi donc vouloir toujours supposer des arrière-pensées dans les actes et les paroles des hommes en vue? Ne se peut-il donc pas que dans l'intervalle de deux ans on se décide résolument à une chose pour laquelle on a d'abord éprouvé quelque hésitation?

Quoi qu'il en soit, Mgr Dupanloup établit sa résidence à Rome. De ce jour il usa de tout son crédit auprès de ses vénérables frères qui se rendirent à la ville centre du christianisme, pour les gagner à la cause du concile, et nous devons dire que son action sur plus d'un fut décisive.

Mais surtout il eut la consolation d'assister aux fêtes qui se succédèrent à Rome durant cette période particulièrement remarquable du séjour des évêques.

Dès le 20 juin les évêques étaient presque tous arrivés, au nombre de près de cinq cents, et Pie IX présida à la magnifique procession du *Corpus Christi*, ayant à ses côtés la moitié de l'épiscopat catholique. Le lendemain, vingt-et-unième anniversaire de son couronnement, il recevait les félicitations des pasteurs et des fidèles qui se rencontraient tous dans les mêmes sentiments de filiale admiration envers un pontife si digne du respect de tous. Le 26 juin, dans un consistoire solennel tenu en présence du sacré collège et de tous les évêques qui se trouvaient en ce moment à Rome, il annonça la grande nouvelle du concile œcuménique, dont la date de l'ouverture ne tarderait pas à être officiellement déterminée.

A cette occasion le Pape laissait éclater son invincible confiance : « Espérons, disait-il, que l'Eglise, comme une armée » rangée en bataille, confondra ses nombreux ennemis, et » propagera le règne triomphant du Christ sur la terre. » Ces cris de foi et de confiance étaient autorisés par le spectacle admirable de tous ces pontifes groupés en rangs pressés autour de leur chef, et formant le plus sublime contraste avec les défaillances et les effondrements du monde actuel.

Le 28 et le 29 juin eurent lieu les grandes solennités.

Le 28 au soir dans l'église de Saint-Pierre, furent chantées les premières vêpres auxquelles assistèrent la plupart des évêques. Le lendemain, dès les huit heures du matin, le cortège quittait la chapelle Sixtine pour se rendre à l'église de Saint-Pierre, ornée et illuminée avec toute la magnificence que l'on avait pu y mettre. Quel coup d'œil imposant surtout, que ces cinq cents prélats au moins, tous en mitre, précédant le Saint Père, qui suivait porté sur la *Sedia gestatoria* et bénissant son peuple! Vint ensuite la cérémonie de la canonisation de vingt-cinq bienheureux parmi lesquels nous aimons à citer l'humble bergère de Pibrac, au diocèse de Toulouse, la bienheureuse Germaine Cousin, morte en l'an 1601, à l'âge de vingt-deux ans, et dont la vie a été racontée par Louis Veuillot.

Or, les évêques n'avaient pas voulu se séparer encore cette fois, avant d'avoir exprimé au Saint Père leurs sentiments de dévouement absolu par une adresse collective approuvée de tous. Mgr Dupanloup s'y employa très activement.

D'abord préparée par des réunions préliminaires qui se tenaient chez le cardinal Altieri, elle fut définitivement confiée à une commission composée de sept membres, à savoir du cardinal De Angelis, des archevêques de Colocsa, Sorrente, Saragosse, Thessalonique, Westminster et de l'évêque d'Orléans. Mgr Haynald, archevêque de Colocsa, fut chargé de la rédaction. Mgr Manning, archevêque de Westminster, et Mgr Dupanloup lui remirent chacun le projet qu'ils avaient préparé.

L'adresse fut lue au Souverain Pontife, le 1ᵉʳ juillet. Elle renfermait ce passage significatif, qui implique clairement la doctrine de l'infaillibilité :

« Convaincus, affirmaient les évêques, que Pierre a parlé
» par la bouche de Pie, tout ce que vous avez dit, confirmé,
» publié, pour maintenir l'intégrité du dépôt de la foi; nous
» le disons, nous le confirmons, nous le publions; et nos voix
» comme nos esprits sont en même temps unanimes pour re-

» jeter tout ce que vous avez jugé devoir être réprouvé et ré-
» pudié comme contraire à la foi révélée, au salut des âmes et
» au bien des sociétés humaines. »

Enfin les fêtes romaines se terminèrent le 7 juillet, par la béatification de deux cent vingt-cinq martyrs japonais.

Mgr Dupanloup était à Rome depuis le milieu du mois de mai; parti, le 2 juillet, il laissait comme souvenir de son passage une somme de cent mille francs qu'il avait recueillie pour les besoins du Saint-Siège. Le 5, il arrivait à Lacombe pour y prendre quelque repos ; le 17, de ce séjour de paix il faisait partir pour son diocèse une lettre pastorale dans laquelle il racontait son voyage et annonçait la grande nouvelle du Concile dans des lignes à travers lesquelles transpirait la plus grande jubilation. Le dimanche 28 juillet, il était à Orléans, recevait les félicitations de son clergé, allait présider aux vêpres de la cathédrale où la population s'était rendue en foule, avide de voir son évêque couvert de gloire et objet de l'attention universelle.

C'est en cette même année 1867 qu'eut lieu la grande exposition universelle de Paris. Les différents souverains d'Europe allaient rendre visite à l'hôte des Tuileries, pendant que les évêques de l'Univers se pressaient autour de celui du Vatican.

Le 24 août, *l'Internationale* tint à Genève une assemblée générale, qui forma le contraste le plus frappant avec la réunion des évêques à Rome et la présence des souverains à Paris. On y fit entendre les revendications les plus éhontées, tant au point de vue social qu'au point de vue religieux. Le trop fameux Garibaldi y parut, et put y prononcer ses sinistres et furibondes déclamations. Mais le bruit des fêtes ne permit pas aux gouvernants de discerner les grondements de la tempête qui s'avançait toujours.

L'année 1867 put donc voir et juger, suivant l'observation de Mgr Dupanloup, « d'après leur conduite et leur langage, à
» Paris les rois, à Rome les évêques, à Genève les démago-
» gues. »

Pour lui, rentré dans son palais épiscopal, il profita des quelques instants de repos que lui laissèrent les événements, pour s'occuper des affaires de son diocèse, continuer des travaux déjà commencés, se livrer à des études spéciales à la grande œuvre du Concile, et remplir envers les nombreux visiteurs qui se rendaient à Orléans les lois de la plus cordiale hospitalité.

Le troisième congrès de Malines vint bientôt l'arracher à sa paisible et laborieuse étude. Il parut de nouveau à ces magnifiques assises tenues par les catholiques, et sa présence souleva les mêmes enthousiasmes que la première fois.

Il parla sur *la lutte chrétienne*. Ici encore il rencontra Voltaire sur son passage, et il lui imprima le stigmate de sa parole vengeresse.

On faisait des souscriptions pour lui élever une statue, l'évêque d'Orléans dans son indignation s'écria : « A ce cory- » phée de l'impiété et de l'immoralité au dix-huitième siècle, » j'entends dire qu'il est question aujourd'hui d'élever une » statue. Une statue à Voltaire! Si cela se fait, et cela peut se » faire, tout est possible, eh bien! je dirai, moi, alors, qu'on » aura élevé une statue à l'infamie personnifiée! L'évêque » d'Orléans et de Jeanne d'Arc ne saurait ni mieux penser ni » mieux dire. »

Le mot était sévère, mais bien mérité. Qui donc a plus que Voltaire mérité la qualification d'*infâme*? Où donc s'est-il rencontré un caractère plus vilement adulateur de tout ce qui avait la puissance en main, plus lâchement et plus bassement calomniateur de tout ce qu'il y a eu de noble, de saint, de pur et de chaste? Qui donc a plus grossièrement et plus ignominieusement traîné dans la fange les plus illustres et les plus aimables gloires de la France et de l'Eglise? Mais enfin par quel côté veut-on trouver cet homme digne de nos hommages?

Il avait de l'esprit, du talent. A la bonne heure. Mais c'est le caractère qui fait l'homme, et jamais l'humanité, au moins dans les temps chrétiens, n'a vu un caractère plus sataniquement pervers, plus repoussant. Nous sommes pleinement de l'avis de Mgr Dupanloup, et chaque fois que le souvenir de Voltaire se présente à notre esprit, il nous provoque des accès d'indignation. Il ne faudrait être ni français, ni chrétien pour ne pas rejeter cet homme.

Les affaires de Rome ensuite allaient bientôt le rappeler sur la brèche.

Nous avons vu Garibaldi présent à la réunion révolutionnaire de Genève. Son langage fut d'une telle violence qu'il indisposa jusqu'à son auditoire, si bien fait cependant pour écouter les excitations à la haine ; il lui fallut s'en retourner sans avoir obtenu le succès attendu. Il n'en continua pas moins en Italie sa propagande infernale, et de son rocher de Caprera il lançait les manifestes les plus incendiaires.

Le *choléra,* qui sévit à Rome pendant l'été de 1867, fit voir où se trouvait le dévouement sincère et efficace. Pendant que les révolutionnaires, prétendus amis du peuple qu'ils trompaient, se mettaient prudemment à l'abri du fléau par la fuite, le clergé, les religieux et tous les défenseurs de Pie IX se prodiguèrent généreusement au service des malades, bravant les fatigues et les dangers de mort. Le cardinal Altieri, évêque d'Albano et ami de Mgr Dupanloup, fut emporté victime de sa charité ; et ce fut l'occasion d'une *Lettre pastorale* adressée à son clergé *sur la mort du cardinal Altieri.*

Le contraste des vertus chrétiennes et courageuses en face des égoïsmes et des lâchetés révolutionnaires ne fit qu'exciter celles-ci, lorsqu'elles furent à l'abri du danger.

Garibaldi continuait à dire, à écrire qu'il fallait extirper le *chancre de la Papauté,* dénicher de Rome *cette couvée de vipères qui la rongeaient au cœur,* et autres aménités de ce genre. Il lui était loisible d'aller et de venir dans les centres populeux, de faire entendre ses proclamations sanguinaires jusque dans Florence, d'établir partout des souscriptions, de faire des armements considérables, des enrôlements jusque parmi les soldats et les officiers de l'armée régulière.

La complicité du gouvernement de Florence était manifeste. Si parfois, pour donner le change, on faisait semblant d'arrêter le triste héros et de le reconduire à son rocher, on lui rendait bientôt toute liberté, et il pouvait en toute facilité passer à travers les milices gouvernementales, massées en apparence pour maintenir Garibaldi, en réalité pour lui faciliter son œuvre.

Tant de duplicité méritait d'être dénoncé une fois encore et

flétri à la face du monde catholique. C'est ce que fit Mgr
Dupanloup dans une lettre indignée à M. *Ratazzi*, ministre
d'Italie, lettre à laquelle il ajouta un éloquent *post-scriptum*,
nécessité par la gravité des événements qui se précipitaient
avec une rapidité vertigineuse.

« Nous sommes là manifestement en face d'un gouverne-
» ment à part, ayant des procédés à part, un langage à part,
» des mensonges à part, des armes à part. Rien ne s'explique
» ici d'après les lois ordinaires de la logique et du droit. La
» raison, comme la conscience, demeure confondue. On voit
» là la tromperie organisée comme on ne l'a jamais vue ; tout
» ce qu'on peut imaginer d'incroyable et d'impossible, d'inso-
» lence et d'audace révolutionnaire. C'est l'oubli de l'honneur,
» la violation de la foi jurée, l'insulte à tout ce qui est sacré
» parmi les hommes.... Tout honnête homme sait que Gari-
» baldi ne peut rien si l'Italie ne le veut pas, et que l'Italie ne
» fera rien si la France ne le veut pas. »

Le Pape à son tour, dans l'encyclique du 17 octobre, disait:
« On marche sous l'étendard de Satan, sur le front duquel est
» écrit : Mensonge ! »

Le gouvernement impérial enfin comprit que son silence
inexplicable le rendrait inexcusable aux yeux les plus favorablement disposés. Un ordre du maréchal Niel, ministre de la
guerre, fit embarquer des troupes pour Rome sous le commandement du général de Failly. Elles arrivèrent à destination
dans les derniers jours du mois d'octobre.

Le 26 du même mois les zouaves pontificaux avaient été
contraints d'abandonner *Monte-Rotondo* aux Garibaldiens dix
fois plus nombreux. Aussitôt le général Kanzler, successeur de
Mgr de Mérode en sa qualité de ministre des armes de Pie IX,
envoya trois mille hommes sous le commandement du comte
de Courten, pour reprendre cette importante position. Appuyés
par deux mille Français que de Failly avait envoyés sous le
commandement du général de Polhès, ils furent attaqués par
dix mille Garibaldiens, le 3 novembre, à Mentana. La lutte fut
acharnée ; mais la valeur l'emporta sur le nombre, et Garibaldi, d'abord réfugié à Monte-Rotondo, ne tarda pas à s'enfuir
et à repasser honteusement la frontière.

Les états pontificaux étaient momentanément sauvés. Une fois de plus il fut avéré que les milices pontificales, si elles n'avaient à lutter que contre les bandes indisciplinées de Garibaldi, sauraient leur résister victorieusement.

Mais la complicité du cabinet de Florence avait paru si manifeste, les hésitations du cabinet des Tuileries avaient si long-temps fait attendre les faibles secours qui avaient cependant suffi pour remporter la glorieuse victoire de *Mentana*, que l'opinion catholique s'émut en France. Une interpellation eut lieu à la Chambre des députés, et occupa les séances du 3, du 4 et du 5 novembre. M. Thiers parla dans la séance du 4, et il montra éloquemment le peu de compte qu'il fallait faire des promesses du gouvernement italien.

« La maison de Savoie, disait-il, chasse au faucon avec le » général Garibaldi. S'il échoue, on le conduit à Caprera ; » s'il réussit et prend un royaume, on lui dit : Vous êtes, vous, » la révolution ; votre proie n'est pas à vous. »

Sans doute l'orthodoxie trouverait à reprendre dans plus d'un passage de cet important discours. M. Thiers ne se fit ja-mais remarquer par une grande exactitude théologique, et il n'était pas un croyant. Néanmoins son intervention fut heureuse pour les intérêts religieux ; il obtint que M. Rouher, ministre d'état, répondît au nom de l'empereur que *jamais* la France ne permettrait à l'Italie de prendre Rome. M. Berryer à son tour demanda si par Rome on entendait la ville seule et non pas tout le territoire actuellement au pouvoir du Souverain-Pontife, M. Rouher répondit que la protection promise s'éten-drait sur tout le territoire ; et les annales du parlement français purent enregistrer une belle page.

Mgr Dupanloup avait assisté à ces séances, et sa joie était d'autant plus légitime qu'il pouvait se rendre le témoignage de n'avoir pas été étranger à ces diverses victoires du parti catholique, pas plus qu'à l'élan de générosité qui se fit plus vivement sentir dans le monde croyant.

L'attention avait été vivement excitée par tous les événe-ments que nous venons de rapporter, et les fidèles redoublèrent partout de bonne volonté pour venir au secours de leur Père commun. Les offrandes arrivaient plus nombreuses au trésor pontifical, et des volontaires venaient de tous les pays pour concourir à la défense du Saint-Siège.

C'est ainsi qu'au mois de mars 1868 on vit arriver à Rome 146 jeunes Canadiens, s'offrant à fournir à tous les frais de leur service et suivis de 150 autres, qui se présentèrent au mois d'avril dans les mêmes conditions ; c'est ainsi que les évêques de Hongrie réunirent, équipèrent et soldèrent à leurs frais trois escadrons de hussards, et que les évêques de Galicie envoyèrent des lanciers aux mêmes conditions.

Rome dès lors n'eut plus à craindre les coups de main des bandes garibaldiennes ; et la tranquillité dont elle allait jouir quelque temps devait lui permettre de travailler aux préparatifs nécessités par l'ouverture prochaine du concile œcuménique. Mais, en France, le calme ne se rétablissait pas dans les esprits ; le gouvernement continuait toujours à prendre des mesures vexatoires à l'endroit des intérêts religieux. Aussi bien Mgr Dupanloup fut-il contraint de reprendre bientôt la lutte.

Le ministère de l'instruction publique avait été confié, dès l'année 1866, à M. Duruy dont le principal titre était sa collaboration à l'histoire de César par Napoléon III. C'était un esprit très ouvert, une grande intelligence, un caractère foncièrement honnête, mais imbu d'idées antireligieuses ; dont l'avènement par conséquent ne pouvait être bien accueilli des catholiques. Il était surtout partisan déterminé de l'intervention exclusive de l'état dans les questions d'enseignement, et pour le substituer aux familles il voulait arriver à l'instruction gratuite et obligatoire, comme il le demanda en 1866 à l'assemblée législative.

M. Jules Simon, par un amendement ajouté au projet du ministre, voulait que dans chaque lycée on annexât un cours d'enseignement supérieur pour les jeunes filles. Le projet et l'amendement furent repoussés.

Mais voilà que le 26 octobre 1867, dans le *Bulletin de l'instruction publique*, une circulaire de M. Duruy annonce que des cours sont institués dans les lycées ou collèges de trentequatre villes de France, pour que l'enseignement supérieur soit donné aux jeunes filles de quatorze à dix-huit ans par les professeurs de ces mêmes lycées ou collèges.

La mesure était grave. Outre que le ministre par simple voie de circulaire reprenait une mesure rejetée par les membres du corps législatif, la société chrétienne était profondément atteinte.

En France, si la famille et par conséquent la société est chrétienne, c'est à la foi et à la religion de la femme qu'elle le doit. La femme à son tour a gardé sa fidélité aux sentiments et aux devoirs religieux grâce à l'éducation qui lui est donnée. Mais si l'on parvenait à introduire les jeunes filles dans les lycées, à les confier aux enseignements des professeurs imbus des préjugés universitaires, sans parler de la suprême inconvenance commise et du danger couru par l'innocence des élèves, bientôt les femmes seraient au niveau des hommes pour la religion. Le foyer de la famille n'étant plus sanctifié par la prière, édifié par les exemples et les exhortations pieuses de l'épouse et de la mère chrétienne, les liens les plus sacrés ne tarderaient pas à être profanés et bientôt brisés, et la société s'écroulerait, minée et corrompue dans sa base la plus élémentaire et la plus fondamentale.

C'était bien le but que voulaient atteindre les ennemis de l'Eglise, et ils l'avouaient sans détour. La foi religieuse de la femme faisait contraste avec l'incroyance ou l'indifférence de l'homme ; ils prétendaient ramener l'unité dans la famille par l'incrédulité de la femme. Aveuglement incompréhensible ou épouvantable scélératesse. Mais c'était enlever le dernier rempart qui arrêtât encore la société sur la pente de la barbarie.

La vigilance de Mgr Dupanloup ne pouvait être prise en défaut dans une question aussi grave. Déjà il avait eu occasion de dire sa pensée sur cette question dans un chapitre inséré d'abord à la fin du sixième volume de son traité sur l'*Education*, et qu'il publia bientôt après en brochure séparée avec ce titre : *Quelques conseils aux femmes sur les études qui leur conviennent*. A ceux qui prétendraient l'accuser de vouloir condamner les femmes à l'ignorance nous conseillerions la lecture de cet opuscule, ainsi que celle des autres écrits qui sortirent de sa plume à ce sujet.

Mais s'il voulait les femmes instruites, il les voulait encore plus chrétiennes et religieuses. Voilà pourquoi le projet de

M. Duruy l'épouvanta; voilà pourquoi il écrivit aussitôt sa *Lettre à un évêque sur les entreprises de M. Duruy,* où il montre l'inconvenance, les dangers et les conséquences funestes de la tentative illégale du ministre trop réformateur, et fait appel aux évêques.

L'appel fut entendu. Quatre-vingts évêques lui répondirent pour l'assurer de leur complète adhésion. Dans une *seconde lettre à un évêque* il réunit ces lettres d'adhésion, et il rendit plus évidents tous les dangers du projet ministériel.

C'est en vain que le ministre employa pour se défendre toutes les ressources d'une habileté consommée. Une nouvelle réponse de l'infatigable évêque, plus ample, plus étendue, intitulée : *La femme chrétienne et la femme française,* ne laissa rien subsister de ses arguments et lui annonça l'inutilité de ses tentatives.

« Il y a ici-bas une créature que le mal a moins touchée,
» qui reste pure encore au milieu de nous, et qui a pour mis-
» sion de préserver le foyer domestique, d'écarter les nuages
» de la vie, de soutenir et de purifier l'homme lui-même :
» c'est la femme chrétienne; la femme telle que le christia-
» nisme nous l'a faite, et c'est son œuvre la plus belle. Créa-
» ture d'une exquise beauté morale, inconnue avant Jésus-
» Christ, son expression la plus haute et la plus pure fut une
» femme incomparable, tout à la fois vierge et mère, qui s'ap-
» pelle Marie: et depuis dix-huit siècles, la femme chrétienne
» est là, au milieu du monde, contemplant ce type sublime,
» et demeurant elle-même sous nos yeux le type aimable et
» touchant de toute décence et de toute pureté.....

» Et vous n'en voulez plus!

» Et je vous vois attaquer avec la plus imprévoyante folie
» cette religion à qui vous la devez; car je vous entends traiter
» de superstitions les divines croyance auxquelles elle doit ses
» vertus.

» Vous n'en voulez plus! Vous voulez que l'épouse, que la
» mère, que la femme chrétienne disparaisse du milieu de la
» société française! Mais qui donc la remplacera au foyer do-
» mestique? Et qui dans la société? Ne voyez-vous pas ce qui
» disparaîtrait du milieu de vous tout à coup si, avec elle,

» disparaissait tout ce que sa vertu maintient encore, tout ce
» que cette dignité, tempérée par la grâce, conserve, pour vo-
» tre honneur, dans les mœurs publiques si attaquées, de ré-
» serve, de bienséance et de respect?...

» ... C'est là, au pied de ce crucifix, qu'elles trouvent pour
» vous cet incomparable et généreux amour que rien ne lasse;
» qu'elles vont chercher le courage de demeurer bonnes pour
» vous quand vous êtes mauvais et ingrats pour elles; et,
» quand vous les avez abandonnées, trahies, la force pour tout
» oublier, vous plaindre et vous pardonner.

» Insensés, voilà le joug dont vous voulez les affranchir!..

» Vous ne réussirez pas... Tenez, Messieurs de la libre pen-
» sée, laissez-moi vous le dire : vous avez de l'audace; vous
» êtes nombreux, habiles et surtout acharnés; vous pouvez
» faire et vous faites beaucoup de mal. Et néanmoins il y a
» une chose en France contre laquelle vous serez toujours im-
» puissants; c'est cette religion, l'éternel objet de vos attaques.
» Vous avez eu la chance belle au dix-huitième siècle, et le
» Christianisme vous a vaincus! On vous la donne belle
» encore aujourd'hui, mais vous ne réussirez pas mieux, et,
» quels que soient vos nouveaux efforts, vous n'aurez fait là
» qu'une pauvre, et ingrate, et déshonorante besogne. »

Arrêtons-nous sur cette fière protestation. L'entreprise ne
put réussir.

Par une sorte de bravade indélicate, le ministre avait voulu
établir un de ces cours dans la ville d'Orléans, sous le regard
même de l'évêque. L'évêque releva le défi, et l'école ne put
prendre. Il en fut de même dans le reste de la France. Les
évêques se montrèrent admirables d'entente et de courage; les
cours ne furent fréquentés que par les familles que retenait
l'attache officielle, et ils furent bientôt abandonnés sous le
coup de l'indignation et du mépris universels.

De nos jours on est revenu à la fatale idée de M. Duruy,
on lui a donné de plus grands développements, et nous avons
les *lycées de jeunes filles*. L'entreprise est encore plus désastreuse, étant conçue sur un plus grand pied; elle a reçu un
commencement d'exécution, et ses auteurs ont en mains toutes les chances de succès. Et cependant, à l'exemple de Mgr

Dupanloup, nous n'hésitons pas leur à prédire qu'ils ne réussiront pas dans leur dessein de *déchristianiser* la France. Notre patrie tient à la religion de ses pères par le fond même des entrailles, et la nouvelle tentative, la nouvelle persécution ne fera que ranimer les énergies de sa foi.

Vers le même temps l'évêque de Metz, Mgr Dupont des Loges signala la *Ligue de l'enseignement* qui venait de paraître dans son diocèse, importée de Belgique où elle avait pris naissance. Inspirée par les loges maçonniques, elle en reflétait parfaitement l'esprit d'hypocrite impiété; son but était, sous prétexte d'enseignement, de bannir la religion de toute la jeune génération actuelle afin de former une société athée.

Mgr Dupanloup fut effrayé; après avoir étudié plus à fond la question il fit paraître son écrit : *Les alarmes de l'épiscopat justifiées par les faits.*

Comme le titre l'indique, c'était un recueil de faits puisés dans les régions officielles, dans les aveux des auteurs de la *Ligue*; le tout choisi, ordonné et présenté de la façon la plus saisissante, la plus apte à faire une puissante impression, à désiller les yeux les plus prévenus. Hélas! combien d'aveugles volontaires, qui refusèrent de voir, surtout parmi les hommes du gouvernement!

Les idées révolutionnaires ont fait leur chemin et creusé leur sillon dans les esprits modernes. Ceux qui sont chargés des destinées humaines des peuples regardent assez communément les hommes d'Eglise, les croyants, avec des vues de superbe dédain. Ils les estiment trop préoccupés des choses religieuses et métaphysiques pour voir clairement dans les affaires purement humaines. C'était surtout la manière de penser des hommes de l'empire; les avertissements donnés par les évêques leur apparaissaient toujours entachés par les vapeurs de l'encens et le parti pris. Les temps approchaient où l'on verrait qui avait jugé plus sainement la situation, des évêques ou des politiques.

Tant d'occupations n'avaient pas tellement absorbé Mgr Dupanloup qu'il ne pût se livrer à d'autres travaux. Il avait constamment veillé à l'administration de son diocèse, et il avait poursuivi ou entrepris des ouvrages de plus longue haleine, que les écrits de circonstance par lesquels nous l'avons vu tenir intrépidement tête à tous les adversaires de l'Eglise, de quelque condition qu'ils fussent.

Nous avons laissé le traité de l'*Education* incomplet, avec deux volumes publiés pour la première partie, et un volume seulement pour la seconde partie. Il fut enfin achevé, et les six volumes avaient paru en 1868.

Il n'est pas sans défaut, il est pourtant ce qui a été publié de plus complet et de plus autorisé sur la matière ; à lui seul il suffirait à illustrer un nom. Directeurs de maisons d'éducation et professeurs de tous rangs peuvent y puiser les plus précieux renseignements.

C'est encore dans la période si mouvementée de sa vie, qui s'est écoulée de 1860 à 1868, qu'il a composé la vie de Notre-Seigneur en réponse au roman sacrilège de M. Renan.

Toutes les mesures que nous l'avons vu prendre pour le sage gouvernement de son diocèse, il s'occupa de les maintenir et de les perfectionner.

Après une *Instruction pastorale sur la prédication populaire*, il publia un ouvrage plus étendu et plus étudié sur la même question, et il le dédia à ses prêtres avec le titre d'*Entretiens sur la Prédication populaire*. Les plus sages avis y sont donnés, en même temps que les conseils les plus pratiques et les plus pressantes exhortations. On sent parler un évêque dévoré du souci des âmes, et qui veut allumer chez tous ses prêtres l'incendie du feu sacré.

Nous avons déjà dit combien il avait à cœur l'œuvre si importante des catéchismes, les soins qu'il prit pour former de bons catéchistes. Cette partie de ses devoirs de pasteur ne cessa un seul instant de solliciter son attention.

Il s'occupa de la publication d'un *Catéchisme diocésain*, qui répondit, ou à peu près, à l'idéal qu'il s'était fait d'un livre de cette nature. Il le divisa en trois cours, comme il avait distribué les catéchismes, à savoir : *Le Petit Catéchisme*, destiné aux tout jeunes enfants et qui ne renfermait que les notions les plus élémentaires de notre religion ; — *le Catéchisme de la première communion,* qui reprenait les questions du premier catéchisme et les développait de manière à compléter un enseignement élémentaire de la religion pour des enfants de 10 à 12 ans; — enfin le *Catéchisme à l'usage des hommes du monde*, qui n'était qu'une édition plus soignée du catéchisme de la première communion, où se trouvaient supprimées les croix au moyen desquelles on indiquait les questions qu'il était permis, et qu'il pouvait être bon, de passer avant la première communion, mais qu'il fallait étudier dans les catéchismes de persévérance et plus tard. En même temps il voulut donner tout ce qu'il avait lui-même acquis d'expérience dans cet important ministère, et il publia ses *Entretiens sur le Catéchisme*, ou comme il disait, l'*OEuvre par excellence*.

Ainsi ses œuvres diocésaines avaient prospéré, grâce à la vigoureuse et continuelle impulsion qu'il n'avait cessé de leur donner, et son gouvernement avait été en réalité fructueux pour le diocèse d'Orléans. Au moment où nous sommes, il avait la joie d'assister au consolant développement de ses entreprises.

CHAPITRE XXII

**Bulle de convocation au Concile. Lettres du Pape aux dissidents.
Attitude des gouvernements civils. Préparatifs (1868-1869).**

Mgr Dupanloup n'a fait que grandir dans l'opinion des catholiques : et l'on citerait peu d'évêques, à travers les annales de l'Eglise, qui aient autant lutté et aussi brillamment, contre les ennemis de notre foi et de notre morale.

A chaque fois qu'une attaque s'est produite, on l'a vu en face de l'ennemi, l'arrêtant, le refoulant et en définitive restant victorieux. Il nous a donné ce spectacle, que l'on n'aurait osé attendre au XIXe siècle, d'un évêque armé de la seule force de la vérité, tenant en échec et plus d'une fois forçant à la retraite les puissances du monde avec tout ce qu'elles pouvaient appeler à leur appui de ressources et de forces matérielles. Jamais peut-être non plus, champion de la justice et de la bonne cause n'avait reçu plus de témoignages flatteurs, soit du Père commun des fidèles, soit de ses frères dans l'épiscopat.

Le concile était impatiemment attendu par les évêques, par Mgr Dupanloup aussi bien que par n'importe quel autre. La *bulle de convocation* parut à Rome le 29 juin 1868, jour de la fête des bienheureux apôtres Pierre et Paul, et le lendemain elle fut expédiée à tous ceux qui étaient appelés à prendre part au Concile.

Le Pape annonçait que le Concile serait tenu dans la *Basilique Vaticane*, et qu'il serait ouvert le 8 décembre 1869, en la fête de l'*Immaculée Vierge Marie*, sous les auspices de laquelle il voulait le placer. Tous les patriarches, archevêques, abbés et prélats étaient invités à prendre part à ces assises mémorables, dont les décisions auraient une influence qui se prolongerait jusqu'à la consommation des siècles.

Le Souverain Pontife exposait, dans un langage remarquable de majestueuse élévation, les motifs qui l'avaient décidé à ce grand acte, les puissants secours que la société civile en tirerait dans ses besoins et ses périls; en même temps qu'il traçait les grandes lignes du programme que les Pères auraient à remplir.

Mais le passage le plus remarqué de la bulle fut peut-être celui où il était question des princes temporels, chefs des principaux états de l'Europe, catholiques ou autres.

Les prétendus principes modernes affectaient une séparation tranchée entre le pouvoir spirituel et le pouvoir temporel; et puisque les souverains, se conformant à ces principes nouveaux, faisaient profession de gouverner en dehors des croyances et des enseignements de l'Eglise, celle-ci à son tour devait accepter simplement la place d'étrangère qui lui était assignée, et traiter de ses propres intérêts en dehors de toute intervention séculière. Ce qu'elle devait demander aux puissances civiles, c'était de lui laisser sa pleine liberté pour la réglementation de ses affaires intérieures. Tel est d'ailleurs le sens des expressions contenues dans le document pontifical, et nous nous faisons un devoir de les rapporter textuellement :

« Nous avons l'espoir que Dieu, qui tient dans sa main les
» cœurs des hommes, se montrera favorable à nos vœux.
» Par son ineffable miséricorde il fera que les souverains et

» les chefs des peuples, principalement les princes catholiques,
» reconnaissant chaque jour de mieux en mieux les grands
» biens qui découlent de l'Eglise catholique sur la société hu-
» maine, et que cette même Eglise est le plus ferme fonde-
» ment des empires et des royaumes, non seulement n'empê-
» cheront pas nos vénérables frères les évêques et les autres
» personnes ci-dessus mentionnées de venir au Concile, mais
» encore ils voudront les favoriser, leur porter secours, et
» les assisteront très soigneusement, comme il convient à
» des princes catholiques, en ce qui peut contribuer à la plus
» grande gloire de Dieu et au succès du Concile. »

De plus, une raison particulière, tirée des circonstances mêmes où se trouvait en ce moment l'Italie, imposait cette réserve au Souverain Pontife. Le cardinal Antonelli la fit connaître expressément à notre ambassadeur à Rome, M. le comte de Sartiges.

Le Saint Père, déclarait-il, en se tenant ainsi dans la réserve par rapport aux princes catholiques, ne recélait aucune arrière-pensée et n'avait aucunement l'intention de blesser n'importe lequel d'entre eux. Mais la position toute particulière de Victor-Emmanuel, envahisseur des états pontificaux, ne permettait aucune relation avec lui. Afin d'éviter toute exception outrageante, on avait pris l'expédient de ne pas faire d'invitation directe. Mais nul n'était exclu, et tous ceux qui se présenteraient en fils soumis de l'Eglise, pouvaient être assurés d'un accueil favorable et sympathique.

Cet acte du Souverain Pontife reçut son complément par deux documents qui parurent bientôt après.

Dans l'étendue de sa charité Pie IX voulut embrasser tous les membres qui font profession d'appartenir à la religion chrétienne, et il adressa son appel pour le Concile aux membres séparés par le schisme ou par l'hérésie. Le 8 septembre parut une première lettre apostolique aux évêques du rite oriental, qui ne sont pas en communion avec le Saint-Siège ; elle les invitait à venir au Concile qu'allait tenir l'Eglise Romaine, afin de se rattacher au centre de l'unité catholique et de consommer cette union de doctrine et de discipline qui rassemblerait toutes les brebis en un seul bercail, et réjouirait grandement le cœur de Notre-Seigneur, le suprême et divin Pasteur. Le 13 septembre, une autre lettre apostolique était adressée aux protestants et autres hérétiques, les exhortant à profiter de l'occasion qui s'offrait à eux, pour se soumettre de nouveau à cette Eglise Romaine, de laquelle ils avaient eu le malheur de se séparer.

Le patriarche de Constantinople refusa d'accéder à la bienveillante invitation du Pape; il en appela aux difficultés habituelles de ses prédécesseurs. Le patriarche arménien non uni accueillit plus favorablement les lettres pontificales, et répondit qu'il se rendrait au Concile.

Les protestants ne se montrèrent pas animés de meilleure volonté que le patriarche de Constantinople, et c'est en vain que la grâce de Dieu vint frapper une fois encore à la porte de leurs cœurs. Il y eut des retours individuels consolants; mais les communions restèrent obstinément sourdes à l'appel que le Seigneur leur faisait entendre par l'organe de son représentant sur la terre.

Les gouvernements temporels affectèrent aussi de se montrer froissés par l'éloignement où l'Eglise, disaient-ils, avait voulu les laisser, et ils restèrent dans une attitude de hautaine expectative qui ne présageait aucune sympathie. Du reste les gouvernements d'Europe qui pouvaient s'intéresser au Concile étaient en bien petit nombre.

La Russie était schismatique, l'Angleterre et la Prusse hérétiques, l'Italie en état de guerre ouverte avec le Saint-Siège et usurpatrice de ses états; l'Espagne en proie à la révolution, n'avait pu retrouver encore sa tranquillité. Il ne restait donc que la France et l'Autriche sur lesquelles l'Eglise pût placer quelques espérances plausibles d'appui. Et ici encore fallait-il compter sur un concours sincère et dévoué?

Depuis 1859 surtout la politique française avait subi une déviation dans le sens des idées révolutionnaires; et le souverain qui avait fait la campagne d'Italie, qui avait laissé accomplir, sinon efficacement favoriser le guet-apens de Castelfidardo, qui s'était en somme entendu avec les ennemis du Saint-Siège pour contribuer au dépouillement de celui-ci, ne pouvait présenter de sérieuses garanties.

Les dernières années il semblait être revenu à une plus saine direction; il avait fait entendre enfin à l'Italie une parole ferme qui l'avait forcée à s'arrêter dans ses sacrilèges revendications, et nos soldats avaient combattu, à *Mentana*, à côté de ceux du Pape contre les bandes révolutionnaires de Garibaldi. Mais le mal n'était pas réparé, et la direction intérieure ne se montrait pas plus favorable aux intérêts religieux. Les tentatives de M. Duruy étaient récentes, et si l'on avait été contraint de reculer, ce n'étaient pas tant les protestations unanimes de l'épiscopat qui l'avaient obtenu, que la désapprobation manifeste du bon sens populaire et l'insuccès de l'entreprise.

Les élections du 23 mai 1869 virent arriver un certain nombre de députés catholiques, ouvertement favorables à l'indépendance du Saint-Siège; et le gouvernement avait si bien compris que le peuple français ne voulait pas d'une politique qui aurait abandonné le Pape à la merci des sectes italiennes, que plusieurs candidats officiels, dans leurs professions de foi, se montrèrent décidés à maintenir ce qui restait au Saint-Père de souveraineté temporelle. Mais la marche des événements ne paraissait pas se modifier franchement en faveur du catholicisme. S'il se produisit une évolution, elle fut principalement dans le sens du parlementarisme; la religion n'y était que pour une très faible part, et n'avait guère rien à en espérer de meilleur.

Restait l'Autriche; mais affaiblie par la guerre de 1859, écrasée par celle de 1866, elle ne pouvait songer pour le moment qu'à panser ses blessures et à se refaire une place au concert des puissances européennes. Les idées révolutionnaires ensuite la travaillaient activement. Tout ce que pouvait l'empereur François-Joseph, personnellement bien intentionné, c'était de dominer suffisamment le courant pour ne pas se laisser entraîner par lui dans l'abîme.

En attendant, le Souverain Pontife travaillait avec activité aux préparatifs qui faciliteraient les travaux du Concile. Un questionnaire rédigé par le cardinal Caterini fut envoyé aux différents évêques, afin qu'ils eussent à faire connaître leurs sentiments. Des commissions étaient en projet, qui étudieraient les questions, les élucideraient et les mettraient à même d'être plus fructueusement discutées en sessions publiques. Au-dessus de toutes devait être la *Congrégation cardinalice directrice*, placée sous la direction immédiate du Pape, et dont il désigna lui-même les membres qu'il choisit exclusivement dans le sacré collège des cardinaux.

Pour les commissions, au nombre de six, il se contenta d'assigner les matières sur lesquelles elles auraient à travailler et de désigner le cardinal président de chacune d'elles. Les membres qui les composeraient seraient nommés à la pluralité des suffrages par les évêques eux-mêmes après l'ouverture du Concile, excepté cependant la Commission dite *des Postulata* dont Sa Sainteté se réserva de nommer les Pères qui devraient en faire partie.

Mais après avoir parlé aux pasteurs qui devaient faire partie de la grande assemblée, le Pape voulut aussi s'adresser aux simples fidèles, et réclamer le suffrage de leurs prières pour attirer le plus abondamment possible le concours du Ciel. En conséquence, le 11 avril 1869, parut une *Lettre encyclique*, annonçant pour toute l'Eglise une grande indulgence en forme de *Jubilé*. Elle pouvait se gagner à partir du 1er juin 1869 jusqu'au jour de la clôture du Concile.

Nous avons tenu à donner ces détails, qui nous ont paru de nature à intéresser, et dont plusieurs ne seront pas inutiles pour aider à comprendre le rôle joué par Mgr Dupanloup en cette mémorable circonstance.

<hr>

CHAPITRE XXIII

**Attitude de Mgr Dupanloup. Premières polémiques. Le P. Hyacinthe.
Départ pour Rome (1869).**

Le concile cependant préoccupait vivement les esprits, et l'on se demandait les questions qui y seraient examinées. Il en était une surtout importante, c'était la question de *l'infaillibilité du Pontife Romain*.

C'était sur ce point de doctrine qu'avaient porté toutes les discussions du *gallicanisme* dans les derniers temps, et c'était sur le même point qu'allaient être soulevés les débats les plus animés. Mais tout le monde comprenait que la question était à l'ordre du jour; et, comme le dira bientôt Mgr Dechamps, la définition était dans l'air.

Deux courants d'opinion s'établirent aussitôt, et divisèrent les catholiques et les évêques eux-mêmes en deux camps bien tranchés : Les *définitionnistes*, partisans de la définition et de beaucoup les plus nombreux; les *anti-définitionnistes*, opposés non pas à la doctrine elle-même, pour la plupart du moins, mais à la définition qu'ils jugeaient inopportune. Mgr Dupanloup fut du nombre de ces derniers, et il mena cette campagne avec toute l'impétuosité de son ardente nature, ne mesurant pas toujours suffisamment la portée de ses coups, ne calculant pas toujours assez la valeur de ses démarches.

Le Ciel nous préserve cependant de nous faire l'écho des accusations passionnées dont nous l'avons si souvent entendu charger. Il eut des torts; mais il ne fit pas naufrage dans la foi, il ne songea jamais à vendre sa conscience et les intérêts spirituels de l'Eglise pour une sénile ambition. Nous l'avons trop vu jusqu'à ce jour intrépide en face des puissances du siècle, pour admettre que brusquement il ait changé d'attitude et se soit conduit en évêque courtisan et d'antichambre, ne rêvant que les distinctions honorifiques, les premiers postes dans l'Eglise, les faveurs du pouvoir.

Que l'on se rappelle les luttes qu'il a soutenues et dont quelques-unes sont loin d'être anciennes, et l'on verra si, jusqu'à ce jour, pour plaire, il a méconnu son devoir et les cris de sa conscience.

Ce n'est pas à l'âge où il était parvenu (il avait 68 ans), alors que l'on est arrivé à l'apogée du prestige, que l'on a fixé sur soi tous les regards du monde catholique, que surtout l'on s'est toujours montré évêque vertueux, digne du ministère, important que l'on a eu à remplir, ce n'est pas en de telles circonstances, disons-nous, que l'on peut songer à renier son passé si glorieux et si bien rempli, à entreprendre des démarches qui ne peuvent que faire baisser dans l'estime de Dieu, des hommes et de sa propre conscience.

Nous pensons donc que Mgr Dupanloup agit avec bonne foi, et qu'il croyait sincèrement à l'inopportunité de la définition.

— Il aurait dû au moins, dit-on, se ranger du côté du Pape et de la majorité des évêques. Il était juge en sa qualité d'évêque et avant la définition, il avait pleinement le droit de dire sa façon de penser.

Ce que l'on doit principalement, lui reprocher c'est le mode dont il s'est plus d'une fois servi pour faire triompher son parti. Mais ici encore il s'est produit bien des exagérations, et peut-être n'est-il pas aussi coupable que l'on se plaît à dire, ni le seul coupable.

Ce que nous avons dit des dispositions et des attitudes des gouvernements temporels prouve surabondamment le peu de bienveillance sur lequel on devait compter en faveur de l'Eglise.

En définitive, on ne voyait que le gouvernement français qui manifestât des intentions jusqu'à un certain point sympathiques, qu'il pût rendre efficaces. La persécution qui éclata bientôt après en Allemagne, prouva combien peu le gouvernement prussien et allemand aurait voulu patronner des définitions qui tendaient à donner plus de prestige au chef de l'Eglise catholique.

Mais le gouvernement français, après la protection plus ou moins avouée qu'il avait accordée aux usurpateurs des états de l'Eglise, semblait revenir à de meilleurs sentiments à l'égard de Rome. On venait d'entendre le fameux « JAMAIS » de M. Rouher ; des candidats officiels aux dernières élections avaient promis de se consacrer à défendre ce qui restait au Pape de souveraineté temporelle. Il importait de ménager ces bonnes dispositions, de les favoriser, de chercher à les augmenter et à les tourner en protection franchement ouverte pour les intérêts religieux. Telle était la manière de voir de Mgr Dupanloup, de tous points conforme à sa conduite antérieure.

Il a résisté au pouvoir, lorsque celui-ci a prétendu empiéter sur les droits de la vérité et de l'Eglise ; il a su lui dire des vérités même désagréables, lorsque sa conscience le lui a imposé. Mais jamais il n'a cherché à le froisser, à le mécontenter

gratuitement. Toujours il a voulu tirer des puissances humaines tout le parti possible, sans compromettre néanmoins les
intérêts spirituels.

Que l'on comprenne notre pensée ; nous ne cherchons pas
à voir s'il a toujours pleinement réussi. Mais nous disons que
telle fut la ligne de conduite à laquelle il resta constamment
fidèle, même à l'époque du Concile.

Il voyait les puissances de l'Europe travaillées par la révolution, presque toutes hostiles à l'Eglise, et ne souhaitant
qu'un prétexte pour justifier une attitude peu favorable. Le
culturkampf inauguré par M. de Bismarck en Allemagne, après
la guerre *franco-allemande* de 1870-71, la dénonciation du
concordat de 1855 par le gouvernement *austro-hongrois*, tous
ces faits et ceux qui eurent lieu en Suisse, en Angleterre où
M. de Gladstone essaya de prouver que les décrets du Concile,
avaient changé les relations du Saint-Siège avec les puissances
civiles, tout cela, disons-nous, établit que les dispositions des
états européens n'étaient pas des meilleures, et qu'il importait
de leur éviter tout motif apparent de rupture.

Le gouvernement français, à son tour, qui avait fait un pas
décisif vers les idées libérales en se faisant représenter par M.
Emile Ollivier, ne paraissait pas résolu d'accepter sans restric-
tion tout ce qui viendrait de Rome.

Les déclarations posthumes de M. Emile Ollivier ne suffisent
pas. Qui ne sait combien le changement de position et de circonstances fait changer le langage des hommes, et cela sans
que leur sincérité ou leur bonne foi soient le moins du monde
en jeu ?

M. Emile Ollivier, instruit par les événements, a très bien
pu tenir un langage que n'aurait pas pleinement justifié sa
conduite à l'époque du Concile, avant que ne fussent surve-
nus les terribles enseignements de la guerre. Nous sommes
de l'avis de l'abbé Lagrange lorsqu'il nous dit que les désastres de la guerre, en amenant sa chute, ont entraîné le secret
de l'attitude qu'il aurait pu prendre. Mais surtout à cette époque on ne pouvait prévoir l'avenir, et le passé de M. Ollivier
n'offrait pas toutes les garanties désirables.

Il avait défendu l'unité italienne que personne, nous imaginons, n'osera considérer comme favorable aux intérêts du Pape ; et le 10 juillet, avant qu'il fît partie du gouvernement, dans une interpellation adressée au ministère alors au pouvoir sur la conduite que l'on se préparait à tenir, il concluait par ces paroles que l'on devait regarder comme bien peu rassurantes : « On vous a laissés en dehors ; eh bien, croyez-moi, restez-y ; laissez faire ; seulement observez et préparez-vous. »

Or, ce langage rien n'indiquait qu'à son arrivée au pouvoir il eût songé à le modifier. Au contraire, dans le ministère qu'il présidait, le prince de La Tour d'Auvergne, ministre des affaires étrangères, faisait parvenir à Rome, le 19 octobre, une dépêche ainsi conçue :

« Nous sommes en droit d'attendre que l'Eglise ne jette pas
» le trouble dans les sociétés civiles.... Nous espérons de la
» prudence du Concile qu'il ne soulèvera pas de redoutables
» orages par des déclarations telles que celles du *Syllabus* qui
» était joint à l'*encyclique papale* de 1864. *Les mesures que le*
» *gouvernement de l'Empereur s'est cru obligé de prendre au*
» *moment où a paru ce document font assez pressentir la ligne*
» *de conduite qu'il adopterait encore si des doctrines analo-*
» *gues étaient proclamées par le Concile.* »

On comprend que l'esprit de l'évêque d'Orléans ait été frappé de ces dispositions, et qu'il ait, pour sa part, jugé opportun d'écarter les questions qu'il jugeait irritantes.

Sa manière de voir ne fut pas adoptée par le Concile, et les événements ont prouvé que ses terreurs étaient mal fondées. C'est que Dieu est intervenu par des catastrophes terribles. Ceux qui en France avaient menacé de prendre leurs mesures, si l'Eglise ne savait pas se montrer prudente, c'est-à-dire ne consentait pas à se conformer à leur mesquine manière de voir, emportés par la plus inouïe des infortunes, ne purent en aucune façon songer à réaliser leur plan.

Mais un évêque en particulier n'est pas assuré, comme un concile général et comme le Pape, de l'assistance toute particulière d'en haut. Il peut et il doit s'en rapporter aux lumières que lui fournissent ses observations sur les faits et les dispositions actuelles. Mgr Dupanloup pouvait croire qu'il valait mieux, pour le bien spirituel des âmes et de l'Eglise, laisser de côté certaines questions, et cette manière de penser était licite, tant qu'il n'y avait pas eu de définition conciliaire.

Eh quoi ! Les simples fidèles conservent leur liberté d'adhésion jusqu'à ce qu'un décret formel soit intervenu, à la seule condition d'être toujours en conformité avec la voix intime de leur conscience ; et l'on ne voudrait pas qu'il en fût ainsi des pasteurs, des évêques appelés à intervenir dans le débat en qualité de juges !

On prétend qu'il manqua de bonne foi. Mais qui donc ici ose scruter le fond de son âme ? Les hommes ne voient que ce qui apparaît, et Dieu seul sonde les cœurs.

Pour mettre en suspicion la bonne foi d'un homme il faut des preuves positives, des faits indiscutables. Des insinuations, des interprétations ne sauraient suffire ; et dans le cas actuel il n'est pas possible d'apporter autre chose.

D'ailleurs si la discussion franchit les limites qui auraient dû la retenir entre les évêques, si elle fit irruption dans la presse et vint passionner tous les rangs de la société, ce n'est pas à Mgr Dupanloup qu'incombe la grave responsabilité de la première démarche en ce genre. Il n'était pas partisan de la définition, et il faisait des démarches pour en gagner d'autres à son opinion. Mais c'étaient des démarches privées et qui se produisaient auprès d'évêques, juges comme lui, et comme lui appelés à se prononcer au Concile.

Dès l'année 1868 il avait vu à Malines Mgr Dechamps, récemment nommé archevêque de ce siège, et Mgr Ketteler, évêque de Mayence ; il avait ensuite visité les archevêques d'Aix-la-Chapelle et de Cologne. Ces voyages eurent lieu vers la fin du mois d'août et le commencement de septembre. En octobre il publia une première *Lettre pastorale*, dans laquelle il disait les besoins auxquels répondait la réunion actuelle d'un Concile, le bien immense qu'il apporterait à la société contemporaine.

Les évêques accueillirent favorablement ce nouvel écrit ; le Pape lui répondit par un bref des plus laudatifs :

« C'est avec reconnaissance que nous avons reçu votre écrit.
» Il dissipera, c'est notre espérance comme notre désir, les
» ombres que l'ignorance et la malignité ont répandues

» dans les esprits, et il inclinera les cœurs à désirer le remède
» très efficace du Concile.

».... Nous vous félicitons d'avoir exposé, en un langage si
» facile et si clair, la saine doctrine sur les droits et sur les
» prérogatives de ce Saint-Siège, et sur son autorité suprême
» en ces sortes d'assemblées. »

Cependant la *Civilta cattolica* publiait, le 7 janvier 1869, un
article envoyé par un correspondant français, et l'*Univers* le
reproduisait aussitôt.

L'auteur divisait les catholiques en deux catégories, en *catholiques sans épithète* et en *catholiques libéraux* ou mieux
incomplets ; il disait les appréhensions de ceux-ci dans la crainte
que le Concile n'abordât les questions qui leur étaient pénibles,
et ne condamnât les opinions libérales ; il annonçait que leurs
efforts cependant n'aboutiraient à rien, que l'on renouvellerait
sur un ton plus affirmatif les condamnations du *Syllabus*, que
l'on définirait l'*infaillibilité et l'assomption de la bienheureuse*
Vierge Marie, et censurerait les quatre propositions de 1682 ;
tout cela sans discussion spéciale et par acclamation.

Cet article abordait des questions qui n'étaient pas de la
compétence d'une *Revue*, mais dépendaient uniquement des
commissions du Concile, tenues cependant au secret. Comment donc un écrivain particulier pouvait-il ainsi à l'avance
se donner la mission de tracer au Concile la marche qu'il lui
faudrait suivre, le programme qu'il aurait à remplir ? La *Civilta cattolica* le reconnut elle-même, et en appela de cet article venu de l'étranger à sa rédaction ordinaire.

Mgr Dupanloup s'exagéra la portée d'une telle correspon-
dance. Il eût mieux valu la laisser à elle-même et persévérer
dans le silence qu'il s'était prescrit. Ce brandon de discorde ne
rencontrant pas d'aliment se serait éteint de lui-même. Il en
jugea différemment, et nous le regrettons.

Deux articles, inspirés certainement et peut-être composés
par lui, parurent, le 18 et le 19 mars, dans le *Français*, journal fondé sous son haut patronage, et s'élevèrent vivement
contre le correspondant de la *Civilta*. La revue italienne répondit, comme nous en avons déjà fait la remarque, que cet
article ne rendait pas ses propres opinions. Sa doctrine était

connue; en aucune façon elle ne prétendait circonscrire le champ d'action du Concile, et jamais on ne la verrait par aucune subtilité se soustraire à l'autorité ou à l'enseignement de l'Eglise; et l'incident se trouva clos.

Les fêtes de Jeanne-d'Arc vinrent faire une agréable diversion.

La pensée d'élever une statue à Voltaire, l'insulteur de la pure héroïne de Domremy, lui avait inspiré l'idée éminemment patriotique d'obtenir une réparation éclatante, en s'efforçant de faire placer sur les autels la glorieuse libératrice de la France, et depuis quelque temps il travaillait à réunir les éléments qui lui permettaient d'introduire le procès de la canonisation. Dans ce but il voulut donner à la fête de 1869 un éclat inaccoutumé, et il invita plusieurs de ses vénérables frères dans l'épiscopat, qui mirent le plus aimable empressement à se rendre dans l'hospitalière cité d'Orléans. On vit donc à cette solennité son Eminence le cardinal archevêque de Rouen; Nos Seigneurs les archevêques de Tours et de Bourges, les évêques de Saint-Dié, de Poitiers, de Beauvais, de Blois, de Châlons, de Nancy, de Verdun, de Constantine, et un évêque des colonies, Mgr La Carrière.

Mgr Dupanloup prononça le panégyrique. Son discours s'occupa principalement de la sainteté de Jeanne d'Arc, et il chercha à montrer *la sainte dans la jeune fille, la sainte dans la guerrière et la sainte dans la victime*. A l'issue de la fête, une lettre qui demandait au Saint-Père l'instruction du procès de la canonisation fut signée par tous les évêques présents, heureux de s'associer à une œuvre qui intéressait tous les cœurs français.

Mais les attaques allaient se produire, et l'orage éclater.

Usant d'un droit incontestable, Mgr Dechamps, dans une lettre pastorale publiée vers la fin du mois de mai, avait abordé la question de l'*infaillibilité* et s'était prononcé en faveur de la définition. Mgr Plantier avait fait de même dans un mandement antérieur daté du 26 mars.

Sans rien préjuger, sans annoncer si le Concile se déciderait à ce grand acte, il déclarait pour sa part la question suffisamment mûrie. Examinant même l'hypothèse d'une définition par acclamation, il prononçait que par elle-même elle n'enfermait aucune impossibilité, que le Saint-Esprit pourrait faire intervenir son assistance dans un acte de cette nature aussi bien que dans une définition venue après de longues discussions, mais il se gardait de dire qu'il serait expédient d'agir de telle ou telle manière pour le cas actuel, voulant en tout s'en rapporter à la sagesse du Concile lorsqu'il serait réuni. Mgr Manning, au commencement d'octobre, publia un mandement à son tour, dans lequel il professait ouvertement l'infaillibilité du Souverain Pontife.

D'un autre côté les adversaires de la définition agissaient, et cette fois la discussion ne gardait plus la sage mesure qu'elle aurait eue, si elle était restée circonscrite aux documents épiscopaux.

Dans le courant du mois d'août, à Munich, un auteur, déguisé sous le pseudonyme de *Janus*, fit paraître le *Pape et le Concile*, écrit violent, d'une bonne foi au moins douteuse, et qui ne pouvait avoir pour résultat que d'exciter les esprits. C'était M. Dœllinger, prévôt de la cathédrale de Munich, homme d'une vaste érudition et qui avait rendu des services à l'Eglise. Mais son orgueil allait le jeter hors la droite voie. Après le Concile il se mettra à la tête du mouvement schismatique, et sera le chef des *Vieux catholiques*.

On le regarde aussi comme l'auteur d'articles qui parurent sans nom d'auteur dans la *Gazette d'Augsbourg*, au mois de septembre 1868 et au mois de mars 1869, et dans lesquels sont contenues des propositions par trop répréhensibles.

Le prince de Hohenlohe, ministre de Bavière, envoyait une note aux différents gouvernements pour leur dénoncer les prétendus empiétements que l'Eglise, bientôt réunie en Concile, se proposait de commettre sur l'autorité civile, et les bouleversements qu'elle allait introduire dans les principes du droit moderne, principalement par la définition du dogme de l'*infaillibilité*. Il les invitait à intervenir, afin de peser de toute leur influence sur les décisions des évêques.

Cette circulaire resta sans réponse de la part des gouvernements européens; mais elle n'en traduisait pas moins des tendances inquiétantes.

Les évêques allemands à leur tour se réunirent à Fulda pour

se concerter et pourvoir aux mesures qu'il conviendrait de prendre. Mgr Dupanloup qui se rendait à Einsiedeln, leur fit parvenir une note par laquelle il leur disait sa manière de juger à lui. Il avait eu occasion de voir Dœllinger au château d'Hernshein; mais on ne le connaissait pas encore sous le nom de *Janus*, et Mgr Dupanloup ne soupçonnait pas en lui le chef futur des *Vieux catholiques*. Il alla aussi à Coblentz, à Trèves, et même jusqu'à Vienne.

Il ne pouvait lui être défendu de faire des visites, de s'entendre avec les évêques. Cependant nous croyons ici que pour sa gloire il lui eût été préférable de s'abstenir de voyages et de démarches sur lesquelles planent au moins des soupçons. Le désir de faire triompher ses opinions se sera mêlé au zèle véritable qui l'animait au fond. Il se sera exagéré, d'une manière inconsciente, les difficultés qu'allait rencontrer la définition, et pour avoir la gloire du triomphe, il se sera laissé aller à des actes qu'en toute autre circonstance il aurait hésité à accomplir.

Il est si rare, même chez les hommes à vertu supérieure, de ne jamais rencontrer aucun mélange de vues humaines dans les intentions qui les font agir. Mgr Dupanloup, avec sa nature ardente, son zèle plus d'une fois impétueux, était exposé à ne pas toujours garder la vraie mesure.

Cependant, quoi que l'on dise, jusqu'à ce moment il restait dans une réserve, dans une expectative contre laquelle il est difficile de formuler des griefs sérieux. Peut-être faisait-il agir comme on a voulu l'en accuser? Mais nous nous contenterons de la simple observation que l'on n'apporte pas de preuves positives ; et dans des faits de cette nature, des inductions plus ou moins apparentes ne suffisent pas.

Il ne fut pas le premier évêque à mettre le public au courant de ses opinions et de ses appréciations. Si d'autres pourtant l'ont fait avant lui, il ne nous paraît pas équitable d'en faire retomber sur lui seul toute la responsabilité. Lorsqu'il aura fait le premier pas dans cette voie, il se fera remarquer entre tous par la vivacité de sa polémique. Mais il y aurait ici plus d'une circonstance atténuante à faire valoir.

Outre la nature même de son caractère ardent, ne serait-il pas permis de dire que plus d'une fois ses adversaires n'ont pas gardé à son égard toutes les mesures qu'eussent réclamées son caractère épiscopal, les services indiscutables déjà rendus à l'Eglise en tant de circonstances, le respect que l'on doit à ceux desquels on ne partage pas les opinions? Et cependant tous n'avaient pas comme lui mission de se prononcer dans le Concile; tous n'étaient pas revêtus dans l'Eglise d'un caractère qui leur permît de se poser en juges de la foi.

Le 14 septembre 1869, Mgr Maret, évêque de Sura, fit paraître un ouvrage auquel il travaillait depuis longtemps et qui avait pour titre : *Du Concile général et de la paix religieuse.* Mgr Dupanloup aurait voulu voir cette publication retardée jusqu'après le Concile; Mgr Maret ne crut pas devoir accéder à son désir, et ce fut regrettable.

Aussitôt après son apparition le livre de Mgr Maret souleva de violentes polémiques. L'*Univers* l'attaqua, Mgr Pie le condamna, ainsi que Mgr Delalle, évêque de Rodez, et Mgr Doney, évêque de Montauban. Et de fait, on ne voyait pas l'utilité de rappeler les anciennes discussions sur l'autorité du Pape opposée à celle du Concile œcuménique, tandis qu'il y avait les plus graves inconvénients. Pourquoi y renouveler des attaques et des erreurs depuis longtemps réfutées? Pourquoi, suivant la remarque de Mgr Pie, l'auteur, dont il n'est pas question de suspecter la sincérité ni la droiture d'intention, empruntait-il au triste vocabulaire du temps des expressions envenimées par les débats politiques et qui n'auraient jamais dû être introduites dans des écrits sur la constitution de l'Eglise, répétant jusqu'à satiété les mots de pouvoir séparé, de pouvoir arbitraire, despotique; comme si le pouvoir suprême exercé par le Souverain Pontife n'avait pas toujours été le plus prudent, le plus mesuré des pouvoirs, depuis les dix-huit siècles qu'il est établi dans l'Eglise.

Ce fut aussi pour Dom Guéranger l'occasion d'intervenir et de publier un livre tel que l'on devait l'attendre de son talent supérieur et de sa vaste érudition : *De la monarchie pontificale, à propos du livre de Mgr l'évêque de Sura.*

Un événement qui attrista douloureusement l'Eglise de France et en particulier l'évêque d'Orléans, venait encore de se produire.

L'Ordre des *Carmes* avait alors dans ses rangs un religieux qui se faisait remarquer par une grande fougue d'éloquence et une imagination exubérante; mais chez lequel la saine raison venait insuffisamment faire contrepoids. Nous voulons dire l'infortuné et coupable P. Hyacinthe.

Déjà dans les conférences d'*Avent* qu'il avait données à Notre-Dame de Paris, il s'était acquis une brillante réputation d'orateur; mais on avait aussi remarqué des idées trop avancées, des phrases romantiques, des tableaux de mœurs peu dignes de la chaire catholique. Dans une réunion des membres de la *Ligue internationale pour la paix*, il prononça un discours par lequel il semblait mettre sur le même pied d'égalité *le Judaïsme, le Protestantisme et le Catholicisme*.

Le *préposé général* des Carmes le reprit, comme il convenait, et lui interdit de prendre la parole dans toute réunion qui ne serait pas exclusivement pour les questions religieuses. Hélas! son orgueil froissé ne lui permit pas de se soumettre. Mais, rompant avec ses vœux religieux, il annonça par une lettre retentissante, dont le *Temps* et les *Débats* eurent la primeur, qu'il se séparait du parti dominant à Rome, qu'il ne voulait plus de ces opinions qui se nomment *romaines sans être catholiques*, et qu'il en appelait au tribunal même de Jésus-Christ.

Mgr Dupanloup lui écrivit une lettre pressante; M. de Montalembert intervint avec toute l'ardeur de sa foi et de son amitié; Mgr Darboy, Mgr Thomas lui adressèrent d'affectueuses supplications. Ce fut en vain. L'esprit d'orgueil l'emporta sur toutes les voix de l'amitié, de la raison et de la conscience; et bientôt le malheureux ne tardera pas à oublier les engagements les plus sacrés, ajoutant la honte d'un mariage sacrilège au scandale de l'apostasie.

C'était aussi sur ces entrefaites que Mgr Dupanloup se détermina à demander à Napoléon III une audience qui lui fut aussitôt accordée pour le 3 octobre. On a sur cette entrevue fait bien des hypothèses, avancé bien des conjectures. On a rapporté des lambeaux de conversations plus ou moins authentiques, mais en tout cas dépourvus d'autorité officielle, et l'on s'en est servi pour charger la mémoire de l'évêque de prétentions peu avouables. Le fait est que l'on ne sait rien encore de positif; et le plus prudent est de s'abstenir de tout jugement absolu, jusqu'à ce que l'on ait pu consulter les documents authentiques qui se trouvent aux archives, à ce que l'on dit du moins.

En attendant, nous autorisant de l'adage bien connu, *Nemo præsumatur malus nisi probetur*, et qui nous semble au cas présent trouver particulièrement son application, nous admettrons les raisons que l'on fit valoir auprès de Mgr Dupanloup lui-même, et nous croirons qu'il avait en vue de confirmer l'empereur dans les dispositions favorables que depuis quelque temps il paraissait témoigner aux catholiques.

Il avait reçu l'empereur et l'impératrice, l'année précédente, à Orléans, où ils s'étaient rendus à l'occasion d'un concours régional qui coïncidait avec les fêtes de Jeanne d'Arc. Il avait profité de cette circonstance pour adresser à Leurs Majestés des paroles qui leur disaient avec tact et réserve, mais avec clarté, les aspirations et les espérances catholiques. Peut-être comptait-il poursuivre l'œuvre alors commencée ?

Enfin, après avoir présidé aux retraites pastorales de ses prêtres et au synode diocésain, qui eurent lieu, cette année, avec le calme et le recueillement des années précédentes, après toutes les péripéties que nous venons de raconter et d'autres que nous devons omettre pour ne pas trop prolonger notre récit, il publia, le 10 novembre, une seconde *Lettre pastorale sur le Concile*.

Il évite les questions brûlantes et ne dit rien de l'*infaillibilité*; mais il se contente de développer ces trois pensées que le Concile fera *une œuvre d'unité, une œuvre de vérité et une œuvre de charité*. Son écrit ne pouvait qu'être approuvé, et il le fut généralement. Malheureusement Mgr Dupanloup ne s'en tint pas là. Quelques jours après il fit paraître ses *Observations sur la controverse soulevée relativement à la définition de l'infaillibilité au futur Concile*. Il prétendait ne pas discuter la question doctrinale; mais il se posait en adversaire déterminé de la définition qu'il regardait comme tout à fait inopportune, de nature à soulever de graves difficultés sans profit pour l'Eglise.

Cet écrit eut un immense retentissement. Les ennemis de la

Papauté se réjouirent, espérant voir, non pas sans doute avec eux, mais moins ardent dans la lutte contre eux, celui qui jusque-là avait été un de leurs plus actifs et plus intrépides défenseurs du Souverain-Pontife. Dans le camp catholique on sentit naître des inquiétudes, et il y eut de vives répliques.

L'*Univers* pris à partie dans les *Observations*, accusé de témérité et d'initiative intempestive, répondit à son tour par la plume de son rédacteur en chef, et sa réplique parut avec un caractère d'ironie acérée et mordante. Mgr Dupanloup lança aussitôt son *Avertissement à M. Veuillot.*

Ses amis étaient d'avis qu'il s'abstînt de ce nouvel acte, et ils avaient raison. Mais il ne jugea pas à propos de se conformer à leur opinion. L'*Avertissement* parut au moment où il partait pour se rendre au Concile. Comme on devait s'y attendre, le rédacteur en chef de l'*Univers* répondit, et la discussion aurait pu s'envenimer. Mais les attentions étaient absorbées par des questions autrement élevées qu'un débat personnel, et l'*Avertissement à M. Veuillot* fut promptement oublié.

Au reste, dans sa *Lettre pastorale* il avait écrit :

« D'avance et obéissant jusqu'à la mort, j'adhère aux déci-
» sions du Chef de l'Eglise et du Concile : *j'y adhère du fond*
» *du cœur et de toute mon âme, quelles que soient ces décisions,*
» conformes ou contraires à ma pensée particulière, qu'elles
» viennent la confirmer ou la contredire.

» Nous sommes tous des hommes, et dans ce Concile comme
» dans tous les autres, les imperfections humaines auront leur
» part. Mais notre croyance est précisément que le Saint-Esprit
» dirige, façonne, consume ces imperfections et les tourne au
» service de la vérité. Nul n'est catholique sans cette foi qui est
» la mienne, et voilà pourquoi d'avance j'adhère, je suis soumis ;
» et je suis heureux d'adhérer, joyeux de me soumettre. Après
» avoir combattu librement, travaillé fortement, agi courageu-
» sement, la soumission sera notre victoire, et vous nous ferez
» à tous la grâce, ô mon Dieu, de trouver la paix dans la foi et
» la joie dans l'obéissance ! Car notre victoire, c'est notre foi :
» *Hæc est victoria, fides nostra*[1]. »

---

[1]. *Nouvelles œuvres choisies*, t. V, p. 550.

Dans ses adieux au clergé orléanais, qui s'était réuni autour de son évêque pour le voir avant son départ, il fit entendre ces paroles :

« Je vais au Concile, appelé par le Pontife suprême de l'E-
» glise. J'y vais comme juge et témoin de la foi. J'y serai, je
» l'espère, avec l'aide de Notre-Seigneur, un juge libre, attentif
» et ferme, sans aucun respect humain, un témoin vigilant et
» fidèle. Et le Concile achevé, quelles qu'aient été ses décisions,
» *conformes ou contraires à mes vœux et à mes votes*, je revien-
» drai soumis à tout, sans le moindre effort ; *soumis de bou-
» che, d'esprit et de cœur*, docile comme la plus humble bre-
» bis du troupeau.

» Telle est ma foi, Messieurs, telle est la vérité. C'est pour
» elle que nous vivons, et pour elle au besoin que nous sau-
» rions mourir. »

C'est avec ces sentiments que Mgr Dupanloup partait pour le Concile, et nul n'a le droit d'en suspecter la sincérité. Il se laissera aller à plus d'une vivacité dans la lutte, à des démarches peut-être insuffisamment réfléchies, cependant il n'oubliera pas cette protestation faite au moment du départ. Après la définition surtout il s'en souviendra et la mettra à exécution.

CHAPITRE XXIV

Concile. Incidents divers qui se sont produits (1869-1870).

Parti d'Orléans le 22 novembre, Mgr Dupanloup se dirigea vers Rome à petites journées et y arriva le 5 décembre. Il établit sa résidence à la villa *Grazioli* que le duc de Grazioli mit à sa disposition avec la plus aimable obligeance.

Le 8 décembre eut lieu l'ouverture solennelle du Concile. Elle commença par la procession à laquelle assistèrent les sept cents Pères déjà réunis, prouvant aux yeux de tous la puissante vitalité et la grande unité de l'Eglise catholique au xixe siècle, malgré quelques divisions sur des points particuliers, mais qui n'allaient pas jusqu'aux fondements de la foi.

D'après le journal officiel de Rome, voici l'ordre de la procession :

« La croix pontificale, portée par le sous-diacre apostolique
» Mgr *Isoard*, auditeur de la Rote, entre deux acolytes ; les
» abbés généraux, les abbés *nullius*, les évêques, les archevê-
» ques, les primats, les patriarches latins, arméniens, bulga-
» res, chaldéens, coptes, maronites, melchites, roumains,
» ruthènes, syriens ; les cardinaux diacres, prêtres, entre au-
» tres son Em. le cardinal *De Angelis*, désigné pour la charge
» de prêtre assistant, et les cardinaux évêques ; le sénateur et
» les conservateurs de Rome, le vice-camerlingue et le prince
» assistant au trône, gardien du Concile ; son Em. le cardinal
» Borromeo, diacre pour le chant de l'Evangile, entre leurs
» EEm. les cardinaux Antonelli et Grasselini, diacres assis-
» tants ; enfin le Souverain Pontife, porté sur la *sedia ges-
» tatoria*, sous le dais et entre les *flabelli*, et suivi d'un chœur
» de chapelains-chantres, de l'auditeur et du trésorier de la
» Chambre, des généraux et vicaires généraux des ordre reli-
» gieux, et enfin des autres officiers du Concile n'ayant pas
» place dans les catégories précédentes, et des sténographes. »

Chacun prend la place qui lui est assignée dans la salle conciliaire. Le Pape célèbre la Messe solennelle du jour, et reçoit l'obédience des cardinaux et des Pères, après que l'archevêque d'Iconium, Mgr Puccher-Passavali, désigné pour cela, a prononcé le discours latin d'ouverture.

Le Pape ensuite prononce une allocution, et entonne le *Veni Creator*. Le décret d'ouverture est lu par Mgr Valenzini, et la seconde session générale est annoncée pour le 6 janvier 1870, fête de l'Epiphanie. Enfin le chant du *Te Deum* vient terminer cette première session du concile du Vatican.

Après cette première session générale eurent lieu les premières congrégations générales, dans lesquelles furent nommés à la pluralité des suffrages les membres des différentes commissions, à l'exception de celle dite *des Postulata* directement formée par Sa Sainteté.

La question de l'*infaillibilité* dominait tout. Deux *postulata* s'étaient aussitôt produits ; l'un en faveur de la définition, l'autre opposé. Plus de quatre cents évêques se prononcèrent en faveur du premier, tandis que le second n'en réunit que cent trente-sept ; et ceux qui ne formulèrent pas leur adhésion étaient en réalité partisans de la définition, mais ils auraient voulu une formule qui eût pu réunir tous les suffrages. Aussi les membres des commissions furent-ils tous choisis parmi les *définitionnistes*.

L'épiscopat français fut dignement représenté dans chaque commission : par le cardinal de Bonnechose, archevêque de Rouen, et Mgr Guibert, archevêque de Tours, dans la commission des *postulata* ; par Mgr Pie, évêque de Poitiers, et Mgr Régnier, archevêque de Cambrai, dans celle de la *foi* ; par Mgr Plantier évêque de Nîmes, Mgr Fillion, évêque du Mans, Mgr Sergent, évêque de Quimper, dans celle de la *discipline ecclésiastique* ; par Mgr Raess, évêque de Strasbourg, et par Mgr Saint-Marc, archevêque de Rennes, dans celle des *affaires des ordres religieux* ; par Mgr Lavigerie, archevêque d'Alger, et Mgr Tousseau, évêque d'Angoulême, dans celle des *rites orientaux* et des *missions apostoliques*.

Mgr Dupanloup, faisant partie de la minorité opposante, ne fut nommé d'aucune commission. Nous croyons que ce furent ses *Observations* qui lui valurent cette exclusion. Il put voir par là le tort qu'il s'était fait à lui-même dans l'appréciation des différents membres de l'épiscopat.

Mgr Dechamps cependant avait répondu aux *Observations* de Mgr Dupanloup, et l'on doit reconnaître que toutes les difficultés soulevées par l'évêque d'Orléans y étaient victorieusement réfutées. Avec une grande déférence due au talent de l'adversaire et aux services par lui rendus à l'Eglise, mais avec un calme et une fermeté dignes de la vérité, il montrait que les *Observations*, allant au delà de l'opportunité de sa définition, attaquaient insciemment la vérité, qu'elles faisaient la joie des ennemis de l'Eglise et attristaient ses véritables amis. Il expliquait en passant le terme d'*infaillibilité personnelle et séparée*, dont on a tant cherché à abuser.

L'infaillibilité est séparée en ce sens que le Pape la possède sans qu'il ait besoin de l'intervention de l'épiscopat ; mais non pas en ce sens qu'il puisse enseigner une doctrine contraire à celle des évêques ; car alors il y aurait rupture entre la tête et les membres, et la constitution de l'Eglise serait détruite, ce que nul catholique ne saurait admettre. Elle est *personnelle*, c'est-à-dire qu'elle réside dans la personne du Pape ; mais ce n'est pas précisément à la personne qu'elle est attachée, autrement le Pape serait infaillible en tout et toujours. C'est à la dignité de chef et de docteur universel de l'Eglise qu'elle appartient, et ainsi entendue elle n'a rien d'excessif, elle n'innove rien, elle a été constamment admise au sein de l'Eglise catholique.

Mgr Dupanloup lui répondit, et sa réponse ne fit que renouveler les arguments des *Observations*, tout en se plaignant à Mgr Dechamps qu'il eût déplacé le débat, et lui eût fait attaquer l'infaillibilité elle-même, tandis qu'il n'avait en vue que l'opportunité de la définition.

Il faisait d'ailleurs une éloquente protestation d'amour et de dévouement envers le Saint-Siège, et il en avait le droit après les luttes qu'il avait soutenues. Mais s'il avait été l'un des plus ardents et des plus intrépides défenseurs du pouvoir temporel, ne courait-il pas le risque d'ébranler quelque peu le pouvoir spirituel dans plus d'une conscience ? Au milieu du feu du combat il ne le voyait pas ; mais le péril n'en existait pas moins.

Il échangea encore des lettres avec Mgr Spalding, archevêque de Baltimore (Amérique), et avec Mgr Bonjean, évêque de Jafna et vicaire apostolique ; et l'on vit se terminer ces discussions publiques entre évêques, auxquelles on assistait toujours avec peine.

Le 6 janvier eut lieu la seconde session générale, ainsi qu'elle avait été annoncée. Il n'y eut pas de définitions promulguées, les travaux n'étaient pas assez avancés ; mais la cérémonie n'en revêtit pas moins un caractère des plus imposants.

Elle commença par la procession qui marcha dans le même ordre qu'à la session d'ouverture. Vint ensuite la profession de foi que le Pape prononça le premier à haute voix, debout près de son trône, la main droite sur les Saints Evangiles, au milieu d'un silence religieux et solennel, et que tous les Pères renouvelèrent, en venant un à un s'agenouiller au pied du trône sur lequel Sa Sainteté s'était assise. Cette émouvante cérémonie dura deux heures. Lorsqu'elle fut terminée, le Saint Père entonna le *Te Deum* et la session fut close.

Le 22 février, on présenta un nouveau règlement aux Pères du Concile.

Entre autres modifications il fut décidé que les décisions seraient prises à la pluralité des suffrages. Si l'on avait accepté la demande présentée par les membres de la minorité qui voulaient l'unanimité sinon absolue au moins morale, il eût suffi de quelques membres influents pour rendre impossible toute définition. Or, partout où se trouve l'humanité, il faut s'attendre à voir se manifester quelques-unes de ses faiblesses; et une assemblée de sept cents évêques ne saurait en être absolument exempte.

Mais l'incident qui passionna le plus les débats, fut l'introduction du *schema* sur l'Eglise. Il était divisé en trois chapitres qui devaient traiter : 1° *de l'Eglise*, 2° *du Pape*, 3° *des rapports de l'Eglise et de l'état*.

Une indiscrétion le livra à la *Gazette d'Augsbourg*.

On s'est demandé qui fut coupable de cette indiscrétion. Venait-elle de la minorité ou de la majorité? Y avait-il en acte réfléchi et volontaire, ou simplement inadvertance ou imprudence? Toutes questions auxquelles il est impossible de répondre.

Les tendances de la *Gazette* étaient en conformité avec celles des *antidéfinitionnistes*. On serait donc plus porté à croire que l'indiscrétion vient de l'un d'eux; mais on n'a aucun fait qui permette de l'affirmer positivement. A plus forte raison ne peut-on désigner aucun nom propre sur lequel doive peser une pareille responsabilité. C'est ici surtout que les insinuations doivent être absolument mises de côté; et, jusqu'à preuve du contraire, il faut croire à une surprise plutôt qu'à une communication voulue et réfléchie.

Quoi qu'il en soit, la publication de ce *schema* eut de fâcheux résultats et amena des incidents diplomatiques.

Le gouvernement impérial, cédant aux théories libérales,

venait de faire une évolution qui l'avait mis en plein dans le régime parlementaire. En place de M. Rouher, le ministre autoritaire, on avait M. Emile Ollivier, le ministre libéral et parlementaire, à nuances presque républicaines. Longtemps dans l'opposition, il s'était tout récemment rallié au régime de l'empire libéral, et le 2 janvier il fut chargé de composer un ministère dont il devint le chef avec le portefeuille de ministre de la justice et des cultes.

Caractère loyal, orateur élégant et facile, il était pour la non intervention du pouvoir dans les affaires du Concile. Il l'a souvent déclaré, et nul l'a le droit de suspecter la sincérité de ses déclarations. Mais lui-même est-il bien assuré que les événements n'aient exercé aucune influence sur ses appréciations; que si les catastrophes qui sont venues fondre sur la France n'avaient pas eu lieu, et qu'il fût resté au pouvoir avec un temps de paix et de prospérité ou surtout après une guerre victorieuse, il eût agi comme il l'annonce dans son livre *L'Eglise et l'Etat au concile du Vatican*?

Lorsque fut publié le *schema* sur l'Eglise, le gouvernement qu'il représentait s'émut. Le comte Daru, ministre des affaires étrangères, dans une dépêche du 20 février envoyée à Rome, manifestait la crainte que le Concile, par de pareilles questions, ne sortît du domaine purement spirituel; et en conséquence il demandait, en vertu du concordat, que les projets de la vénérable assemblée fussent communiqués au gouvernement. Par sa réponse du 19 mars, le cardinal Antonelli dissipa les craintes du ministre français sur les empiétements possibles du Concile, et lui montra que le concordat n'autorisait en rien le gouvernement français à exiger comme un droit l'intervention dans les questions à traiter. Le ministre n'en envoya pas moins son *memorandum* du 6 avril qui n'était qu'une reproduction de la dépêche du 20 février. Mais la politique de non intervention représentée par M. Emile Ollivier finit par l'emporter, et M. le comte Daru sortit du ministère.

On a voulu voir l'action de Mgr Dupanloup dans les démarches de M. Daru. Cependant, s'il est un fait avéré, c'est que M. Daru, durant son passage aux affaires, n'eut aucune relation directe avec l'évêque d'Orléans. Dès lors l'action de Mgr

Dupanloup rentrerait dans le domaine occulte, et ne peut plus être prouvée.

D'ailleurs le *schema* sur l'Eglise ne fut pas maintenu dans les termes qu'il avait revêtus lors de son apparition dans la *Gazette d'Augsbourg*. Le 9 mars, répondant aux désirs et aux demandes de la majorité des Pères du Concile, le Pape y introduisit, par un article additionnel, la question de l'*infaillibilité*; et bientôt cet article additionnel devint l'objet essentiel des délibérations du Concile.

Cependant les Pères continuèrent à s'occuper de la discussion du *Schema de fide*; et le 24 avril, dimanche de *Quasimodo*, eut lieu la troisième session générale dans laquelle cette question, après avoir été soumise aux études les plus longues et les plus minutieuses, fut exposée dans la constitution *Dei Filius*, et votée définitivement et à l'unanimité. Elle se divise en quatre chapitres qui traitent successivement: *de Dieu Créateur de toutes choses, de la Révélation, de la Foi, de la Foi et de la Raison*.

Le 23 avril, une nouvelle pétition fut adressée au Souverain Pontife, le priant d'ordonner que le *Schema* de l'infaillibilité, détaché du *Schema* primitif de l'Eglise, revu, amendé et refait par la commission *de la foi*, fût sans retard soumis aux votes des Pères. Cette mesure mettrait un terme à des discussions très vives, à des dissensions toujours regrettables; elle ramènerait l'unité et le calme au sein de l'épiscopat et de l'Eglise. Faisant droit à la demande, le Pape présenta le nouveau *Schema* aux délibérations des Pères, le 10 mai.

Au lieu de former le XIe et le XIIe chapitre du *Schema de l'Eglise*, comme dans le projet primitif, il formait un *Schema* à part, avec le titre de *Première constitution dogmatique sur l'Eglise de Jésus-Christ*.

La demande des évêques qui avaient prié le Pape de soumettre au plus tôt la question de l'*infaillibilité* au vote du Concile, était motivée sur les discussions qui s'étendaient chaque jour de plus en plus. Le P. Gratry, esprit métaphysicien mais peu pratique, exposé aux illusions, mieux fait pour le développement d'une thèse théorique que pour une polémique de précision et d'érudition, avait voulu se mêler à la lutte, et il avait publié un certain nombre de lettres sous ce titre : *Monseigneur d'Orléans et Monseigneur de Malines*.

Comme on devait s'y attendre, il prit parti pour Mgr Dupanloup, et il réédita les vieilles attaques contre la doctrine de l'infaillibilité. Mgr Déchamps et Dom Guéranger n'eurent pas de peine à le réfuter. Mgr Raefs, évêque de Strasbourg, dans le diocèse duquel le P. Gratry était né, le condamna, et plusieurs évêques souscrivirent à la condamnation.

Le P. Gratry ne fit pas difficulté de reconnaître ses erreurs, et après la définition il écrivait : « Tout ce que sur ce sujet, » avant la décision, j'ai pu écrire de contraire aux décrets, je » l'efface. »

Ces luttes, qui avaient paru à la majorité du Concile un puissant motif de hâter la discussion de l'infaillibilité, parurent au contraire à Mgr Dupanloup une raison pour la retirer de la discussion, et il écrivit au Saint Père une longue lettre pour lui exposer sa manière de voir. Son opinion ne prévalut pas, et le *Schema* de l'infaillibilité fut présenté le 10 mai.

Dans la séance du 29 avril le cardinal de Angelis avait déjà annoncé au Concile cette décision du Souverain Pontife.

Commencée le 13 mai, la discussion générale sur l'ensemble du projet fut close le 3 juin. Mgr Dupanloup s'y fit entendre, pour prendre la défense de l'ancien clergé de France contre des accusations qu'avait portées Mgr Valerga, patriarche de Jérusalem et que Mgr Dupanloup jugeait imméritées. On aborda ensuite la discussion de chaque partie ; et celle-ci, commencée le 6 juin fut close le 4 juillet.

Enfin, dans la congrégation générale du 13 juillet, la quatre-vingt-cinquième du Concile, on procéda au vote sur l'ensemble du *Schema*. Sur 601 votants, on compta quatre cent cinquante et un *placet*, quatre-vingt-huit *non placet*, soixante-deux *placet juxta modum*.

Le lendemain les évêques de la minorité, sur la proposition de Mgr Dupanloup, résolurent de présenter directement au Pape une formule à laquelle on ajouterait : *nixus testimonio Ecclesiarum*, et qui rallierait l'unanimité des suffrages. Six d'entre eux, le cardinal Schwarzemberg, archevêque de Prague, le primat de Hongrie, les archevêques de Munich et de

Paris, les évêques de Dijon et de Mayence, furent chargés de la présenter. Le Pape la renvoya au Concile. Dans la congrégation générale du 16 juillet eut lieu le vote final sur la rédaction définitive; et au lieu d'ajouter : *nixus testimonio Ecclesiarum*, on avait mis : *non autem ex consensu Ecclesiæ*.

Le lendemain, 17 juillet, cinquante-quatre évêques qui avaient voté *non placet*, après en avoir délibéré ensemble, décidèrent de ne pas assister à la session générale qui devait avoir lieu le jour suivant, par respect pour le Saint Père, afin de ne pas renouveler en sa présence leurs votes négatifs. En conséquence, ils résolurent de quitter Rome dans la soirée du 17, après avoir envoyé au Souverain Pontife la lettre collective suivante pour expliquer leur départ.

« Très saint Père;

» Dans la congrégation générale tenue le 13 de ce mois, nous » avons voté sur le *Schema* de la première constitution dogmati- » que de l'Eglise de Jésus-Christ.

» Votre Sainteté sait que quatre-vingt-huit Pères obéissant à » la voix de leur conscience et à leur amour pour la sainte Église, » ont voté *Non placet*, que soixante-deux ont voté *placet juxta* » *modum*; enfin que soixante-dix n'on pas paru à la congrégation » et se sont abstenus d'exprimer leurs suffrages. A ceux-ci il con- » vient d'ajouter ceux qui par suite d'infirmités ou pour d'autres » graves raisons, étaient déjà de retour dans leurs diocèses.

» C'est dans ces conditions que nos suffrages ont été exprimés » aux yeux de Votre Sainteté et du monde entier. On a vu claire- » ment combien sont nombreux les évêques qui partagent notre » sentiment, et ainsi nous avons satisfait à notre devoir et à notre » conscience.

» Depuis lors il n'est rien survenu qui ait pu modifier notre » sentiment, au contraire, certains incidents très graves n'ont » fait que nous confirmer dans notre première disposition. Voilà » pourquoi nous déclarons renouveler et confirmer les votes déjà » émis par nous.

» Confirmant donc nos votes par la présente déclaration, nous » avons décidé de nous abstenir de paraître à la session publique » qui doit avoir lieu le dix-huit de ce mois. Car la piété filiale et » le respect qui ont amené hier notre députation aux pieds de Vo- » tre Sainteté, ne nous permettent pas, dans une question qui

» touche d'aussi près la personne de Votre Sainteté, de dire publi-
» quement et à la face de notre Père : *non placet*. D'ailleurs les
» votes que nous émettrions à la session générale ne feraient que
» répéter les votes déjà donnés dans la congrégation générale.

» Nous retournons donc sans plus de retard vers nos troupeaux,
» auxquels, après une si longue absence, au milieu des bruits de
» guerre et dans les nécessités pressantes de leurs âmes, nous
» sommes grandement nécessaires, désolés que dans les tristes
» conjonctures que nous traversons, nous allons trouver les cons-
» ciences troublées dans leur paix et leur tranquillité.

» Cependant nous recommandons de tout notre cœur l'Eglise
» de Dieu et Votre Sainteté, à laquelle nous professons une fidé-
» lité et une obéissance inaltérable, à la grâce et à la protection
» de Notre-Seigneur Jésus-Christ; et avec ceux qui sont absents
» et auraient voté comme nous, nous sommes,

» De Votre Sainteté,

» Les très dévoués et très obéissants fils. »

Le 18 juillet eut lieu la quatrième session générale, et la
première constitution dogmatique sur l'Eglise de Jésus-Christ
fut définitivement votée et promulguée. Sur cinq cent trente-
cinq votants, il y eut cinq cent trente-trois *placet* et deux *non*
placet. C'était bien l'unanimité morale.

Cette *première constitution* comprend quatre chapitres :
1º *De l'institution de la primauté apostolique dans la personne
du bienheureux Pierre ; — 2º De la perpétuité de la primauté
de Pierre dans les pontifes romains ; — 3º De la nature et du
caractère de la primauté du pontife romain ; — 4º Du magistère infaillible du Souverain Pontife.*

Cette définition et promulgation fut accueillie par les acclamations et les applaudissements unanimes des Pères du Concile ; la foule qui remplissait la vaste enceinte de la basilique
y répondit avec le même enthousiasme.

Dans la congrégation générale du 16 juillet, Mgr Fessler,
secrétaire du Concile, avait fait connaître aux membres de la
vénérable assemblée une constitution du Saint Père qui permettait aux évêques de quitter Rome aussitôt après la session
générale du 18, les invitant à revenir à la Saint-Martin, pour
la reprise des travaux du Concile.

La guerre venait d'éclater entre la France et l'Allemagne. Les événements qui suivirent ne tardèrent pas à montrer combien avait été utile, et par conséquent opportune, l'œuvre accomplie par le Concile.

Le gouvernement italien, profitant des désastres inouïs qui écrasaient la France, s'empara de Rome, et par la convention du 20 septembre ne laissa au Pape que le palais et les jardins du Vatican. Ainsi dépouillé de son pouvoir temporel, combien plus le chef de l'Eglise avait-il besoin de voir son autorité spirituelle plus forte, et la définition du dogme de l'infaillibilité ne pouvait que lui apporter les plus précieux avantages dans les éventualités qui allaient se produire. Il ne fut pas possible de reprendre les travaux du Concile à la fête de Saint-Martin. Le 20 octobre, par la bulle *Postquam Dei munere*, le Pape le suspendit pour un temps indéterminé, et les troubles de la société n'ont pas encore permis de le réunir de nouveau.

Les évêques qui s'étaient montrés opposés à la définition se soumirent ensuite avec une religieuse docilité. Durant le Concile ils avaient le droit et le devoir d'exposer et de soutenir leur opinion.

Jamais dans les annales de l'Eglise on n'a vu plus beau spectacle que celui qui suivit le Concile du Vatican. Pas un seul évêque opposant ne voulut persister dans sa manière de voir. L'Allemagne n'eut qu'à déplorer le schisme de Dœllinger ; et en France il n'y eut aucun récalcitrant parmi les personnages en vue.

Mgr Dupanloup, de retour dans son diocèse, adressa aussitôt une lettre à son clergé au sujet de la guerre, et il leur dit en parlant du Concile :

« Séparé de vous depuis huit mois, et mêlé à d'immenses
» travaux, j'aurai bientôt le devoir de vous en entretenir,
» lorsque le moment du recueillement sera venu.... Ces graves
» discussions ne ressemblent guère aux luttes de la terre, parce
» qu'elles ne se terminent pas par des triomphes personnels,
» mais *par la victoire de la foi et de Dieu seul dans sa volonté*
» *sainte.* »

Ces paroles nous semblent claires. Un évêque qui aurait nourri quelque arrière-pensée se serait gardé de tenir un pareil langage. L'attitude prise par le *Français* et par les *Annales religieuses du diocèse d'Orléans*, suffit aussi pour nous édifier sur les sentiments de Mgr Dupanloup.

Le *Français* était son journal, depuis peu fondé par lui et recevant ses inspirations ; les *Annales religieuses du diocèse d'Orléans* étaient l'organe officiel de son diocèse, et certainement elles ne pouvaient que refléter ses propres sentiments. Or voici ce que nous lisons :

1° Dans le *Français* : « Voilà donc terminé, après des tra-
» vaux longs et approfondis, un débat solennel dont la place
» sera grande dans l'histoire de l'Eglise. *La décision rendue*
» *clôt toute controverse; la liberté des opinions perd ce qui ap-*
» *partient désormais au domaine de la foi.* Puissent tous les
» esprits accueillir la décision de l'Eglise *avec une soumission*
» *aussi complète, aussi sincère et aussi filiale que la nôtre.* »

2° Dans les *Annales* : « A l'heure où j'écris ces lignes, le
» dogme de l'infaillibilité du Souverain Pontife est proclamé
» par le Concile œcuménique du Vatican. Un *Credo*, sorti de
» toutes les poitrines catholiques, va répondre à la voix des
» pasteurs proclamant ce dogme.

» Maintenant que l'Esprit-Saint a fait son œuvre, que la
» voix de Dieu, par la bouche de l'Eglise réunie en Concile,
» s'est fait entendre, que tous les enfants de cette Epouse du
» Christ s'embrassent dans une immense étreinte, qu'il n'y ait
» plus qu'un seul pasteur et qu'un seul troupeau ! Qu'un seul
» désir fasse battre tous les cœurs catholiques : étendre sur la
» terre le règne de Dieu et de son Eglise. »

Dans une lettre qui ne porte pas de date, mais qui fut envoyée de Bordeaux, c'est-à-dire immédiatement après la con-
clusion de la paix, Mgr Dupanloup exprima formellement sa
soumission au Saint Père lui-même :

« Je n'ai écrit et parlé que contre l'opportunité de la défi-
» nition. Quant à la doctrine..... j'y adhère de nouveau sans
» difficulté ; trop heureux si je puis par cette adhésion offrir à
» Votre Sainteté quelques consolations au milieu de ses amères
» tristesses. »

Enfin, le 29 juin 1872, il publia une lettre pastorale dans
laquelle, après avoir renouvelé son adhésion la plus formelle,

il donnait communication à son clergé des décrets du Concile du Vatican renfermés dans les constitutions du 24 avril et du 18 juillet 1870.

« Parmi les angoisses de la guerre et de l'occupation prussienne, dit-il, en ce moment même où je me trouvais renfermé dans les murs d'Orléans sans aucune communication régulière avec le dehors, pas même avec les curés de mon diocèse, je cherchais un soulagement à tant de cruelles douleurs, en travaillant au mandement avec lequel je me proposais de promulguer les constitutions du 25 avril et du 18 juillet. — Ce mandement est devenu un ouvrage, que je publierai ultérieurement, lorsque les grands travaux de l'heure présente m'auront permis d'y mettre la dernière main, et dès le mois de février 1871, au lendemain même de notre délivrance, dans ma lettre d'adhésion adressée de Bordeaux au Souverain Pontife, je rappelais à Sa Sainteté, que, si j'avais écrit et parlé contre l'opportunité de la définition, « quant à la doctrine, je l'avais toujours professée, non seulement dans mon cœur, mais dans des écrits publics dont le Saint-Père avait bien voulu me féliciter par les brefs les plus affectueux; » et je lui disais « que j'y adhérais de nouveau, trop heureux si, par cette adhésion, je pouvais offrir à Sa Sainteté quelque consolation au milieu de ses amères tristesses. »

» Tous d'ailleurs ici, Messieurs, continue-t-il s'adressant à son clergé, vous connaissiez le fond de mon âme ; car, à la veille de mon départ pour Rome, en vous faisant mes adieux, je vous disais avec quelle « soumission de bouche, d'esprit et de cœur, nous devions tous recevoir les décisions qui seraient prises. » Et dès mon retour, en vous parlant des controverses passées, je vous écrivais : « Les luttes de l'Eglise ne sont pas comme celles de la terre, elles ne se terminent point par des triomphes personnels, mais par la victoire de la foi et de Dieu seul, dans sa volonté sainte. » Je réponds donc aujourd'hui à vos vœux comme aux miens, en publiant les deux constitutions dogmatiques : *Dei filius, et Pater æternus*, sans craindre ni les ombrages vainement suscités, auxquels le bon sens des vrais hommes d'Etat sait résister, ni les clameurs des ennemis de l'Église et du Saint-Siège. »

Parmi les préoccupations et les tristesses qui vinrent assaillir Mgr Dupanloup durant les travaux du Concile, une des plus poignantes fut sans contredit la mort de son vieil et fidèle ami, le compagnon de ses luttes, le confident de ses joies et de ses peines, M. de Montalembert. Malgré les cruelles infirmités qui le faisaient souffrir depuis longtemps, la mort vint l'enlever inopinément à l'affection des siens et aux espérances des catholiques.

Le dimanche, 13 mars, une crise s'était soudainement déclarée vers les huit heures du matin, et une demi-heure après il avait cessé d'exister. La triste nouvelle fut aussitôt apportée par le télégraphe à Mgr Dupanloup dans sa résidence de la villa *Grazioli*, et sa douleur fut immense. Un service funèbre fut célébré à Rome par ordre du Souverain Pontife, en souvenir des grands services rendus à la cause religieuse par ce loyal et vaillant catholique.

On a voulu élever des doutes sur la soumission de M. de Montalembert envers l'Église à ses derniers moments. Nous ne les croyons nullement justifiés.

Il avait pris parti pour le P. Gratry, et l'on cite de lui des lettres qui renferment des expressions regrettables. Mais il faut se souvenir de la nature ardente de M. de Montalembert, ne pas oublier qu'il écrivait presque toujours sous la vivacité de la première impression, et par conséquent ne pas donner à ses expressions une portée qu'en réalité elles ne sauraient avoir. Quant à la sincérité de ses sentiments catholiques, toute sa vie dépose en leur faveur ; et, n'aurait-on pas d'autres preuves, celle-là nous paraît largement suffisante pour nous faire admettre une complète soumission. Le champion intraitable des libertés religieuses, l'auteur si convaincu de l'*Histoire des moines d'Occident* ne pouvait mourir en incrédule ; il avait trop bien mérité de la foi pour que Dieu l'abandonnât au moment suprême.

Mais nous ne sommes pas réduits à ces seules conjectures, quelque consolantes d'ailleurs qu'elles paraissent.

S'il avait librement et sans réticence exprimé son opinion durant la discussion, c'est qu'il se croyait encore libre de dire son avis ; mais il n'avait jamais mis en question l'obligation pour lui de se soumettre à ce qui serait décidé par le Concile. — « Que ferez-vous, lui avait demandé M. Émile Ollivier, la veille même de sa mort, si la définition a lieu ? — Eh bien ! » je dirai : Je crois ; et tout simplement je me soumettrai. »

— « Oh ! vous vous soumettrez extérieurement ; mais comment parviendrez-vous à arranger cette soumission avec vos convictions ? »

De Montalembert repartit avec vivacité :

— « Je n'arrangerai rien du tout. Je soumettrai ma volonté comme on la soumet en matière de foi. Le bon Dieu ne me demandera pas de combiner quoi que ce soit ; il me demandera de soumettre mon intelligence et ma volonté, je les soumettrai. »

Les dernières paroles de ce grand catholique furent : Pardon, mon Dieu ! Pardon, mon Dieu !!! Et il put recevoir dans sa connaissance les derniers sacrements de l'Eglise, comme en fait foi une lettre de madame de Montalembert à Mgr Dupanloup.

Nous aimons à rappeler ces détails, parce qu'ils sont de nature à rassurer sur les derniers instants de cette existence dévouée et chevaleresque que tout catholique ne peut s'empêcher d'aimer.

CHAPITRE XXV

Mgr Dupanloup durant la guerre (1870-1871).

Le 19 juillet, le lendemain de la proclamation de l'infaillibilité par le Concile du Vatican, la guerre fut officiellement déclarée par l'empereur des Français au roi de Prusse qui avait pour alliés les différents états tant de l'Allemagne du Sud que de l'Allemagne du Nord. Lors donc que Mgr Dupanloup arriva à Orléans, le 24 juillet au soir, il trouva tous les esprits surexcités par les idées de guerre. Le lendemain il assistait à la distribution des prix de son petit séminaire de la Chapelle.

Le ministre de la guerre avait envoyé une circulaire aux évêques pour leur demander de prier et de faire prier pour le succès de nos armes. Il la reçut le 26 juillet. Ce lui fut l'occasion d'une magnifique lettre pastorale.

On aimait enfin à le voir sorti de ces luttes où il laissa une part de son prestige, et reprendre le rôle qui lui allait si bien d'exciter dans les cœurs la flamme de la religion et du patriotisme.

Il se dépense avec toute l'activité de son âme à seconder le comité institué à Orléans en vue de venir au secours des victimes de la guerre. Ses exhortations et ses appels font affluer les offrandes. Il ouvre lui-même sa bourse avec une générosité qui est de nature à solliciter tous les cœurs patriotes.

Lorsque des revers inouïs sont venus fondre sur nos armées anéanties et faites prisonnières, et que le sol de la France est foulé sous l'invasion, il écrit une *Lettre à un homme politique*. Elle se répand aussitôt dans toute la France, et son accent ému, plein de patriotisme et d'espérance chrétienne va relever bien des courages défaillants.

« La patrie, on ne sent combien on l'aime que dans des » jours comme ceux-ci... On l'a dit, et c'est vrai, la patrie est » une mère. Aimons plus que jamais notre mère en deuil.

» Dieu partage les temps entre sa justice et sa miséricorde. » C'est maintenant le jour de la justice et de l'expiation. Ac- » ceptons-les avec une humble résignation... Nous nous relè- » verons. Mais il faut le dire, et savoir nous éclairer à la » sanglante lueur de nos désastres, nous nous relèverons à » deux conditions : lesquelles? Celles qui ont relevé tous les » peuples libres, la vérité et la vertu. Laissons les politiques » vulgaires signaler les causes prochaines de nos malheurs, et » déchirer les voiles qu'il ne m'appartient pas de soulever. » Nous, creusons plus profondément, là où est le germe du » mal, et où il faudra porter le remède. »

Dans la même lettre il faisait entendre un cri de douleur arraché par l'indigne attentat de l'Italie qui avait profité de nos revers pour s'emparer de Rome. Ici encore il s'attachait à l'espérance avec cette sublime obstination que la religion et la foi savent donner.

Mais Orléans va bientôt devenir le théâtre de graves et douloureux événements. L'évêque saura toujours se montrer à la hauteur des circonstances, et grandir à mesure que ses devoirs s'étendront.

L'Église de Saint-Pierre-du-Martroi, qui n'appartient pas au culte paroissial, est abandonnée pour recevoir un bataillon de mobiles que l'on ne sait où loger; le grand séminaire est livré à la disposition de l'autorité militaire ; les anciennes cuisines de l'évêché voient les fourneaux économiques fonctionner pour nos soldats. Partout l'évêque multiplie les appels : auprès des fidèles, pour se procurer les ressources dont on a besoin dans ce grand désastre; auprès des prêtres, afin de pourvoir aux intérêts spirituels de ces infortunés qui vont mourir pour la défense de la patrie.

Orléans cependant tombe au pouvoir de l'ennemi ; Orléans, dont Attila ne put s'emparer et que Jeanne d'Arc plus tard sauva des attaques des Anglais. Au milieu de la ruine universelle l'évêque est debout, calme, intrépide, inébranlable. Il est le véritable défenseur de la cité, *defensor civitatis*, dont toutes les autorités sont réduites à l'impuissance.

La ville doit payer aux vainqueurs la contribution énorme d'un million, et fournir chaque jour à des réquisitions pour l'entretien de l'armée ennemie. Elle va succomber sous le poids de charges qui sont en complète disproportion avec ses ressources. Mgr Dupanloup se rend auprès du baron de Tann, général commandant les troupes qui sont installées à Orléans; il écrit au roi Guillaume, établi à Versailles, et ses démarches multipliées sont loin de rester infructueuses.

Cinquante habitants du village de Saint Sigismond et onze de celui des Aydes, près Orléans, allaient être passés par les armes, parce que de ces deux localités des coups de fusil avaient été tirés sur les soldats allemands. Il obtint leur grâce. Le baron de Tann lui avait promis de ne faire procéder à aucune exécution militaire contre les habitants avant de l'avoir prévenu. Cette mesure, fidèlement observée, sauva la vie à plusieurs malheureux.

Il intervint avec la même énergie, lorsqu'il fut question de diriger vers l'Allemagne les blessés français en convalescence, que l'on voulait considérer comme de véritables prisonniers de guerre. Il en appela à la *Convention de Genève*, et il obtint que ces infortunés se retireraient dans leurs familles, avec l'obligation, pour ceux qui se trouvaient en état de porter les armes, de ne pas servir contre l'Allemagne durant le cours de la guerre actuelle.

Cependant une lueur d'espérance vint éclairer un instant le ciel si sombre des destinées de la France. Le 9 du mois de novembre, la bataille de Coulmiers, gagnée par le général d'Aurelle de Paladines, força l'ennemi à la retraite. Orléans fut évacué, et de nouveau put voir dans son enceinte les soldats de la France. Avec quelle joie le vaillant évêque entonna le *Te Deum* dans sa cathédrale, et comme il fut ému en y voyant assister le brave d'Aurelle qui avait enfin gagné à nos drapeaux un sourire de la victoire!

La fête de Saint-Aignan était proche. Mgr Dupanloup profita de l'occasion pour écrire une nouvelle lettre pastorale, brûlante d'ardeur patriotique. Une allusion à la dureté des vainqueurs, le récit de la levée du siège par les Huns, tiré de saint Grégoire de Tours, eurent le don d'irriter particulièrement les Allemands; ils ne tardèrent pas à lui faire ressentir leur mécontentement.

La victoire ne resta pas longtemps fidèle à nos armes. La capitulation de Metz permit à l'armée du prince Frédéric-Charles de venir renforcer celle de la Loire. La défaite de Patay, où le courage héroïque des volontaires de Charette sauva l'armée d'un désastre, suivie de celles plus lamentables de Chilleurs, d'Artenay et de Chevilly, firent retomber Orléans aux mains des ennemis, le 5 décembre. L'occupation cette fois fut plus dure, et Mgr Dupanloup devint l'objet de rigueurs exceptionnelles.

Deux sentinelles furent placées à la porte de son cabinet de travail; son évêché fut occupé militairement; l'état-major qui s'y était d'abord établi, fut remplacé par un nombreux corps de médecins militaires et d'infirmiers; on y installa une ambulance pour deux cent cinquante blessés allemands, et l'on aurait voulu en chasser cinquante blessés français qui y avaient été recueillis. Mais l'évêque à cette prétention se dressa en face du vainqueur avec cette indomptable énergie que donne le patriotisme soutenu par la foi, il se multiplia pour le soulagement de tant d'infortunes qui s'accumulaient tous les jours.

Il tint au prince Charles ce noble et courageux langage :

« Il est dans notre situation de vaincus des nécessités auxquelles je saurai toujours me ployer, j'en ai déjà donné la preuve; mais ce que vous me demandez est contraire à toutes les lois de l'honneur et de l'humanité et je n'y souscrirai jamais. Vous pouvez déloger nos blessés pour y installer les vôtres, mais je vous le déclare, je quitterai la ville un bâton à la main, en disant bien haut à l'Europe que vous avez rendu mon ministère impossible et l'Europe entendra ma voix. »

Le prince Charles fut vaincu par la vibrante éloquence de l'évêque d'Orléans.

Il avait profité des quelques instants de liberté dont avait joui sa ville épiscopale pour multiplier les appels, et des offrandes lui étaient venues de toute part.

Les Irlandais se souvinrent qu'il les avait assistés au temps où la famine les éprouvait, et de cette contrée si dévouée à la France il lui parvint plus de deux cent mille francs. Le cardinal de Bonnechose, archevêque de Rouen, n'oublia pas non plus la générosité avec laquelle l'évêque d'Orléans était intervenu dans la crise cotonnière qui sévit si durement sur les ouvriers rouennais, lors de la guerre d'Amérique. Il lui adressa une offrande personnelle de dix mille francs.

C'est aussi durant cet intervalle de répit qu'il reçut la visite du prince de Joinville, qui venait s'offrir comme simple volontaire aux autorités, pour aider à défendre le territoire de la patrie.

On sait que la délégation de Tours, faisant passer les intérêts de la république avant ceux de la France, ne voulut jamais consentir à ce que le prince restât au milieu des soldats et pût prendre part aux combats livrés pour la patrie. Cette généreuse résolution fournit néanmoins à Mgr Dupanloup l'occasion de revoir le prince qu'il avait connu en des temps différents, lorsqu'il lui donnait des leçons de catéchisme pour le préparer à sa première communion.

« Me reconnaissez-vous? lui dit-il en se présentant; vous
» m'avez fait faire ma première communion. — Ah! c'est
» vous, Monseigneur! répondit l'évêque qui l'avait aussitôt
» reconnu. » Ils se revirent plus d'une fois, et lorsque le fils

de Louis-Philippe dut quitter Orléans, il voulut contenter son patriotisme en remettant une forte somme pour aider au soulagement de nos pauvres blessés.

Cependant tous ces soins n'empêchaient pas l'infatigable prélat de porter son attention plus loin. Des journaux allemands avaient osé publier qu'à Orléans on avait exercé des atrocités sans nom sur les blessés qui se trouvaient dans les ambulances, que les prêtres avaient prêché le massacre des soldats prussiens, que des poisons avaient été mêlés aux remèdes. Il envoya immédiatement une lettre indignée à ces journaux, faisant appel aux aveux mêmes des soldats qui avaient été soignés dans les ambulances orléanaises.

CHAPITRE XXVI

Mgr Dupanloup à l'Assemblée Nationale (1871-1875).

A la nouvelle de la capitulation de Paris les soldats prussiens voulurent illuminer l'évêché. Son patriotisme ne put le supporter, et ses réclamations obtinrent gain de cause.

Tant de dévouement, une conduite si ferme et si courageuse avaient ému la population du Loiret. Pour lui prouver leur reconnaissance, ses diocésains le nommèrent membre de l'*Assemblée nationale* que les élections du 8 février 1871 investirent du mandat de relever la France de l'abîme de malheurs dans lequel elle venait d'être plongée.

Mgr Dupanloup va donc nous apparaître sous un nouveau jour ; nous allons le voir homme politique, membre d'une assemblée qui avait dans ses mains les intérêts les plus graves sur lesquels jamais assemblée politique ait eu à se prononcer.

La guerre était à peine suspendue ; et il fallait songer à traiter de la paix avec un vainqueur impitoyable, auquel nous n'avions plus aucune armée à opposer, à la merci duquel par conséquent nous étions complètement livrés. Il fallait reconstituer la société tout entière, car tout s'était effondré dans une destruction universelle. Armée, finances, gouvernement, administration, tout avait disparu; et il fallait tout refaire.

Élue sous l'impression et à la lueur irrésistible des malheurs publics, la nouvelle assemblée était composée de membres qui voulaient sincèrement le relèvement de la France, et dont la très grande majorité était décidée à le procurer par une restauration monarchique. Malheureusement la plupart des députés, animés des meilleures intentions, n'avaient aucune expérience politique, et il leur manqua un homme qui sût les grouper, les unir et les diriger.

M. Thiers apparut d'abord avec un prestige extraordinaire. Ses voyages aux différentes cours de l'Europe pour les intéresser au sort de la France lui avaient conquis la reconnaissance de tous, et son élection dans vingt-six départements le désigna naturellement aux suffrages de l'Assemblée comme chef du pouvoir exécutif. Il avait certainement une autorité suffisante sur la nouvelle assemblée pour la décider à faire venir le roi que toute la nation alors aurait acclamé.

Il ne sut pas s'élever à la hauteur de ce rôle qui l'eût placé cependant au premier rang parmi les plus illustres patriotes. Il préféra garder pour lui la gloire de restaurateur de la fortune de la France. Mais comme il était loin de ce prestige qui aurait entouré l'héritier et le descendant de nos rois! Comme ses réclamations avaient moins d'autorité auprès du vainqueur! Aussi la paix ne fut-elle signée qu'au prix des plus cruelles concessions. Il fallut céder l'Alsace et une grande partie de la Lorraine, et payer une indemnité de *cinq milliards*.

Nous nous éloignions de cette rive du Rhin, vers laquelle s'étaient graduellement avancés nos *Pères* depuis l'avénement de Hugues Capet, et que Louis XIV était enfin parvenu à atteindre.

Si le roi avait été là pour traiter, le vainqueur eût été obligé à plus de générosité, et il nous aurait moins cruellement exploités. M. Thiers ne se fera pas pardonner dans l'histoire le fol orgueil qui nous a coûté si cher.

Mgr Dupanloup désirait par dessus tout la fusion des princes de la maison royale de France. C'était le meilleur moyen d'obtenir à l'assemblée une majorité compacte et résolue en faveur d'une restauration monarchique. Car enfin, il est bon de ne pas se le dissimuler, la grande majorité de l'assemblée nationale était monarchique; mais elle était hésitante, et c'est de ces hésitations que se servit M. Thiers pour se rendre néces-saire et se maintenir au pouvoir. Cependant rien n'eût été plus propre à faire cesser les lenteurs et les tergiversations que le spectacle des princes français unis et se présentant en-semble pour ramener enfin la patrie au repos que pouvait seul lui assurer en ce moment le retour de la monarchie tradi-tionnelle.

Mgr Dupanloup en écrivit au prince de Joinville dès le mois de février, c'est-à-dire aux premiers jours de l'assemblée, et dans sa lettre il faisait entendre le langage le plus élevé et le plus patriotique :

« En me communiquant, avec une confiance qui me touche,
» vos pensées sur la situation présente, vous demandez, Mon-
» seigneur, si le gouvernement prendra — *de grandes et gé-*
» *néreuses initiatives.* — Permettez-moi de vous dire que les
» grandes et généreuses initiatives, aujourd'hui, c'est à vous
» à les prendre.

» A mes yeux, vous avez entre les mains le salut et l'avenir
» possible de la France ; vous pouvez, je n'hésite pas à le dire,
» la perdre ou la sauver ; parce que nul plus que vous ne
» peut contribuer à donner au grand parti conservateur, qui
» est le dernier espoir de la France, l'union qui seule peut
» rallier toutes ses forces...

» En perpétuant la désunion, vous placeriez la France dans
» l'impossibilité morale de recourir au remède. Je vous en
» conjure, Monseigneur, n'encourez pas cette responsabilité. »

» Laissez-moi l'ajouter, Monseigneur, une présidence prin-
» cière, ce ne serait pas le port.

». Une monarchie qui laisserait la maison de Bourbon di-
» visée, perpétuerait, avec la douleur de ce triste spectacle, la
» division du grand parti conservateur, et le mal profond de
» la France. Ce ne serait pas le port.

» Mais quelle force donnerait au contraire l'union, si elle
» était faite, et si la France le savait! Unie, votre maison
» trouverait la France unanime pour l'acclamer... »

Pourquoi donc faut-il que les événements n'aient pas permis aux prévisions de Mgr Dupanloup de se réaliser? C'est notre conviction que si la fusion avait eu lieu aux premiers temps de l'Assemblée, la monarchie aurait été rétablie.

On était encore sous l'impression produite par les désastres de la guerre, et sous les frayeurs qu'inspirait toujours le gouvernement républicain. Plus tard, en 1873, on se sera laissé prendre au mirage d'une république conservatrice; des élections complémentaires préparées par les républicains seront venues renforcer considérablement l'opposition; il se sera formé des partis, créé des animosités; en un mot il se produira une foule d'obstacles mystérieux qui empêcheront la tentative de restauration de réussir, et qui n'auraient pas existé à Bordeaux.

Hélas! Dieu ne nous trouvait pas encore suffisamment éprouvés; et nous ne pûmes atteindre au port à peine entrevu.

L'*Assemblée nationale* cependant vint s'établir à Versailles, et presque aussitôt après elle eut à réprimer l'effroyable insurection de la *Commune*. Cette guerre sacrilège et fratricide, que des Français dénaturés n'eurent pas honte de faire éclater en face de l'étranger, qui se réjouissait de nos divisions si utiles à ses vues, cette guerre fournit à Mgr Dupanloup l'occasion d'une lettre pastorale, où il s'efforçait de montrer aux yeux de tous, les terribles leçons qui ressortaient de tant de malheurs, et de faire voir « comment Dieu se rappelle aux « peuples qui l'oublient. »

Hélas! ces avertissements devaient être méconnus comme tant d'autres! Et si la France, pendant quelque temps sembla vouloir revenir au Dieu dont la main ne la frappait que pour la sauver, elle eut bientôt oublié les leçons du passé; elle ne tarda pas à retourner aux sentiers de l'irréligion et de l'impiété.

Des pétitions avaient été signées par les catholiques français et envoyées à l'*Assemblée nationale*. Elles avaient pour objet d'inviter le gouvernement à protester contre l'envahissement de Rome par l'Italie, contre la situation faite au chef de l'Église catholique.

Nul ne songeait à soulever un conflit, à plus forte raison à amener une guerre. Mais ne saurait-on faire entendre une réclamation diplomatique sans amener de guerre? Les rapporteurs des commissions chargées d'examiner les pétitions ne le pensèrent pas, et ils conclurent à leur prise en considération, c'est-à-dire à leur renvoi au ministre des affaires étrangères.

Ce fut pour Mgr Dupanloup, dans la séance du 22 juillet 1871, l'occasion de paraître à la tribune pour la première fois. Du premier coup il se révéla orateur politique consommé, et obtint un véritable triomphe.

Il commença par protester contre l'effacement trop complet que l'on voulait imposer à la France à cause de ses désastres :

« Parce que la France ne veut pas faire la guerre, est-ce
» donc qu'elle ne peut rien, ni pour le Pape, ni pour personne?
» Vous seriez trop humbles si vous le croyiez...
» Le gouvernement et l'Assemblée ont remis debout la pa-
» trie ; la France, encore meurtrie, n'excite pas la crainte,
» mais elle ne demande pas la pitié. »

C'est dans ce même discours que, démontrant la nécessité de la religion au point de vue social, il fit entendre ce cri sublime :

» Ah! vous vous plaignez quelquefois que la religion vous
» menace ; non, elle vous manque! »

En prononçant ces paroles son bras s'étendit vers les membres de la gauche ; dans la véhémence de son geste son anneau pastoral s'échappa de son doigt et alla tomber au milieu des députés républicains.

Cette scène nous a été racontée par un député qui en fut le témoin. Il nous a dit en même temps l'impression profonde que produisit sur tous son accent convaincu, et la triple salve d'applaudissements qui de toute la partie droite de l'Assemblée accueillit ce cri échappé à son âme d'évêque.

Nous n'avons pas à redire les péripéties de cette mémorable séance. Disons seulement que Mgr Dupanloup parut trois fois à la tribune, et qu'il fut chaque fois supérieurement éloquent. Enfin on se décida à un ordre du jour qui renvoyait les pétitions au ministre des affaires étrangères.

M. Jules Favre, alors en possession de ce portefeuille, avait fait complimenter Victor-Emmanuel de son entrée à Rome après le 20 septembre. Il se vit contraint de donner sa démission, et sa retraite des affaires satisfit les consciences catholiques.

Les vacances que l'Assemblée nationale prit bientôt après ces débats donnèrent des loisirs au vaillant évêque. Il en profita pour faire un voyage dans ses chères montagnes de Savoie et de Suisse. Il se rendit au pèlerinage d'Einsiedeln, et visita l'évêque de Saint-Gall avec lequel il s'entretint des tristesses du temps actuel et des épreuves qui menaçaient les fidèles de l'Helvétie. De retour à Orléans il publia un petit livre sur l'observation du dimanche, et répondit à des attaques de M. Gambetta qui, après s'être tenu quelque temps prudemment à l'écart, recommençait à jouer son rôle de perturbateur, en attendant qu'il devînt le chef omnipotent du camp républicain.

Mais une nouvelle lutte attendait l'évêque d'Orléans. La candidature de M. Littré reparaissait à l'Académie française.

M. Littré n'avait en rien changé de ses opinions positivistes. Les mêmes raisons se présentaient contre son élection. Mgr Dupanloup la combattit donc de nouveau. Moins heureux qu'en 1863, il ne put l'empêcher de réussir, et M. Littré fut nommé académicien. Mais s'il n'avait pu empêcher cette nomination, il crut de sa dignité de se retirer. Dès le soir même il écrivit à M. Ch. Maury, directeur de l'Académie, ces quelques mots : « J'ai le regret de ne pouvoir plus continuer » de faire partie de l'Académie française. »

En vain les académiciens affectèrent-ils de ne pas accepter sa démission, sous prétexte qu'un *immortel* doit au moins garder son titre jusqu'à la mort. Il n'en persista pas moins dans sa résolution, et désormais on ne le vit plus assister aux séances.

Le journal des *Débats* voulut le prendre à partie et s'égayer aux dépens d'un scrupule qu'il ne comprenait pas. Ce fut pour l'évêque l'occasion d'écrire une lettre qui justifie surabondamment sa conduite, et gagne sans peine son procès devant les esprits sérieux, les seuls qu'il veuille accepter pour juges en cette délicate affaire. Ses collègues de l'Assemblée nationale comprirent et approuvèrent sa détermination. Ils le lui prouvèrent en le nommant président du quatorzième bureau, et ensuite président de la commission chargée d'examiner le projet que M. Jules Simon, ministre de l'instruction publique, venait de présenter sur les réformes à introduire dans l'enseignement primaire.

La mort de M. Cochin vint lui porter un nouveau coup dans ses affections.

M. Cochin fut un homme de bien dans toute la force du terme. On a pu contester la justesse de telle ou telle de ses appréciations; personne jamais n'a révoqué en doute la droiture de ses intentions, la bonté de son caractère, la sincérité de son dévouement pour l'Eglise et les bonnes causes. La mort vint le frapper dans la force de l'âge, il n'avait que cinquante ans; et la France fut privée d'un de ses plus nobles enfants au moment où elle avait tant besoin de toutes ses forces vives pour son relèvement.

De nouveaux débats furent soulevés au sujet des affaires de Rome.

Il avait été question d'envoyer à Rome un représentant français auprès de Victor-Emmanuel. Des pétitions furent adressées à l'Assemblée nationale pour demander que l'on s'abstînt de reconnaître ainsi implicitement l'acte qui avait dépouillé le Pape de ses états. Mais à la nouvelle que le prince Frédéric-Charles de Prusse avait promis à Victor-Emmanuel, au nom de l'Allemagne, de le soutenir en cas de conflit avec la France, M. Thiers prit les devants, et chargea M. Fournier de la mission de représenter la France au Quirinal.

La position se compliquait. Mgr Dupanloup consulta le Nonce, Mgr Chigi, sur la conduite qu'il lui conviendrait de tenir dans la séance du 22 mars 1872, où les pétitions allaient être discutées. Celui-ci lui recommanda dans une lettre de tenir compte de la gravité des circonstances, de ne pas s'exposer à un échec toujours regrettable ou à une victoire plus funeste encore qu'un échec si elle devait être remportée sur M. Thiers;

de prendre par conséquent le parti que réclamerait la prudence.

Il allait pourtant parler au moins contre l'ajournement des pétitions, lorsque M. Thiers, le devançant à la tribune, vint supplier l'Assemblée, « au nom des intérêts de la France, au » nom même des intérêts que les pétitionnaires veulent sau- » vegarder, » de prononcer le renvoi de la discussion. En présence du langage tenu par le chef du pouvoir exécutif, en présence de l'attitude de l'Assemblée elle-même, Mgr Dupanloup ne crut pas devoir insister. Il consentit à un ajournement qu'il « regrettait plus que personne, disait-il ; mais qui *lais-* » *sait intacts le droit des pétitionnaires* et les sentiments de » ceux qui, ne pouvant porter secours à d'augustes infortunes, » veulent au moins témoigner qu'ils y compatissent ; *et in-* » *tacts aussi les intérêts et les droits imprescriptibles du Saint-* » *Siège.* »

La loi militaire vint en discussion dans le courant du mois de mai 1872, et lui fournit l'occasion de reparaître à la tribune.

L'armée française avait besoin d'être reconstituée, après les terribles événements de la guerre, et cette tâche ne pouvait être négligée par la nouvelle assemblée. A la séance du 29 mai 1872, il intervint dans la discussion générale pour dire avec quel soin il fallait veiller pour que la loi militaire que l'on allait édicter ne nuisît pas à la forte éducation de la jeunesse française, pour que surtout elle fût imprégnée de l'esprit religieux sans lequel il est impossible de rien fonder de durable.

« Les pères, les mères veulent bien vous donner le sang de » leurs fils, c'est-à-dire le sang de leur cœur, mais ils ne veu- » lent pas vous donner leur âme.

» Vous voulez qu'ils remplissent leur devoir envers l'Etat, » et vous avez raison ; mais commençons par remplir notre » devoir envers eux. »

A la séance du 22 juin, toujours fidèle à son titre de représentant de la religion, il obtint que les jours de dimanches et de fêtes un temps plus long serait laissé à la disposition des soldats, pour leur permettre de satisfaire aux devoirs religieux que réclamerait leur conscience de catholiques ; comme dans celle du jour précédent il avait obtenu, dans l'intérêt des études et aussi de la moralité, que les volontaires d'un an eussent de dix-neuf à vingt-cinq ans pour remplir leur engagement.

Parlerons-nous d'une lettre qu'il écrivit au Comte de Chambord, en ces mêmes temps ? Elle a été si diversement appréciée, et les conseils qu'il avait cru pouvoir donner au prince, celui-ci ne jugea pas à propos de les accepter. En tout cas, s'il s'est trompé, la charité nous impose le devoir de croire à la sincérité de ses intentions. La lettre qu'il avait adressée de Bordeaux au prince de Joinville, nous a déjà fait connaître par quelle voie il espérait le rétablissement sérieux de la fortune française, et avec quelle vivacité il le désirait.

Les hommes oublient vite les leçons terribles que la divine Providence juge parfois à propos de leur envoyer.

Sous la pression des malheurs effroyables amenés par la guerre, la France avait nommé une Assemblée nationale dont la grande majorité était animée des meilleures intentions. Mais à peine fut-on remis des terribles secousses, que l'on vit le suffrage universel dévier de la direction prise d'abord. Aux élections complémentaires près de cent voix républicaines étaient venues renforcer le parti de l'opposition.

Cependant les nouveaux députés appartenaient à la fraction modérée de la gauche. On pouvait encore se faire illusion. Mais aux élections du 15 mai 1873, lorsqu'on vit M. Barodet, radical, l'emporter dans Paris à une très grande majorité sur M. de Rémusat, républicain modéré, la droite fut effrayée, et le 24 mai, M. Thiers, ayant donné sa démission, fut remplacé par le maréchal de Mac-Mahon.

Le 5 du mois d'août le comte de Paris vint à Froshdorf, et reconnut publiquement les droits du comte de Chambord comme chef de la maison de France. Cette démarche réjouit les cœurs des royalistes. Les pourparlers qui s'engagèrent ensuite firent croire un instant à une restauration monarchique.

On connaît le résultat qui mit à néant des espérances que l'on jugeait sérieuses cependant. Nous n'avons pas à nous prononcer sur un sujet aussi délicat, dont le dernier mot nous paraît loin d'être dit.

L'Assemblée, ne pouvant plus former une majorité pour la restauration monarchique, se décida à confier le pouvoir au maréchal de Mac-Mahon, et le septennat fut voté le 20 novembre 1873.

On croyait ainsi donner aux idées le temps de se calmer ; aux divisions, le temps de s'assoupir. Vaines espérances ! Les idées révolutionnaires gagnaient toujours du terrain ; chaque nouvelle élection partielle venait presque invariablement renforcer les rangs de la gauche, et nous verrons bientôt tous les pouvoirs passer insensiblement aux mains des républicains.

L'établissement du *septennat* avait terminé l'année 1873. La discussion sur l'aumônerie militaire vint inaugurer l'année 1874.

M. Fresneau et le colonel Carron avaient déposé un projet de loi, en vertu duquel on attacherait aux différentes garnisons des aumôniers militaires qui resteraient sous la direction de l'évêque diocésain. Ce projet fut attaqué. Les principales raisons que l'on fit valoir pour le combattre furent que la présence de l'aumônier pourrait amener des conflits avec les officiers, et que du reste la loi de 1872 avait suffisamment pourvu aux besoins religieux des soldats ; elle leur laissait, les jours de dimanches et de fêtes, assez de temps libre pour qu'il leur fût possible d'assister aux offices dans les églises paroissiales.

Mgr Dupanloup n'eut pas de peine à réfuter ces deux raisons dans son discours du 29 janvier. Dans celui du 20 mai il adjura la chambre, au nom des intérêts les plus sacrés, de voter cette loi, et sa parole revêtit les accents d'une irrésistible éloquence. Il fut écouté, et les parents chrétiens se réjouirent en apprenant que leurs enfants trouveraient dans la vie des camps les conseils et les encouragements de la religion qu'ils ont vue fleurir au foyer de la famille.

Dans l'intervalle de temps qui s'était écoulé entre ces deux discours, Mgr Dupanloup s'était rendu à Rome. Il tenait à revoir Pie IX, afin de lui donner une nouvelle preuve de son dévouement filial, et aussi pour accentuer davantage sa soumission aux décrets du Concile du Vatican. Au lendemain donc des fêtes de Pâques il partit pour la Ville Éternelle.

Il fut reçu avec une grande cordialité par le Souverain Pontife qui l'entretint des affaires de France. Aucune allusion ne fut faite aux affaires du Concile. L'évêque ne crut pas devoir rappeler ces temps, et le Pape eut la délicatesse de n'en rien dire. « Il ne m'en a pas parlé, dit le Pape à Mgr de Falloux, » et je ne lui en ai pas parlé. »

Il traita dans ce voyage de la canonisation de Jeanne d'Arc. Il lui fut dit de faire auparavant à Orléans les enquêtes préliminaires, qui constituent ce que l'on appelle *le procès de l'Ordinaire*. Aussitôt donc après son retour à Orléans, où il arriva le 7 mai, veille des fêtes annuelles de Jeanne d'Arc, il constitua le tribunal chargé de cette enquête préliminaire, et celui-ci entra immédiatement en fonctions.

Sans perdre de temps, il s'occupa de publier un écrit où seraient présentés dans leur ensemble les attentats successivement commis par le gouvernement italien.

En effet, ainsi qu'il en avait fait la remarque à Pie IX lui-même, les spoliations dont s'étaient rendus coupables les hommes d'état de l'Italie, parce qu'elles s'accomplissaient lentement et avec une certaine apparence de légalité, frappaient moins l'attention. L'émotion causée par l'une d'elles était calmée et comme oubliée lorsqu'une autre se produisait, et ainsi l'on arrivait insensiblement à des énormités sans que l'opinion publique en fût révoltée. Alors il résolut de grouper toutes les usurpations en un seul récit, de les montrer dans toute l'horreur de leur ensemble, et par là de prévenir l'opinion en lui mettant à découvert l'indignité des attentats commis depuis 1860 contre le Saint-Siège. Telles furent les idées qu'il développa dans sa *Lettre à M. Minghetti, ministre des finances, sur les spoliations du gouvernement italien envers l'Eglise, à Rome et dans l'Italie.*

Pour apprécier cette lettre nous nous contenterons de dire que l'abbé *Margotti*, le célèbre rédacteur en chef de l'*Unita cattolica*, la loua avec enthousiasme, et que le Pape adressa à l'auteur un bref de louanges et de remerciements.

« Nous vous félicitons, disait entre autres choses le Pape, » d'avoir employé les dons éclatants de talent, d'activité et » d'éloquence que Dieu vous a départis, à arracher du front » de tels hommes le masque de légalité dont ils essaient de se » couvrir, chaque fois qu'ils se proposent de machiner quel- » que nouvelle tromperie. Ce n'est pas en effet une légère

» blessure infligée au vice, que de découvrir sa laideur...
» Quoi qu'il arrive, sans aucun doute votre écrit est de na-
» ture, en affermissant les honnêtes gens, à ouvrir les yeux
» à beaucoup de ceux qui sont abusés, et peut-être à faire
» naître une honte salutaire chez plus d'un de nos ennemis,
» et à les retirer de la voie fausse et coupable où ils se sont
» engagés. »

CHAPITRE XXVII

Loi sur la liberté d'enseignement supérieur (1875).

La monarchie n'avait pu se faire, et les divisions s'accen-
tuaient de plus en plus entre les divers groupes de la droite
de l'Assemblée. Cependant les éléments conservateurs étaient
en majorité. Il fallait en profiter pour obtenir le plus possible
de bonnes lois. C'est ainsi que l'évêque d'Orléans comprit son
rôle de député.

Or, parmi les lois qu'il importait de discuter, il mettait en
première ligne celle sur la *liberté de l'enseignement supérieur*.
C'est à cette question désormais qu'il va donner ses principales
préoccupations.

Chaque homme ici-bas a son caractère dominant, et, pour
peu qu'il soit marquant dans la société, un rôle principal qu'il
est appelé à jouer. Mgr Dupanloup, homme de luttes, fut
encore plus homme d'éducation; et nous estimons que son
œuvre capitale a eu lieu dans les questions d'enseignement.

Nous avons vu avec quelle activité il s'employa dans la
discussion sur la liberté de l'enseignement secondaire, et la
part qu'il prit à la loi de 1850. Dans la question de l'enseignement supérieur il ne se dépensa pas avec moins d'activité,
et son rôle fut encore plus prépondérant. Il avait alors une
autorité incomparablement plus grande, grâce à son caractère
épiscopal, à son expérience, au grand éclat que tous ses travaux avaient jeté sur son nom. Il faisait partie de l'Assemblée, et il pouvait à la tribune porter en faveur de la loi la

puissance considérable de sa parole. Si la loi de 1875 fut votée, c'est incontestablement à Mgr Dupanloup que nous le devons.

Dès les premiers jours où l'Assemblée se fut transportée à Versailles, M. le comte Jaubert déposa un projet de loi qui réclamait la liberté de l'enseignement supérieur, comme couronnement de la loi de 1850.

Une commission fut nommée et le projet soumis à son examen. Les débats se prolongèrent au sein de la commission. D'autres événements vinrent solliciter l'attention de nos représentants, et la loi ne fut admise en première lecture qu'au mois de décembre 1874.

Cette question allait admirablement à Mgr Dupanloup. Elle avait été, oserons-nous dire, l'âme de sa vie. Aussi bien chacun sentait qu'il serait le plus puissant organe de la discussion. L'attente ne fut pas trompée.

Il ouvrit les débats par un admirable discours. Après avoir réfuté en passant cette absurde calomnie qui prétend ne trouver que ténèbres et ignorance au delà de 1789, après avoir montré que sous l'ancien régime, lorsque l'Eglise pouvait librement fonder des universités, il y avait plus d'étudiants avec vingt-quatre millions d'habitants, que l'on ne saurait en trouver aujourd'hui avec trente-six millions; il montre le grand rôle que joue l'enseignement supérieur dans la société, surtout dans la société moderne, et la nécessité d'une liberté sage et bien entendue pour qu'il lui soit possible de répondre à ce que l'on a droit d'en attendre.

M. Challemel-Lacour lui répondit par un discours d'une habileté réellement consommée. Froid, acéré, tranchant comme une lame d'acier, il renouvela contre l'Eglise toutes les attaques dont elle n'a jamais cessé d'être l'objet. Mgr Dupanloup parla de nouveau. Les mauvaises raisons ne manquent jamais, et M. Challemel-Lacour répliqua encore. Enfin, à une grande majorité il fut décidé que l'on passerait à une seconde lecture.

C'est à la seconde lecture que s'engagea le combat à fond.

Après la première délibération la tactique de la gauche eût été d'enterrer la loi, et un certain nombre de membres du centre droit, partisans avant tout d'une indolente tranquillité, n'en auraient pas été fâchés. Mais les uns et les autres avaient compté sans la vigilante activité de l'évêque d'Orléans.

La loi vint en seconde lecture au mois de juin 1875. Il parla à plusieurs reprises : répondant à M. Laboulaye, rapporteur de la loi, pour lui demander de s'expliquer avec plus de précision; à M. Jules Ferry, pour empêcher de réserver exclusivement aux facultés de l'état la collation des grades; soutenant le projet du jury mixte proposé par M. Pâris. Non content de combattre à la tribune, il allait aux députés sur lesquels il espérait exercer de l'action, il faisait agir sur d'autres; et bref, il gagna le vote de la loi.

Au mois de juillet suivant eut lieu la troisième lecture. Mgr Dupanloup voulait parler encore, pour répondre à des attaques qui avaient été dirigées contre la religion et l'Eglise par MM. Brisson et Tolain. Mais on lui fit savoir qu'il risquait par son discours de perdre un certain nombre de voix, indispensables peut-être pour former la majorité et promises formellement s'il ne disait rien. En présence d'une perspective de cette gravité, il n'hésita pas. Il renonça à son tour de parole, et la loi fut définitivement votée le 12 juillet 1875.

Nous racontons l'histoire de Mgr Dupanloup. Voilà pourquoi nous faisons surtout ressortir le rôle joué par lui. Mais nous serions coupables d'oubli, si nous ne disions pas, au moins, que dans ces grands débats il ne fut pas seul à défendre la cause de la liberté et de la religion.

Deux orateurs éminents, dont le monde catholique entend, en plusieurs circonstances et toujours avec la plus vive satisfaction, la parole éloquente, MM. Chesnelong et Lucien Brun en particulier, lui apportèrent le plus puissant et le plus chaleureux concours.

Sans doute cette loi de 1875 n'est pas la réalisation de la perfection absolue. Cependant, telle qu'elle fut votée, elle mettait aux mains de l'Eglise un puissant instrument pour travailler à la régénération de la société. Il fallait d'ailleurs se contenter du bien relatif, et il n'eût pas été possible d'obtenir une majorité pour de plus grandes concessions.

Une preuve encore de la bonté de cette loi se tire des efforts de nos adversaires pour l'empêcher d'être votée, et des assauts qu'ils lui ont fait subir dès qu'ils ont été au pouvoir.

Reconnaissons donc avec Pie IX qu'en cette circonstance Mgr Dupanloup a *bien mérité de la religion, de la jeunesse et de la société.*

La loi était votée ; mais il fallait s'empresser de la mettre à profit. La Chambre qui en avait doté la France allait se séparer, et l'on ne savait quelles seraient les dispositions des nouveaux élus du suffrage universel.

A voir la marche des événements, on devait s'attendre à des choix peu favorables aux intérêts catholiques. Dans ce cas, le premier objet que viseraient les nouveaux élus serait incontestablement la loi qui venait si récemment d'être portée. Mais s'ils se trouvaient en présence de faits accomplis, d'intérêts considérables engagés, peut-être consentiraient-ils à reculer. Il fallait se hâter, se mettre à l'œuvre, afin que l'on eût au plus tôt des universités libres fondées.

C'est ce que comprirent admirablement les évêques français, Mgr Dupanloup déploya une activité aussi grande que n'importe quel autre. Les appels les plus chaleureux furent adressés à la générosité des catholiques, et les fonds nécessaires arrivèrent avec une abondance toute providentielle. Paris, Lille, Angers, Lyon, Toulouse eurent bientôt leurs universités libres, et les virent dès les premiers jours, dans un état de prospérité bien satisfaisante.

Pendant qu'il était absorbé par ces grandes luttes de tribune, une fête tout intime vint le reposer doucement de ses fatigues.

C'était au lendemain de sa joute terrible avec M. Challemel-Lacour, le 30 décembre 1874. Son clergé et ses diocésains voulurent célébrer le vingt-cinquième anniversaire de son épiscopat, et le cinquantième de son sacerdoce. Avec les vœux dictés par la reconnaissance et l'admiration, ils lui offrirent une crosse, emblème du zèle pastoral avec lequel il avait constamment prodigué à tous son activité et sa tendresse.

Ce fut dans les mêmes temps qu'il écrivit la *Lettre sur les prophéties publiées dans ces derniers temps,* par laquelle il trace la ligne de conduite que la doctrine catholique, d'accord avec la sagesse, recommande en ces délicates matières. Il fit paraître aussi une *Etude sur la franc-maçonnerie,* pour dénoncer les périls que cette ténébreuse institution fait courir à la société. Hélas ! son avertissement ne fut pas écouté de tous. Du moins eut-il la consolation d'avoir rempli son devoir.

CHAPITRE XXVIII

Mgr Dupanloup sénateur. Mort de Pie IX. Élection de Léon XIII. Mort de Mgr Dupanloup (1875-1878).

L'Assemblé nationale était arrivée à la fin de son mandat. Elle avait voté la constitution du 25 février, par laquelle les pouvoirs publics étaient organisés. D'après un article de cette constitution, sur les trois cents membres dont serait composé le sénat, soixante-quinze devaient être nommés par l'Assemblée elle-même avec le titre de sénateurs inamovibles.

Les conservateurs avaient la majorité. S'ils avaient su s'entendre, ils pouvaient envoyer au sénat un solide noyau de résistance aux empiétements de la révolution qui avançait toujours. Par une démarche inexplicable, quelques membres de l'extrême droite firent alliance avec la gauche, et sur les soixante-quinze sénateurs élus on compta cinquante-cinq républicains et vingt conservateurs.

Mgr Dupanloup fut du nombre de ces derniers; et le voilà définitivement entré dans la vie politique d'où il ne sortira que par la mort. Ce fut alors que lui vint la pensée de se donner un *coadjuteur*, qui le remplacerait dans son diocèse pendant les longues absences qu'il était contraint de faire, et l'aiderait dans ses devoirs épiscopaux au milieu de ses incessantes préoccupations.

Pour traiter de cette question, du procès de la canonisation de Jeanne d'Arc, et aussi pour aller puiser du courage, il se résolut à un nouveau voyage à Rome. Ce sera le dernier.

Il venait d'accomplir un acte important. Son diocèse possédait enfin la liturgie romaine. Il partit d'Orléans le 30 décembre 1875. Il vit le Pape, s'entretint avec lui des tristesses du temps, et en reçut les plus précieux encouragements pour les luttes futures.

Dans ce voyage, le dernier qu'il lui fût donné de faire en Italie, il put réaliser le projet depuis longtemps formé de visiter Notre-Dame de Lorette et le champ de bataille de Castelfidardo.

C'est en cette occurrence que l'on avait songé à lui offrir le siège archiépiscopal de Lyon. Il en fut informé lors de son passage à Paris pour se rendre à Rome. Mais il manifesta sur ce point ses intentions d'une manière si catégorique que l'on renonça définitivement au projet.

Après son retour en France, Mgr Dupanloup écrivit sa seconde *Lettre à M. Minghetti sur la loi militaire italienne*. Il montre le caractère inique de la loi qui prétend ne tenir aucun compte de l'incompatibilité du caractère sacerdotal avec le service militaire; il adresse les plus graves avertissements au roi Victor-Emmanuel lui-même, et lui prédit que, suivant ses propres expressions, mais dans un autre sens, il ira jusqu'au fond de l'abîme de la révolution.

Portant ensuite son regard attristé sur la marche de la révolution en France, il fit paraître la brochure intitulée : *Où allons-nous?* Il demandait d'abord que chacun voulût bien s'éclairer consciencieusement de ses devoirs et des besoins de la société, et qu'ensuite il n'hésitât pas à s'acquitter de ses obligations.

« Se rendre compte d'abord, bien voir où l'on est et où l'on
» va, agir ensuite et lutter, tel est, aujourd'hui plus que jamais,
» le devoir des âmes viriles. »

Cependant les luttes allaient recommencer dans l'arène politique.

Les ennemis de l'Eglise sentaient si bien les services qu'elle devait retirer de la loi de 1875 sur l'enseignement supérieur, qu'ils s'empressèrent de l'attaquer aussitôt qu'ils furent au pouvoir. Ne pouvant encore songer à l'abolir entièrement, ils voulurent du moins en entraver l'application. La promptitude avec laquelle avaient été fondées les universités catholiques avait trop bien manifesté la puissante initiative et la fécondité de l'Eglise. Afin donc de les arrêter dans leurs développements on résolut de leur enlever les ressources du jury mixte. Première atteinte qui en présageait d'autres.

Le 14 mars 1876, M. Waddington, alors ministre de l'instruction publique, déposa une proposition en ce sens à la Chambre des députés, et celle-ci l'adopta avec empressement. Le 16 juillet suivant, le projet adopté par les députés fut discuté au sénat. Mgr Dupanloup le combattit avec énergie, et parvint pour cette fois à sauver le jury mixte. Le 21 décembre il sauva de même pour un temps l'aumônerie militaire.

Ainsi les bonnes lois léguées par l'Assemblée nationale étaient attaquées les unes après les autres. L'évêque d'Orléans combattait vaillamment pour les défendre. Mais si pour quelques-unes il réussit momentanément, l'ennemi revint bientôt avec de nouvelles forces, lorsque le vaillant athlète avait lui-même disparu du champ de bataille, et le malheur retardé ne put être évité.

Le délai obtenu en faveur des universités catholiques n'en fut pas moins très précieux. Elles purent se fortifier, prendre de la consistance; plus tard elles seront mieux à même de résister à des atteintes qui à leurs débuts leur eussent été beaucoup plus funestes.

Le budget des cultes commença dès lors à être l'objet de mesquines attaques qui n'ont cessé depuis de le réduire chaque année. Le 23 décembre, le vénérable athlète reparaissait à la tribune pour le défendre. Nous ne pouvons résister au plaisir de citer les lignes suivantes du discours qu'il prononça en cette circonstance :

« Aux paroles si dures, si amères qui ont été prononcées » contre nous, et qui mettaient en suspicion, non pas seule- » ment notre conscience, notre loyauté, mais notre honneur, » je ne répondrai qu'une parole : c'est celle que disait autre- » fois Jésus-Christ. Oui, le clergé de France peut dire aujour- » d'hui : — Français, j'ai fait parmi vous beaucoup de bonnes » œuvres. *Multa bona opera ostendi vobis.* Dites-moi pour » laquelle de ces bonnes œuvres vous me lapidez? *Propter* » *quod opus me lapidatis?*

» Est-ce parce qu'aux époques les plus brillantes de notre » histoire nous avons travaillé à votre gloire que, depuis

» quelque temps, vous cherchez à nous couvrir d'opprobres?

» Est-ce parce que nos ressources ont été souvent la res-
» source de l'Etat et toujours le patrimoine des pauvres qu'on
» a proposé l'abolition du budget des cultes et qu'on cherche
» à tout nous arracher?

» Est-ce parce que nous avons défriché, embelli, civilisé la
» France, qu'on nous refuse un asile dans son sein? »

Voilà l'éloquence qu'il eut à la tribune; éloquence nourrie
de faits, qu'il savait arranger, grouper avec art, présenter avec
chaleur, avec vivacité, desquels il savait tirer des conclusions
élevées, faire jaillir des éclairs, des effets saisissants et irrésistibles. L'éloquence de la tribune n'est pas celle de la chaire. Il
sut le comprendre aussitôt; et dans son premier discours à
l'Assemblée nationale, on aurait pu croire que toute sa vie il
avait paru aux assemblées politiques, tant il parla avec aisance
et facilité, tant il sut si bien s'accommoder à son nouvel auditoire.

Cependant l'orateur politique ne fit point disparaître l'orateur sacré. On fut heureux de s'en apercevoir à la bénédiction
du monument érigé à Coulmiers, en l'honneur des vaillants
soldats tombés sur ce champ de bataille où la victoire avait
consenti un instant à se ranger sous nos drapeaux délaissés. Il
était beau d'entendre le vieil évêque célébrer les louanges de
l'armée française en présence du vainqueur, le brave général
d'Aurelle de Paladines.

C'est en cette même année 1876 qu'il réalisa son projet de
se donner un coadjuteur. Son choix tomba sur M. l'abbé Coul-
lié du diocèse de Paris. Ce fut à Notre-Dame que le nouvel
évêque fut sacré, et Mgr Dupanloup n'eut plus à se préoccuper
de l'administration intérieure de son diocèse.

Mais nous voici sur le point d'atteindre au terme de cette
vie si active.

Les infirmités qui jusque-là avaient semblé le respecter, ou
ne s'étaient fait sentir que par intervalles et sans jamais pouvoir arrêter son infatigable énergie, dominèrent enfin la force
de sa volonté.

Dans l'été de 1875 il fut atteint de douleurs aiguës, qui ne
lui permirent pas de se rendre en Irlande, pour fêter le cen-

tenaire de la naissance d'O'Connel, comme il y était invité par le cardinal-archevêque et par le lord maire de Dublin, et comme il l'aurait lui-même si vivement désiré. Il lui fallut, sur l'avis des médecins, se rendre aux eaux d'Évian. Il revint pour prendre part aux travaux de l'Assemblée nationale. Mais le mal continuait à faire des progrès.

L'année 1877 fut particulièrement pénible. Une douleur subite le saisit au doigt. On crut d'abord à un panaris ; puis elle se transporta au pied, et l'on constata une affection goutteuse.

Il se rendit à Versailles pour soutenir le maréchal de Mac-Mahon dans sa tentative de résistance aux envahissements du flot démagogique, et vota, le 16 mai, pour la dissolution de l'assemblée législative. Il se retira ensuite à sa solitude si aimée de la Chapelle, souffrant avec la plus admirable résignation et s'occupant d'un travail qui lui tenait à cœur et qui ne put paraître qu'après sa mort. C'était, sous forme de lettres, un traité sur l'*Éducation des jeunes filles et sur les études qui conviennent aux femmes dans le monde.*

Le mal parut un moment surmonté. Pour achever le rétablissement on lui conseilla de passer l'hiver dans le midi, au séjour délicieux des îles d'Hyères. Au cours de son voyage il s'arrêta à Montpellier pour visiter Mgr de Cabrières, depuis peu placé sur ce siège épiscopal, et pour consulter une célébrité médicale, le docteur Combal. Il vit de même en passant Mgr Besson à Nîmes, Mgr Place à Marseille et s'installa aux îles d'Hyères, où il passa l'hiver jusqu'au mois d'avril 1878.

Dans cette paisible retraite, embellie par les charmes de la plus aimable hospitalité, qu'il reçut chez M. le comte de Rocheplatte et chez M. le baron de Prailly, il continua de travailler à ses *Lettres sur l'éducation des jeunes filles.*

La nouvelle de la mort de Pie IX vint l'attrister. Aussitôt il fit paraître une lettre pastorale dans laquelle il exprima les douleurs de son âme et ses invincibles espérances.

L'élection de Léon XIII lui fut une précieuse consolation. Il avait eu occasion de le voir en plus d'une circonstance, et il comptait beaucoup sur sa patience, sa prudence et sa fermeté. Les faits ont montré combien justes avaient été ses prévisions.

Il aurait voulu se rendre à Rome. Certaines considérations le retinrent. Il se contenta d'écrire au cardinal Franchi, successeur du cardinal Antonelli, pour lui dire sa joie au sujet d'un événement qu'il jugeait très heureux pour l'Eglise.

Mais voilà qu'une nouvelle d'un autre genre lui est apportée. Il est question de célébrer le centenaire de Voltaire. Le conseil municipal de Paris, en donnant son approbation à un projet de souscription, va imprimer comme un caractère officiel à cette manifestation aussi antipatriotique qu'antireligieuse.

Aussitôt le vieil athlète sent sa vigueur première bouillonner dans son âme. Il va livrer son suprême combat contre l'insulteur de la France et de la religion. Dès les débuts de son épiscopat il le rencontra sur son chemin; c'est par lui qu'il va terminer sa carrière militante.

Sans attendre son retour à Orléans, il se mit immédiatement à l'œuvre, et commença la composition de *dix lettres* qu'il acheva dans sa ville épiscopale, où il était revenu pour les fêtes de Pâques. Elles parurent dans la *Défense*, journal qu'il avait fondé en 1875, pour remplacer le *Français* dont le caractère devenu presque exclusivement politique, ne répondait plus suffisamment à ses vues.

Si la souffrance avait atteint son corps, elle n'avait nullement affaibli la vigueur de son esprit. On le vit bien à l'apparition de cette nouvelle œuvre. L'effet produit sur l'opinion fut tel que le gouvernement lui-même céda. Il désavoua l'acte du conseil municipal de Paris, à la tribune du sénat, par l'organe de M. de Marcère, ministre de l'intérieur, qui déclara en son nom et au nom de tous ses collègues que le gouvernement ne prétendait avoir aucune part à la manifestation projetée. Celle-ci perdait son caractère officiel, et un grand scandale fut évité.

« Ces lettres, lui écrivait le cardinal Guibert, sont le Rosbach » de Voltaire, » et ce fut vrai. Son apparition à la tribune ne fit que constater la victoire remportée et rassembler les arguments exposés plus au long dans les lettres.

Ce fut le dernier combat soutenu par l'intrépide évêque. Son dernier mandement, publié peu après, le 15 août, fut pour recommander le *Denier de Saint-Pierre*. Dans ces circonstances il reçut de Léon XIII deux brefs de félicitations. Le premier, daté du 18 juillet 1878 et adressé à l'occasion du centenaire de Voltaire, constate avec une grande effusion de joie le succès de son éloquence, qui a forcé l'impiété à reculer. Le second, adressé le 11 septembre, le remercie de son mandement pour le Denier de Saint-Pierre, et le loue de toujours intervenir pour le soutien de l'Eglise.

Son mal cependant s'aggravait. Parti d'Orléans le 10 août pour aller se reposer quelque temps à Lacombe, il ne devait plus revoir sa ville épiscopale.

Après quelques jours de repos pris dans cette demeure hospitalière qu'il aimait tant, il alla faire sa retraite à Einsiedeln. Commencée le 7 septembre, elle fut terminée le 15. Il eut le pressentiment que c'était la dernière, et il y apporta un redoublement extraordinaire de ferveur.

« Pour le coup, c'est bien la dernière fois que je visite ce » lieu. C'est une grande grâce que Dieu me fait de m'y rame- » ner. Il faut y faire ma préparation à la mort. *Finis venit;* » *venit finis.* »

De retour à Lacombe le 25 septembre, il s'occupa encore de la canonisation de Jeanne d'Arc. Il écrivit au comte de Chambord pour le prier d'apporter son concours à cette œuvre éminemment française, et aussi au prince de Joinville.

Non content d'avoir combattu Voltaire, il voulut prendre une plus éclatante revanche en glorifiant l'héroïne que le coryphée de l'impiété avait lâchement insultée. Déjà il avait organisé une souscription pour laquelle il fit un appel à la France. Les fonds recueillis devaient être employés à l'acquisition de vitraux pour la cathédrale d'Orléans, sur lesquels seraient représentés les épisodes les plus glorieux de la vie de Jeanne d'Arc. Il y songeait encore lorsque la mort le surprit. Mais s'il ne put voir la réalisation de son dessein, du moins eut-il la consolation de le laisser en pleine voie de prospérité.

Le 8 octobre il eut une crise qui ne lui permit plus de célébrer la sainte Messe. Il put continuer la récitation de son bréviaire jusqu'à la fin, et le 11 octobre, jour même de sa mort, il dit *Vêpres et Complies.*

La journée d'ailleurs s'était écoulée assez calme. Le soir, retiré seul dans son appartement, il vient d'achever la récitation de son chapelet. Il veut s'asseoir à sa table de travail; mais il est tout à coup saisi d'une suffocation, et il pousse un cri.

L'abbé Chapon, jeune vicaire de la cathédrale d'Orléans, qui l'avait accompagné dans ce dernier voyage, et venait à peine de le quitter pour se rendre au salon, l'entendit et accourut tout effrayé. Il put lui adresser quelques paroles d'encouragement, lui donna l'absolution et lui appliqua l'indulgence plénière *in articulo mortis*. Les autres habitants de la maison se présentèrent ensuite, et assistèrent à sa mort qui eut lieu le 11 octobre 1878, à sept heures moins cinq minutes du soir. Il avait soixante-seize ans, neuf mois, huit jours, étant né le 3 janvier 1802.

Nous n'avons pas à dire l'impression produite par cette triste nouvelle. Il ne pouvait pas quitter la scène de la vie, sur laquelle il avait tenu une place si considérable, sans que l'opinion en fût émue.

Deux cardinaux, quatre archevêques, seize évêques assistèrent à ses funérailles qui se célébrèrent à Orléans et furent un véritable triomphe. Le Pape déplora sa mort comme un malheur pour l'Eglise. Il n'y eut pas de discours funèbre, puisqu'il l'avait défendu expressément; mais son testament, que M. l'abbé Bougaud eut l'heureuse inspiration de lire publiquement du haut de la chaire, tint lieu de tout éloge.

Nos lecteurs seront heureux d'en trouver ici un fragment; ils verront que pour être humble, l'éloge n'en est pas moins éloquent.

« Orléans, 10 avril 1868. Au nom du Père, qui m'a créé et du Fils qui m'a racheté, et du Saint-Esprit tout-puissant et éternel sanctificateur.

» L'heure est venue pour moi de penser plus prochainement encore que je ne l'ai fait jusqu'ici au jour de ma mort.

» L'âge, la fatigue me font prévoir ma fin prochaine. La tristesse des temps où nous sommes, le besoin de me reposer avec Dieu, et surtout l'espérance profonde que Notre-Seigneur m'inspire en sa bonté, me font regarder avec consolation cette fin ; avec crainte et tremblement sans doute, à cause de mes péchés, mais aussi avec confiance, en vue des miséricordes divines et des mérites infinis du sang de Notre-Seigneur répandu pour moi.

» S'il plaît à Dieu de me recevoir dans son sein, malgré tous mes péchés et les innombrables misères de ma vie, je l'en bénis d'avance, et je lui fais de toute mon âme, et vraiment, ce me semble, sans aucune peine, le sacrifice de ma vie pour le jour et l'heure qu'il voudra, et en expiation de tout le mal que j'ai fait. Non seulement il est juste, mais il est très doux de redire avec Notre-Seigneur sur la croix : *Pater, in manus tuas commendo spiritum meum*.

» Le sentiment avec lequel je dois remettre mon âme entre les mains de Dieu, mon créateur et mon Père ; et dans le cœur de Jésus, mon Rédempteur, le bienfaiteur de toute ma vie, qui m'a fait prêtre, *suscitans a terra egenum, et de stercore erigens pauperem*, et dans l'amour de l'Esprit-Saint, qui m'a aidé si souvent pour mon travail, malgré l'imbécillité naturelle de mon esprit, et surtout pour le travail de la fidélité au service de Dieu, malgré les défaillances perpétuelles de ma nature : c'est le sentiment d'une profonde reconnaissance pour des bontés et des miséricordes dont seul j'ai le secret, et que je ne sais même pas au degré où cela est.

» Je choisis ce jour du vendredi saint pour faire ce testament. Il est particulièrement juste et consolant en ce jour, où mon Créateur et mon Sauveur Jésus-Christ a souffert la mort pour moi, que j'accepte religieusement la mienne ; que je lui rende avec joie mon âme qu'il a daigné tant de fois bénir, et que je fasse de grand cœur à l'avance le sacrifice de ma vie en expiation de mes péchés, et en union avec le sacrifice de la croix.

» Je meurs dans le sein de la sainte Église catholique, apostolique et romaine, dans laquelle j'ai eu le bonheur de naître et d'être élevé par une incomparable suite de bontés et de miséricordes toutes divines, que rien ne pourra jamais assez reconnaître.

» Je demande aux prêtres que j'ai élevés ou que j'ai ordonnés de ne pas m'oublier au saint autel. C'est bien à eux que je puis dire avec confiance : *Miseremini mei, saltem vos, amici mei, filioli mei*.

» Je demande aussi instamment les prières des bons fidèles

du diocèse d'Orléans. J'aurais voulu faire beaucoup plus que je n'ai fait pour leur procurer à tous la bénédiction de Dieu et le salut éternel. Qu'ils invoquent pour moi la miséricorde de notre Sauveur.

» Je demande à tous ceux qui auront la charité de prier pour moi après ma mort de ne se faire aucune illusion sur moi et sur mes besoins. Mes besoins seront infinis, et jamais on n'implorera trop la miséricorde de Dieu pour mes misères.

» Je désire que les prières qu'on aura la charité de faire pour le repos de mon âme soient présentées à Dieu par la très sainte Vierge Marie, dont la protection sur moi a été dès les premiers moments de mon existence, constamment depuis, et quelquefois avec tant de douceur, si maternelle... »

Le 11 octobre 1888, Mgr Besson a fait l'éloge de Mgr Dupanloup avec une telle éloquence que les penseurs et les littérateurs regardent avec raison ce discours comme le chef-d'œuvre de l'illustre orateur.

Nous avons le regret de ne pouvoir en citer que quelques lignes :

« O saint Evêque, après tant de vaillantes luttes, vous avez trouvé la paix dans le tombeau. Mais votre zèle a encore quelque chose à faire. Achevez au ciel la mission que vous avez commencée ici bas. Prenez dans les mains de Jeanne d'Arc cet étendard de foi et de piété qui a sauvé Orléans et ramené la France à la tête des grandes nations ; mettez devant le trône du Seigneur et obtenez que celle qui l'a porté soit placée au nombre des saints. Ce jour-là tous ceux qui ont été à la peine seront à l'honneur, à l'honneur au ciel et sur la terre, à l'honneur dans le temps et dans l'éternité. »

Le décret du 25 janvier 1894, qui déclare Jeanne d'Arc *vénérable* a commencé de réaliser le vœu de Mgr Besson.

FIN

TABLE DES MATIÈRES

TABLE DES MATIÈRES

FIN DE LA TABLE DES MATIÈRES

Imprimerie Générale de Châtillon-sur-Seine. — Pichat et Pépin.